세상을 바꾼 혁신가 31인의 인터뷰

이!노베이션

세상을 바꾼 혁신가 31인의 인터뷰

이!노베이션

킴 챈들러 맥도널드 지음 | 이미숙 옮김

시그마북스
Sigma Books

이!노베이션

발행일 2014년 8월 1일 초판 1쇄 발행
지은이 킴 챈들러 맥도널드
옮긴이 이미숙
발행인 강학경
발행처 시그마북스
마케팅 정제용, 신경혜
에디터 권경자, 양정희
디자인 홍선희, 김수진

등록번호 제10-965호
주소 서울특별시 영등포구 양평로 22길 21 선유도코오롱디지털타워 A404호
전자우편 sigma@spress.co.kr
홈페이지 http://www.sigmabooks.co.kr
전화 (02) 2062-5288~9
팩시밀리 (02) 323-4197
ISBN 978-89-8445-588-7(03320)

!NNOVATION: How innovators think, act and change our world
First published in Great Britain and the United States in 2013 by Kogan Page Limited.

Korean Translation Copyright © 2014 by Sigma Press
Korean translation rights arranged with Kogan Page Limited.

* 시그마북스는 ㈜시그마프레스의 자매회사로 일반 단행본 전문 출판사입니다.

혁신은

리더와 추종자를 구분하는 잣대이다.

- 스티브 잡스-

| 차례 |

머리말_ 혁신의 주도 • 9

01 GDE의 미코노믹스

이-코노미에서 미-코노미로의 혁신

혁신자들은 말한다_ 마이클 맥도널드 • 22
인터뷰 줄리안 키스 로렌 • 24 | 매트 배리 • 28 | 타라 헌트 • 36 | 빈센트 카본 • 41 | 매트 플래너리 • 44 | 요비 벤자민 • 50

02 변화된 국가의 상태

전개 방식 자세히 조사하기

혁신자들은 말한다_ 데이비드 벤-케이 • 65
인터뷰 리처드 볼리 • 66 | 수비 린덴 • 76 | 피터 코크런 • 82 | 사이먼 셰이크 • 86 | 로버트 제이콥슨 • 90 | 구스타프 프레켈트 • 94 | 티아고 페이소토 • 102

03 점을 연결하는 수평 세계 항해자들

혁신자들은 말한다_ 로즈 세비지 • 116
인터뷰 조나단 커즌스 • 117 | 제프 라이트너 • 123

04 me - 헬스

의료 보험 사업의 핵심에 있는 단호하고 헌신적인 이해관계자

혁신자들은 말한다_ 잭 안드라카 · 140
인터뷰 데이비드 샤프란 · 141 │ 고팔 초프라 박사 · 144 │ 고든 월리스 교수 · 149

05 교육 혁신

인터뷰 애덤 글릭 · 169 │ 빌 리아오 · 176 │ 리즈베스 굿먼 · 180

06 me - 디어의 위력

무엇을 언제, 어디서, 어떻게 전달받고 싶은지 요구하기

인터뷰 데이비드 보먼 · 195 │ 세스 고딘 · 210 │ 게르드 레온하드 · 213

07 가능성이 무한할 때 땅을 딛고 서 있기

인터뷰 윌리엄(빌) 스토리지 · 232 │ 전 류 · 241 │ 빌 오코너 · 245 │ 데이비드 펜삭 · 250
빈트 서프 · 259 │ 피오렌조 오메네토 · 264 │ 마이클 레인 · 270

맺음말_ 혁신은 재미있다! · 282

인물 소개 · 284

혁신의 주도

이 책에 영향을 미친 세 가지 핵심 원칙이 있다. 첫째, 혁신이 문화와 사회, 경제의 변화를 주도한다. 둘째, 특정한 형태의 혁신은 우리가 어디에 존재하든 간에 개인, 지역 사회, 사회 전반 등 모두에게 영향을 미친다. 셋째, 혁신자는 인정과 축하, 찬사를 받아야 마땅하다. 그러므로 나는 이 책에 박수를 보낸다. 우리가 함께한 시간이 끝날 무렵, 여러분도 나의 갈채에 합류하기를 바란다.

나는 여러분과 함께 세계 여행을 떠날 것이다. 여행하는 동안 틀을 깨트리고 군중을 이끌며 비즈니스와 기술, 공학과 교육, 정부와 사회 정책, 대중 매체, 의학 등 다양한 분야에서 자신만의 대변화를 일으킨 혁신자를 소개할 것이다. 그들에게 영감을 불어넣은 영역이 그렇듯, 그들은 다른 어떤 집단 못지않게 다양하지만 대다수는 아니더라도 수많은 혁신자들을 하나로 묶는 특성이 존재한다.

비록 이따금 힘겨워하기도 하지만 혁신자들은 대중이 원하든 원하지 않든 간에 어쩔 수 없이 자신이 아는 진실을 전해야 한다. 어떤 이들은 여태껏 아무도 가본 적이 없거나 갈 생각조차 하지 않는 곳으로 대담하게 발을 내딛는다. 그들은 대부분 찬사를 받지만 찬사를 받고자 움직이는 것은 아니다. 대부분의 사람들이 걷는 것에 만족할 때 혁신자들은 달린다. 그들의 황당한 믿음에 불편해하고 불안해하는 사람들이 있다 해도 개의치 않는다. 미지의 동굴을 탐험하려는 그들의 의지가 없다면 우리는 모두 퇴보할 것이다. 그들의 혁신이 우리의 세계관과 삶의 방식을 바꾸었다.

마이클 패러데이Michael Faraday의 전자석, 니콜라 테슬라Nikola Tesla의 교류 전기라는 혁신이 등장하지 않았다면 현재 우리가 어디에 머물러 있을지 생각해보라. 커뮤니케이션과 현대 전자학에서 당연시되는 모든 것의 토대는 닐스 보어Niels Bohr의 양자 역학 연구이다. 내가 가장 좋아하는 혁신자는 소중한 활자를 발명한 주인공, 요하네스 구텐베르크Johannes Gutenberg인 듯싶다. 대중들에게 책을 선사한 그의 업적을 통해 종교, 정치, 사회 전체의 개혁이 일어났다.

앞으로 혁신은 산업혁명 동안 그랬듯이 우리의 다음번 '대약진great leap forward'의 중요한 요소가 될 것이다. 증기 기관과 다축 방적기가 없었다면 세계 경제의 판도는 지금과는 사뭇 다를 것이다. 지금 등장하고 있거나 조만간 등장할 혁신들의 경우에도 마찬가지일 것이다. 이런 혁신들이 새로운 글로벌 디지털 경제GDE; Global Digital Economy에서 우리가 살아남고 운 좋게도 번성하는 데 확실한 견인차가 될 것이다. 그러므로 이런 결과를 안

겨준 혁신자들에게 감사해야 마땅하다.

지금부터 우리는 혁신자들이 움직이고, 말하고, 전율을 느끼게 만드는 요소를 함께 발견할 것이다. 어쩌면 이 세 가지 요소를 이해함으로써 우리를 기다리고 있는 미래를 조금이나마 더 수월하게 이해할 수 있을지 모른다.

이 책에 실은 모든 인터뷰에서 예술가와 작가, 엔지니어와 전문 경영자, 의사와 디자이너, 교육가와 건축가, 과학자와 우주탐험가, 사업가, 은행가, 정치가, 출판업자를 포함해 많은 사람들의 답변을 발견할 것이다. 거시, 미시, 수익, 대중, 대담성, 아름다움, 최고 부유층, 극빈층, 태양과 달, 지구, 그 사이에 존재하는 거의 모든 것에 초점을 맞추는 사람들이 있다. 이 책에는 탐험과 혁신, 세계 정상급 혁신자들의 활약상에 대한 찬사만 있을 뿐 정답이나 오답은 존재하지 않는다.

여러분은 이 책을 읽으면서 자신의 혁신적인 사고를 탐구할 기회를 얻는다. 나는 각 장의 도입부에 'keyword'를 실었다. 인터뷰를 읽을 때마다 이 단어들을 찾아보라. 인터뷰를 연결하고 주도하는 공통적인 특성(말하자면 주제)이 있다. 그것들은 비범하고 남달리 혁신적인 사람들이 연주하는 교향악의 멜로디와 하모니, 맥락과 개념, 워프warp와 웨프weft이다.

주요 인터뷰가 끝난 다음 간단한 '이미지 트레이닝'이 이어진다. 5분 동안 눈을 감고 어떤 생각과 아이디어가 떠오르는지 살핀다. 정신이 자유롭게 움직이며 자신에게 '혁신 투자'를 할 수 있는 시간(자기만의 시간)을 가진다. 정답이나 오답, 대비해야 할 시험 따위는 존재하지 않는다. 이는 여러 인터뷰에서 공유하는 심오한 통찰력을 탐구하고 혁신과 여러분의 관계를 조사하며 여러분의 세상과 비즈니스, 그리고 자신에게 선사할 수 있는 잠재적인 변화를 스스로 탐구하기 위한 시간이다.

GDE의 미코노믹스

이-코노미에서 미-코노미로의 혁신

keyword

민첩성, 변화,
협력, 대담성,
커뮤니케이션, 경쟁,
소비자, 차별화, 디지털,
파괴, 권한 부여, 기업가,
두려움, 글로벌, 인프라스트럭처,
상호작용, 다수, 모바일,
혁명, 위험, 도구, 신뢰,
사용자, 가치, 세계

우리는 유례없는 변화와 격동의 시대 한가운데에 있다. 따라서 현대는 단호하고 과감하게 행동하는 사람들을 위한 환상적인 기회의 시대인 동시에 그렇지 않은 사람들에게는 무덤과도 같은 시대이다. 세계는 비즈니스 무대의 세 가지 중대한 영향과 혁신으로 말미암아 돌이킬 수 없을 정도로 변화하고 있다. 일부는 점진적이나 모두 지속적인 변화이다.

첫째, 참여적이고 자율적인 최종 사용자의 시대가 도래했다. 이 '개인의 혁신'은 그에 대한 기대치가 점점 증가하는 가운데 미코노믹스me-conomics와 미코노미me-conomy에서 '미me'를 뒷받침하고 있다. 둘째, 자신의 데이터와 그것을 소유하고 통제할 권리의 가치에 대한 최종 사용자의 인식이 증가하고 있다. 셋째, GDE·미코노미에서 유동적이고 민첩한 기업들이 갈수록 수평화되는 세계를 수용하고 있다.

이때 사람들이 저지를 수 있는 가장 비극적인 실수를 꼽자면 다음과 같다. 첫째, 이를 일상적인 변화라고 믿는다. 둘째, 서구 세계의 우세는 역전시킬 수 없다고 믿는다. 하지만 (세계 인구의 과반수가 거주하는) '다수 세계Majority World'의 주민들이 컴퓨터를 사용하는 것은 물론이고 단순한 소비자가 아닌 열성적인 경쟁자로 변모함에 따라 우리는 기회를 발견할 것이고, 시장은 범위와 규모 면에서 모두 폭발적으로 성장할 것이다. 다수 세계는 앞으로 점점 배제하기 어려워지는 흥미진진한 지역이다. 이 사실을 명심하면서 혁신과 관련된 이 문제들을 더욱 자세히 살펴보자.

15세기 후반 구텐베르크 인쇄기Gutenberg Press는 사회 혁명을 일으킨 혁신적인 발명이다. 이 인쇄기는 인쇄 활자를 보급하고 지식을 전파하며 결국 지식 기반 경제의 탄생을 알리는 조짐이라고 묘사할 만한 결과를 초래했다. 이로써 속세를 등진 장인들[당대의 테크노크라트technocrat(많은 권력을 행사하는 과학이나 기술 분야의 전문가 ─ 옮긴이)]에게 의존할 필요가 사라졌다.

지금 '구텐베르크 풍의' 또 다른 혁명적인 혁신이 차례를 기다리며 최종 사용자에게 자율권을 부여하는 변혁적인 기술을 통해 모습을 드러내고 있다. 이는 여러모로 뛰어난 혁신일뿐더러 주목 경제학과 정보·데이터 소유권의 위력을 부각시킨다는 점에서 더욱 중요하다. 아울러 기관보다는 개인을 GDE의 핵심요소로 삼는 미코노미와 미코노믹스의 기둥을 이룬다.

새로운 GDE · 미코노미는 사용자의 데이터를 훑어보는 데 적합한 트위터의 트윗이나 페이스북 페이지의 수준에 머물지 않는다. 이런 플랫폼들은 변혁적인 요소라기보다는 미코노믹스가 발전하는 과정의 과도적인 단계일 뿐이다. 새로운 지식 기반 GDE의 필요를 전적으로 수용하고 지지하는 역할을 수행할 만한 폭과 깊이가 부족하다. 이런 환경에서 단순히 살아남는 수준을 넘어 번성하기 위해서는 규모를 막론하고 모든 기업이 협력해야 한다. 그러려면 지식과 데이터를 공유하는 과정이 반드시 필요하다. 데이터에는 상업적인 민감도와 가치가 있음은 의심할 여지가 없다. 그렇기 때문에 기업이 과거 어느 때보다 한층 역동적인 방식으로 거래하고 수익을 거두려면 미시적이고 거시적인 수준에서 (직원, 공급업체, 협력업체, 소비자 혹은 고객들의) 지극히 탄탄하고 단순한 협력과 공동 작업에 필요한 도구를 확보해야 한다.

GDE·미코노미에서 성공하는 기업의 또 다른 특징을 들면 그들은 사회적 네트워크를 형성하는 것은 물론이고 왕성하게 성장하는 비즈니스 공동체를 창조하고 유지해야 한다는 사실을 이해한다. 사회적 플랫폼을 발전시키고 그것의 영향력을 확산시킬 기회의 중심에 바로 이런 공동체가 존재한다. 이들 공동체는 자율적인 최종 사용자로 대변되는 이 시대에 그들의 비즈니스 모델과 더불어 발전해야 한다.

최종 사용자는 지금껏 어떤 콘텐츠가 자신과 관계가 있는지 명확히 파악했으며 앞으로도 그럴 것이다. '강압적인' 판촉 활동이 점점 설 자리를 잃고 등을 돌리는 사람들이 점점 많아짐에 따라 시멘틱 웹(컴퓨터가 정보자원의 뜻을 이해하고, 논리적 추론까지 할 수 있는 차세대 지능형 웹 ─ 옮긴이), 웹 3.0, 그리고 소셜 미디어 같은 혁신이 부상할 것이다. 이 가운데 단독으로 완벽한 해결책을 제시하는 혁신은 없다. 하지만 기업이 이 도구들을 결합해 효과적으로 이용할 때 민주적이고 전체주의적인 시장 본위의 쌍방 관계를 맺을 수 있다. 이 관계에서 소비자·최종 사용자가 이해하고 소중히 여기는 기업의 제품이나 서비스가 탄생한다. 이런 제품이나 서비스를 제공하려면 개인을 겨냥한 자료나 메시지를 전달해야 한다. 이를 통해 참여를 유도하고 오직 자신의 독특한 필요와 욕구에만 초점을 맞추는 최종 사용자에게 맞춤형 서비스를 제공한다. 세력의 균형을 맞추며 이 같은 변화에 대비한 조직은 자사와 공동체의 관계, 그리고 그 관계 속에 존재하는 자율적인 최종 사용자를 효과적으로 향상시키고 확대할 것이다.

이 새로운 관계 유형의 장점은 무수히 많을 뿐더러 단순히 판매 실적에 머물지 않는다. 하지만 어쨌든 이 장점들은 효과적이며 ROI를 높이는데, 미코노미에서 ROI란 더 이상 '투자 수익률'이 아니라 '관계 수익률'을 뜻한다. 시멘틱 웹, 웹 3.0, 그리고 소셜 미디어 같은 혁신적인 도구를 현명하게 이용하면 모든 관련자들이 의미 있는 대화를 시작해서 계속 진행할 수 있을 것이다. 이 혁신적인 도구들은 기업이 공동체 내부의 최종 사용자에 대해서, 그리고 그들로부터 더 많이 배우는 매체를 창조할 뿐만 아니라 이 과정에 생산적인 고감도 고가치 네트워크를 창조한다. 이것이 모든 사람의 소망인 최종 사용자의 참여를 유도하는 초석을 이룬다. 아울러 자율적인 최종 사용자들이 정보, 특히 자신의 정보를 발견하고, 개선하고, 정의하고, 공유하고, 관리하고, 조화롭게 연결할 수 있다.

현행 비즈니스 모델을 보면 다른 조직들보다 현저하게 최종 사용자 데이터를 '차용하고' 수익을 거두는 조직이 많다. 내가 생각하기에 이런 상황은 낯선 사람이 여러분의 집에 들어와 서랍을 뒤져 여러분의 일기를 읽고 여러분의 호불호를 알아낸 다음 그들이 판단하기에 여러분의 마음에 들 만한 품목을 판매하도록 내버려두는 일과는 다르다. 수많은 기업이 그처럼 지속적인 차용에 의존하는 비즈니스 모델을 채택한다. 하지만 짐작컨대 GDE와 미코노미 시장이 무르익음에 따라 현재 상태가 그리 오랫동안 계속되지는 않을 것이다.

본인이 소유한 데이터가 자신의 지적 재산이라는 사실을 최종 사용자가 깨달을 날이 머지않았다. 인증과 공인 도구의 혁신적인 발전에서 힘을 얻은 그들은 언제 어디서 누구와 함께 그 정보를 공유할 것인지 혹은 공유하기나 할 것인지를 결정할 수 있을 터이다. 그 결과 '피싱' 커뮤니케이션이 사라지고 인터넷 무법자와 사이버 공격, 신분 도용이 줄어들 것이다. 이미 중요성을 인정받은 데이터와 지식은 그 자체로서 자연스럽게 '아이디어 시장'에서 통화 단위로 자리 잡고 거래될 것이다. 현재 '차용 비즈니스 모델'을 선택한 기업이 (정책에 따라 혹은 미코노미에 대한 최종 사용자의 통찰력이 증가함에 따라) 이 데이터를 활용해 얻은 수입을 어쩔 수 없이 공유해야 할 날이 머지않다는 가정은 그리 터무니없는 비약이 아니다.

혁신적인 도구, 테크닉, 기술이 참여적인 최종 사용자에게 권한을 부여하는 가운데 미코노미는 수평화되는 세계의 GDE의 중추로 자리 잡고 있다. 따라서 비즈니스 모델을 재평가해야 하는 사람은 '데이터의 차용자'만이 아니다. 구조 조정, 재설계, 축소 등 다양한 방법에 의해 클릭이 아니라 브릭(벽돌)으로 만들어진 기업의 요새는 영원히 바뀌었다. 온라인 진출은 기본 요건일 뿐만 아니라 부인할 수 없는 필수요건이 된 것이다.

모바일 온라인 시장이 점점 국가 경제와 고용의 원동력으로 자리매김하고 있다. 이 과정에 수반되는 변화의 영향력은 실로 어마어마하다. 1단계Tier One와 2단계Tier Two 기업들이 당연시하던 수많은 경쟁 우위는 이제 사라진 반면, 앞으로 도처에 확산될 새로운 경쟁 우위가 웹 망을 통해 그것에 접근할 수 있는 모든 사람이 이용하는 변혁적인 기술의 형태로 등장했다.

물론 새로운 GDE와 시장은 단순히 '재래식 소매 거래' 철학의 한 가지 기능이자 연장에 지나지 않는다. 전자 상거래는 혁신적이고 파격적인 생각의 변화가 아니다. 웹이 모든 면에서 GDE의 필수적인 경제가 되고 '실제' 세계는 그저 온라인에서 합의된 내용을 전달하기 위해 존재할 것이라는 입장에서 후퇴했기 때문이다. 재택근무, 그리고 재택근무자의 수용도와 의존도가 증가하는 추세와 맞물려 이는 점점 수평화되는 세계와 GDE의 고유한 미코노믹스의 증거가 되었다. 중간 단계 직원부터 임원급에 이르기까지 개인적인 수준에서 일어나는 변화는 강력한 충격으로 모습을 드러내고 있다. 매트 배리Matt Barrie가 인터뷰에서 묘사했듯이 PHDsPoor, Hungry, Driven(춥고 배고프고 주도적인 사람들, 34페이지 참조)가 대개 선진국 국민인 MBAsMarginalized by Audacity(대담함에 의해 주변으로 밀려난 사람들)를 뒤쫓고 따라잡고 있는 실정이다. 사실 수년 동안 사람들은 일거리를 집까지 가져가 본인의 도구를 이용해 처리했다. GDE · 미코노미에서, 공공 분야나 민간 분야에서 번창하기를 바라며 민첩하게 움직이는 조직이라면 이 과정을 거부하지 말고 반드시 수용해야 한다.

　사실 이 수용 과정에 기존의 기업 보안 방식이 항상 효과적인 것은 아니다(아직까지는). 하지만 몇 년이 아니라 몇 달 후면 등장할 혁신적인 기술을 통해 과거의 시스템과 기존의 역량들을 이용하고 규모와 상관없이 앞서 말한 조직들이 GDE의 미코노믹스를 활보할 수 있을 것이다. 고착도와 만족도를 향상시킬 수 있는 거대한 기회의 파도, 무엇보다 모든 관련자가 수익을 거둘 수 있는 거대한 기회가 다가오고 있다.

　아울러 이 관련자들이 모바일 기술을 이용하는 상황에서 혁신이 등장함으로써 수적으로 어마어마하게 증가할 것이다. 현재 이동 전화 가입자는 세계적으로 60억 명이 넘는다. 이 가운데 50억 명 이상이 다수 세계에 거주한다. 이들의 전화는 현재 지갑, 지도, 그리고 가격을 비교하는 도구 등으로 이용된다. 이 기술이 선보인 지 얼마 되지 않았으므로 앞으로 직원을 채용하고 업무를 처리하며 합작 투자 방식으로 협력하는 사례가 점점 늘어날 것이다. 스마트폰과 태블릿은 전 세계 신흥 기업가들에게 능력을 부여하는 선택의 도구가 될 것이다.

비즈니스 세계가 더욱 수평화되고 경계와 표준 시간대가 점점 무의미해짐에 따라 다수 세계는 온라인에 접속해 이런 도구들의 고유한 속도와 이동성을 활용하는 수준에 이르렀다. 모든 대륙의 기업들이 웹 기반 기술과 소셜 미디어를 전략으로 수용함에 따라 소규모 신흥 다국적 기업이 전통적인 대규모 다국적 조직에 도전장을 제시했다. 이들 신흥기업은 GDE라는 상업적인 경쟁의 장에서 동등한 경쟁력을 확보하고 있다. 소셜 미디어, 웹 3.0, 시멘틱 웹 같은 혁신적인 기술이 게임의 판도를 바꾸었으며 속도와 위력이 점점 증가함에 따라 앞으로도 비용 중심적인 GDE의 미코노미에서 게임의 판도가 바뀔 것이다.

지금 이 순간부터 기업은 아무것도 하지 않는 방법을 한 가지 선택 방안으로 고려할 수 없으며, 실제로 아무것도 하지 않는 방법은 용납되지 않는다. 그렇다, 우리는 끊임없는 변화의 시대에 살고 있다. 그런 한편 현대는 혁신이 제공하는 기회를 놓치지 않은 기업이 두각을 나타낼 수 있는 시대이기도 하다. 큰돈을 벌 수 있는 기회가 지나가는 모습을 가만히 지켜본다면 큰 실수가 아닐 수 없다. 여러분이 기회를 잡지 않으면 다른 누군가가 잡을 것이다. 최종 사용자를 참여시키고 권한을 부여하지 않는 조직 (최종 사용자가 적응력이 뛰어나고 모바일 무대에서 민첩하고 능숙하게 움직일 수 있다고 믿지 않는 조직)은 GDE·미코노미 파이에서 제 몫을 챙기지 못할 것이다.

이제부터 전 세계의 선구적인 기업가와 혁신자들과의 인터뷰가 이어진다. 이들은 제각기 성공과 이 대단한 기회의 시대에 내포된 함정과 잠재력에 대한 인식의 다양한 측면을 정의하고 나열한다.

마이클 맥도널드 Michael McDonald

키믹 KimmiC 의 공동 창립자 겸 CTO (최고 기술 책임자)

1990년대 말부터 IT는 줄곧 단순한 비즈니스 모델을 제공하지 못했고 기업의 전략적 방향 면에서는 관료주의적인 수수께끼의 전당으로 전락했다. 이는 우리가 수십억 명이 새로운 GDE로 진입하는 변화된 세계를 맞이한 동시에 기존 IT 시스템과 접근 방식으로는 대처할 수 없는 도전과 접근 방식이 등장했다는 의미로 해석된다. 페이스북과 트위터가 기존 참여자에게 '점심(수익)'을 제공할 수 있다는 사실은 1980년대에 비즈니스 개념이 얼마나 부적절한 방향으로 전진했는지를 보여준다.

문제는 새로운 GDE의 최종 사용자에게 권한을 부여할 방법이다. 흔히 안이한 해결책이 문제의 핵심이었는데 무시무시한 어플리케이션이 바로 그것이다. 왜 어플리케이션이 문제가 되는 것일까? 이는 어플리케이션이 자기만의 추상적인 세계관을 창조하고 통제하는 바람에 같은 세계관을 공유하는 어플리케이션이 거의 없기 때문이다. 판매업자가 어플리케이션의 추상적인 세계에 대한 통제권을 소유하면서 실제로 기존 데이터에 접근해 통제하려는 기업을 위협한다.

전 세계의 비즈니스 단위는 단순한 한 가지 의문을 제기한다.

'클라우드 Cloud'는 간단해보이고 전화나 태블릿으로 접근할 수 있다. 그런데 왜 IT는 그렇지 않

을까?'

참으로 훌륭한 질문이다. 단편적인 세계관을 가진 마케터가 아니라 최종 사용자에게 적합한 모바일 디바이스를 통해 무엇이든 항상 쉽게 접근할 수 있어야 한다.

나는 다음과 같은 질문에 답하기 위해 플랫월드FlatWorld 기술을 개발했다.

'내가(한 개인, 비즈니스 단위, 회사 등) 어떻게 하면 간단하고 (이를테면 전화를 통해) 안전한(모든 것이 암호화되어 있다. 검색 엔진, 데이터 마이너여, 안녕) 방법으로 사람들과 협력하고 데이터를 공유할 수 있을까?'

나는 이것이 항상 데이터에 접근할 수 있는 것은 물론이고 간단한 방법으로 검토하는 모바일 공간, 무엇보다 모든 사람이 '함께 잘 놀 수 있는' 다시 말해 모든 관련자가 역동적으로 협력할 수 있는 모바일 공간이 되기를 원한다. 어떤 상호작용이든 여러분이 만든 비즈니스 모델과 연결할 수 있는 능력과 결합될 때, 다양한 고가치 고감도 시장을 창조할 수 있다. 그러면 여러분의 기업이나 데이터가 새로운 GDE에서 거점을 마련할 기회를 얻을 것이다.

거점을 마련하고 특히 기존 1단계 기업의 관점에서 이미 존재하는 몇 가지 기준을 충족시키는 일은 단순히 한 가지 도전에 그치지 않았다. 이 도전에 성공하고 복수 면허 기술을 사용한다면 플랫월드의 기본 경제학은 무엇보다도 더 저렴해질 수 있고 그 이름과 기본 정신에 부합하는 결과를 얻을 것이다. 다시 말해 GDE에 참여하기를 원하는 사람이라면 누구에게나 평등한 경쟁의 장이 창조되는 것이다. 그렇다. 흥미진진한 시대이다. 하지만 이 대변화의 시대에 아무것도 하지 않는 것은 선택 방안이 될 수 없다.

줄리안 키스 로렌Julian Keith Loren

줄리안은 수상 경력이 있는 혁신자로 20년 넘도록 건물 설계와 혁신 팀의 일원으로 활약하며 다면적인 대규모 설계 과제를 맡았다. 게임플레이의 위력을 이용해 다양한 분야들을 연결하고 커뮤니케이션 장벽을 무너뜨리면서 게임퍼런스Gameferences를 설계하고 발전시킨다. 이 잊을 수 없는 일대일 게임은 대탐험과 탈주 설계로 진행된다. 그는 매니지먼트 인스티튜트Management Institute의 공동 창립자로 제너럴 일렉트릭, 존슨 앤 존슨, 이베이, 인스티튜트 포 더 퓨처Institute For the Future의 핵심적인 혁신 이니셔티브의 진행을 도왔다. 또한 스탠퍼드 대학교와 캘리포니아 대학교 버클리 캠퍼스Berkeley University of California에서 강의와 협력 디자인 게임을 운영했고 이따금 기술과 혁신을 주제로 글을 썼다.

특허권 보호에 대해 어떻게 생각하십니까?

저는 전 세계 5대 특허 보유 회사로 손꼽히는 한 회사에서 컨설팅을 한 적이 있습니다. 그들이 보유한 특허는 무수히 많았지만 대부분의 특허는 이제 (손실을 보상하기 위한 추가 비용만 발생할 뿐만 아니라) 그리 쓸모가 없었죠.

기업은 독특한 비즈니스·서비스 모델, 조직 모델, 이미지 모델, 생태 계로써 '슈퍼 시스템 디자인'을 개발하는 일에 필사적으로 매달리며 더 이상 특허 자사를 보호하려고 노력하지 않습니다. 그런데 그런 세계가 변하고 있죠. 지금은 특허가 가치 있게 쓰일 공간이 줄어들었습니다. 그렇지 않습니까? 특히 소프트웨어 특허권은 대개 거의 혹은 전혀 보호 수단을 제공하지 못하죠.

그런 상황이 어떤 식으로 비즈니스 모델을 바꾸고 있나요?

특허 때문에 만족스러워하는 일부 관리자와 주주들이 아직 존재하지만 그 수는 점점 적어지고 있습니다. 과거에 창업 자금을 구하려면 특허를 따야 했죠. VC(벤처 캐피탈리스트 — 옮긴이)들은 여전히 신경을 썼으니까요. 그렇지만 게임의 판도가 바뀌고 있습니다.

이곳 실리콘 밸리의 게임은 이제 이렇습니다. '이미 사람들을 보유하며 활동하고 있는 회사를 보여 달라. 그러면 투자하겠다. 특허 따위에는 관심이 없다.' 이런 변화가 수년 동안 진행되고 있었지만 이 임계질량에 도달해야 했지요. 모든 곳에서 그렇지는 않겠지만 이곳 실리콘 밸리의 사람들은 이제 특허가 중요하지 않다는 사실을 인식하고 있습니다.

거대한 단일 기업들의 발치에서 민첩하게 움직일 수 있는 작은 사람들이 위치를 제대로 잡아서 좋은 성과를 거둘 수 있다는 소리처럼 들리는군요.

상황에 따라 다르죠. 만일 수백만 달러 가치의 기업이 '우리는 혁신 관행을 시작할 것이다. 열린 혁신 네트워크를 창조할 예정이며 현재 파트너를 찾고 있다'고 말한다면 그 네트워크에 수많은 소기업이 몰려들 겁니다. 규모, 시장 침투비율, 브랜드 인지도 등과 관련된 경쟁력이 여전히 존재하죠. 인지도가 없는 기업을 창업할 예정이라면 어떤 식으로 활력이 넘치는 대형 생태계를 유치하겠습니까?

대기업은 경쟁 후보자들을 받아들여 제품 개선가로 만들고…… 그 모든 '작은 사람들'을 영입해 이렇게 말할 수 있죠. "우리가 가진 모든 인프라스트럭처를 기반으로 삼으세요. 우리가 이미 보유한 이 부를 기반으로 삼으세요. 그러면 여러분은 더 큰 성공을 거두고 여러분을 차별화시키는 요소에 초점을 맞출 수 있습니다. 우리가 시장으로 향하는 여러분의 도관이 되겠습니다." 많은 회사들이 이런 기회를 발견하고 몰려들어 제품이나 서비스의 개선자로 구성된 '열린 혁신'을 창조하고 있습니다.

> **혁신은 혁신 자체보다는 그것이 성취하는 결과의 관점에서 정의되어야 한다.**
> **이런 의미에서 '혁신 = 차별 + $'이다.**
> 후안 카노 아리비Juan Cano-Arribi, 플랜텔Plantel의 창립자 겸 CEO

당신은 사내 기업가intrapreneur인 혁신자와 기업가entrepreneur인 혁신자를 구별하셨죠. 그들은 어떻게 다른가요?

전 흔히 스스로 사내 기업가라고 표현합니다. 사내 기업가는 (기업가와) 똑같은 기업가 정신을 가지고 있으며 규제적인 제약이나 복잡한 조직 역학과 같은 제약이 추가되면 반가워합니다. 도전이 많아지는 것을 싫어하는 사람이 있는가 하면 오히려 무척 반기는 사람이 있죠. 그러나 사내 기업가이든 기업가이든 상관없이 혁신자는 변화 대리인이 됩니다. 어떤 사람들은 자유롭게 기업가와 혁신자 사이를 오가고, 어떤 사람들은 어느 한 편을 선호하죠.

흥미롭군요. 어떤 사람이 사내 기업가형 혁신 컨설턴트를 고용합니까?

아이데이션ideation(아이디어 생산이나 이와 관련된 활동을 일컫는 용어 — 옮긴이)과 설계 지원만 수행하는 혁신 컨설턴트들이 많으니 (그런 기술이) 필요한 조직의 모든 사람이 후보자가 될 수 있죠. 전 그런 아이데이션에만 집중하는 컨설팅은 되도록 피하려고 노력합니다. 더 큰 프로젝트에 참여해 더 지속적인 혁신 사이클이 진행되는 동안 머물죠. 대개 수십억 규모의 조직에서 진행하는 과감한 프로젝트를 진행하는 데 참여합니다. 과감하지 않은 프로젝트는 수락하지 않아요.

> 우리는 비즈니스의 '변방'에서 일어나는 일을 확인하고 있다. 이는 주로 디지털 플랫폼의 변화로 주도되며 기업과 조직이 이를 이해하도록 돕는다. 급변하는 세계와 그 안에서 큰 충격을 받지 않고 살아남는 법을 이해하는 조직과 개인의 능력을 발전시킨다.
>
> 피터 윌리엄스Peter Williams,
> 엣지 오스트레일리아 센터Centre for the Edge Australia의 최고 경쟁력 책임자

 Image Training

대담성, 차별화, 생태계, 인프라스트럭처, 사내 기업가

매트 배리 Matt Barrie

수상 경력이 화려한 기업가, 기술 전문가, 연사인 매트 배리는 세계 최대 아웃소싱 및 크라우드소싱(군중crowd과 아웃소싱outsourcing의 합성어로, 대중을 제품이나 창작물 생산 과정에 참여시키는 방식을 뜻함 — 옮긴이) 시장 프리랜서 닷컴Freelancer.com의 창립자 겸 CEO이다.

교육자, 혁신자, 사업가로서 당신은 혁신을 어떻게 정의하십니까?

저는 혁신이란 비효율적인 산업, 프로세스, 기술(그리고 그들의 일처리 방식)을 살피고 세상이 더욱 좋은 곳이 되고 살기가 더욱 편해지며 돈을 더 잘 벌 수 있는 더 나은 해결책을 제시하기 위해 노력하는 일이라고 봅니다.

오스트레일리아가 혁신자가 되기에 적합하고 유리한 곳이라고 생각하십니까?

물론입니다. 제가 알기로 전 세계 10대 특허 보유기업 가운데 오스트레일리아 기업이 다섯 군데입니다. 사실 세계에서 특허를 가장 많이 출원하는 기업 기아 실버브룩Kia Silverbrook도 오스트레일리아 기업이죠.

오스트레일리아는 연구 개발에 환상적인 곳입니다. 인재 기반이 탄탄하고, 훌륭한 대학과 연구 기관이 있죠…… 인구는 2천200만 명에 지나지 않지만 발군의 실력을 발휘하고 있습니다.

제가 생각하기에 그건 어떤 면에서 장점입니다. 스스로 항상 시대에 뒤떨어졌다고 생각하기 때문에 더 나아지기 위해 항상 노력하고 있는 데다 이따금 우리가 실제로 경쟁자를 넘어섰는지조차 깨닫지 못하죠.

거리의 불리함에 한 가지 장점이 있다면 우리가 언제나 세계 시장에 대해 생각하고 있다는 사실입니다. 그래서 수많은 사람이 처음부터 이렇게 생각하죠. '어떻게 미국 시장에 진출할 것인가?' 혹은 '어떻게 처음부터 세계화할 것인가?'

반면 이는 대다수 미국 기업에게 약점으로 작용합니다. 그들은 이렇게 생각하죠. '좋아. 우리는 큰 시장에 있으니 미국에서 미국 화폐와 영어로 모든 일을 하는 데 초점을 맞출 수 있지.' 사람들은 회사를 차리고 미국에서 상당히 좋은 성과를 거둡니다. 하지만 전 세계가 그들을 복제하고 모방하죠. 그러면 그들이 심기일전해서 해결해야 할 상황이 벌어집니다.

예전에 당신은 오스트레일리아의 학교들이 IT를 강조하지 않는다는 사실이 안타깝다고 확실히 밝혔죠. 왜 그렇습니까?

오스트레일리아의 미래는 땅에서 광물들을 발굴해 해외로 수출하는 데 있지 않습니다. 그런 광물과 천연 자원은 고갈되고 있어요. 세계에서 생산성 증폭 요인을 확보하고 부의 창조에 기여할 수 있는 산업은 한두 가지에 지나지 않을뿐더러 사실 결국 기술로 귀결됩니다.

오스트레일리아는 인구가 2천200만 명에 지나지 않으니 세계의 주역으로 활약하려면 우리가 가진 소규모 인재 기반을 세계적인 규모로 투자하는 수밖에 없습니다. 그런 분야가 바로 기술이죠. 기술을 국가의 지상과제로 삼아야 합니다. 오스트레일리아의 기술 산업을 시험하고 세계적인 수준으로 높이려면 우주 경쟁이나 맨해튼 프로젝트Manhattan Project(제2차 세계 대전 중, 원자폭탄을 만들었던 미국의 비밀 프로젝트 — 옮긴이) 같은 것이 필요합니다.

정부는 현재 오스트레일리아 경제를 '기적 경제miracle economy'라고 표현합니다. 우리가 땅에서 파내어 해외에 보내는 물건의 가격이 중국 덕분에 올랐으니 기적 경제인 셈이죠. 오스트레일리아 수출이 탄탄하게 성장하는 이유는 그것뿐입니다. 현재 우리가 얻고 있는 우연한 소득은 일상용품의 사이클이 하락하면 우연한 손실이 될 테죠. 그런데 지금 그런 상황에 처한 것처럼 보입니다.

저는 무엇보다 먼저 고등학교를 포함해 오스트레일리아의 교육 수준을 높여야 한다고 생각합니다. 서구 국가들의 큰 문제는 엔지니어링, 컴퓨터 공학, '하드' 과학 분야에 입문하는 사람이 점점 줄어든다는 사실이죠. 달 착륙에 성공한 이후로 이런 상황이 계속되었습니다. 인간이 달에 착륙했을 때 모든 아이들의 꿈은 우주비행사가 되는 것이었고 그들은 하나같이 공학 강좌에 등록했지요. 그런데 이후 (과학 분야의) 입문자는 해마다 줄어들었습니다.

현재 오스트레일리아에서 많은 3차 교육 기관이 지원을 받고 있습니다. 시설비를 충동하기 위해 수업료를 내는 외국 유학생들을 영입하고 있으니까요. 많은 고등학생들이 기술 분야에 입문해서 대학에 진학하도록 권장해야 합니다. 그러면 고급 과정까지 올라가는 학생들이 많아지고 더 많은 연구가 수행되며 산업이 더욱 발전하겠지요. 아울러 기술 회사를 차리고 해외로 진출해서 세계의 여러 문제를 해결하고 오스트레일리아를 더욱 부강하게 만드는 사람들이 더욱 많아질 것입니다.

저는 오늘날 오스트레일리아의 교육을 정립하는 데 도움이 된다는 면에서 그것이 국가의 지상과제이며 엄청난 비용이 필요한 일도 아니라고 생각합니다. 현재 온라인 교육 방식에 대대적인 혁명이 일어나고 있죠. 200~300만 달러만으로 매우 높은 수준의 프로그램을 개발해서 오스트레일리아 고등학생들에게 컴퓨터 과학을 가르칠 수 있습니다.

시드니 대학교 교수이자 국립 컴퓨터 과학 학교National Computer Science School 교장인 제임스 커런James Curran이 이 교과과정을 개발해 제시할 준비를 마쳤습니다. 그러니 (오스트레일리아) 정부가 기본적으로 '그래, 이렇게 합시다'라고 선택하는 건 간단한 일이죠. 모든 아이들이 '소셜 네트워크'를 지켜봤습니다. 아이들이라면 누구나 아이폰 어플리케이션이나 제2의 페이스북을 개발해 마크 주커버그를 능가하고 싶어 합니다. 우리는 그들이 그렇게 하도록 기회를 주어야 하고요. 하지만 현재 오스트레일리아 고등학교 교과과정은 정체되어 암흑시대에 빠져 헤어나지 못하고 있습니다.

기술 벤처 창조 전문 연사로서 당신은 이 주제가 본질적인 지상과제라고 봅니까?
기술의 핵심은 본질적으로 모험적이죠. 현재 기술 붐의 주역은 회사를 차리고 산업계를 뒤흔들어놓으며 크고, 장기적이고, 지속적이고 부를 창조하는 기업들을 세우는 사람들입니다.

20년 전 내가 대학에 들어갈 무렵에는 평범한 사람이 기업가가 되거나 자기 회사를 차린다는 건 생소한 개념이었죠. 당시 가장 흔한 개념은 기업의 제품 라이프 사이클 조사였을 겁니다.

저는 현재 졸업반 공학도들이 지휘하는 프로그램을 운영하고 있는데 이 프로그램에서는 학생들이 직접 창업을 생각할 수 있는 프레임워크와 도구를 제공하고 그들에게 이것들을 사용할 수 있다는 자신감을 북돋아주죠.

미국을 포함한 세계 각지에서 혜성처럼 등장한 기업들이 2년 반이나 3년 만에 기술 분야에서 수십 억 달러에 이르는 수익을 거두고 있습니다. 물리적 세계가 완전히 가상 경제로 바뀌면서 현재 무대를 장악하는 한 가지 요소가 있죠. 바로 인터넷입니다.

최대 직접 마케팅 회사 구글은 소프트웨어 기업입니다. 세계 최대 서적 소매업체(머지않아 모든 분야의 최대 소매업체로 등극할) 아마존은 소프트웨어 기업입니다. 가장 **빠른** 속도로 성장하는 텔레콤 회사 스카이프는 소프트웨어 기업입니다. 이는 다른 누군가에게 빼앗기기 전에 우리가 잡아야 할 기회입니다.

온라인 비즈니스와 GDE를 둘러보면 '세계 최대 아웃소싱 시장'인 귀하의 회사가 눈에 띄는 것이 새삼스럽지 않습니다. 제가 생각하기에 프리랜서사 덕분에 혁신의 가치가 더욱 커졌어요. 프로젝트에 입찰하는 사람들이 어떤 일이든 일을 얻으려면 혁신적이어야 하니 말이죠.

프리랜서에게 유리한 사실은 양쪽 시장이 모두 창업가들로 구성된다는 점입니다. 서양의 창업가는 소기업 소유주이거나 웹사이트나 제품 혹은 서비스에 대한 아이디어가 있는 사람이죠. 반면 프리랜서들은 모두 창업가입니다. 이들은 자기 분야에서 엘리트 중의 엘리트죠. 방글라데시, 인도, 파키스탄 등 거주하는 곳은 다르지만 그들은 금세대의 기술 엘리트입니다. 세계로 진출해 회사를 세우죠. 나머지 세계가 번영할 수 있도록 혁신하고 건설합니다. 우리 회사 시장의 장점은 모든 사람이 혁신하며 창업가로 거듭날 수 있다는 사실입니다.

혁신이란 충족되지 않은 욕구를 확인하고 시장이 흡수할 수 있도록 그 욕구를 해결할 방법을 개발하는 일이다.

래리 맥도널드Larry MacDonald, 에디슨 이노베이션스사Edison Innovations, Inc. 창립자 겸 CEO

'프리랜서'라는 혁신은 인터넷에 접속할 수 있는 전 세계 모든 지역의 사람에게 힘과 능력을 부여합니다. 여기에는 분명 특정한 장애물도 있지만 생활비용과 사업비용이 저렴하다는 이점을 보유한 다수 세계 사람들도 포함되죠. 낮은 금액을 제시할 수 있다는 그들의 장점이 특정한 일에서 벌 수 있는 돈 액수를 줄이는 데 전반적인 영향을 미칠까요?

세계는 매일 변하고 있으며 이 변화의 주요 원동력은 기술입니다. 그러니까 냉장고의 시대에는 얼음을 판매하지 않죠. 세계는 변하고 일자리 또한 변합니다. 따라서 서구 사람들의 큰 도전은 가치 사슬을 상승시키고 혁신자와 기업가로 거듭나는 일이에요. 우리는 이렇게 질문해야 합니다. '나

는 어떻게 일자리를 창조하고 그 일자리를 맡을 것인가?'

문제는 지구 인구는 70억 명인데 현재 인터넷에 접속하는 인구는 고작 20억 명이라는 사실이에요. 하지만 머지않아 접속할 사람이 50억 명이나 있습니다. 따라서 세계 노동 시장을 본다면 곧 온라인으로 공급될 노동력이 어마어마한 셈이죠.

모래에 머리를 처박고 그런 일이 일어나지 않기를 바랄 수 있겠지만 사실 배고픈 50억 명의 사람들이 존재합니다(전 그들을 PHDs라고 부릅니다). 그들이 지금 인터넷에 접속하고 있으며 일자리를 원합니다. 현재 하루 8달러 이하로 살고 있는 사람들이에요. 때로는 하루 2달러도 안 되는 돈으로 연명하죠. 프리랜서는 개발도상국의 이런 기업가들이 온라인에 접속해 그야말로 몇 시간이나 며칠 만에 현재의 월급을 벌 수 있는 기회입니다.

물론 서구 세계에 위험할 수 있는 요소들이 있죠. 그렇다 해도 기업가의 특성, 비판적인 추론, 혹은 훌륭한 기술 전문가의 기술을 갖춘 사람들은 위험하지 않을 겁니다. 그리고 배관공, 배달원, 주차 요원 등 육체노동자에게도 그렇죠. 하지만 중간에 끼어 있는 사람, 알고리듬algorithm으로 효과적으로 묘사할 수 있는 사무 노동자 혹은 소프트웨어나 웹사이트로 업무 효율성을 높일 수 있는 일을 하는 사람이라면 그렇지 않습니다.

이런 일자리가 무척 많습니다. 은행, 자동차 임대 회사, 부동산 사무실, 회계회사(심지어 어떤 면에서는 특정한 형태의 법조계)를 보면 많은 사람들이 그다지 효율적이지 않고 소프트웨어나 어쩌면 다른 사람들이 업무 효율성을 높일 수 있는 일을 맡고 있죠.

현재 서구 사람들이 직면한 도전은 가치 사슬을 상승시키는 일입니다. 사람들과 노동력의 교육 수준을 높이고 고등학생들에게 말로만 기술을 인정하는 데 그치지 않고 적절히 가르쳐야 하죠. 뿐만 아니라 우리의 대학을 첨단 연구와 과학 분야의 세계 최정상급의 교육 기관으로 변화시키기 위해 적절히 노력해야 합니다.

우리의 기업가들 가운데 인도의 문제들을 해결할 사람들이 몇 명이나 될까? 우리는 서구에서 크게 성공한 모델에 혹해서 인도에서만 독특하게 볼 수 있는 지극히 지역적인 문제를 등한시해서는 안 된다. 인도에는 다양한 소국가들이 존재한다. 그처럼 소비자 기반이 광범위하기 때문에 기업가와 신생 기업은 전국 시장에 진출하지 않더라도 적절한 시장을 현명하게 겨냥하고 상당히 큰 규모의 회사를 세울 수 있다. 인도 기업가들의 수준은 점점 높아지고 있다. 우리의 신세대 기업가들은 부러움을 살 만한 높은 지적 능력, 겸손함, 세계적인 인지도, 세계 최고의 기술 인재를 확보할 능력 등을 고루 갖추었다. 인도에서 최고의 경쟁력을 발휘할 세계적인 기업을 설립할 가능성은 무한하다. 인도에 제2의 페이스북, 드롭박스, 혹은 에어비앤비Airbnb를 세울 수 없는 이유란 존재하지 않는다.

쿠날 샤Kunal Shah, 프리차지사FreeCharge.in의 창립자 겸 CEO

 Image Training

변화, 경쟁, 파괴, 기업, 위험

타라 헌트Tara Hunt

연사이자 작가, 상을 수상한 기업가이자 인플루엔서인 타라 헌트는 혁신적인 온라인 소매 사이트 바이오스피어Buyosphere의 창설자 겸 CEO이다.

사진 제공: 레인 하트웰Lane Hartwell

당신은 다양한 방면에서 활약하셨습니다. 이를테면 #핀코pinko 마케팅과 초창기 코워킹co-working 운동에 깊이 관여하셨죠. 그 방면에서 일해 보시니 어떻던가요?

코워킹을 시작할 무렵 저는 한 신생 닷컴dot com 기업에 근무하고 있었는데 좀 더 독립하고 싶다고, 그러니까 프리랜서로서 다양한 프로젝트와 신생 기업에 참여하고 싶다고 생각하던 참이었습니다. 개인적인 면에서도 운신의 폭을 넓힐 공간이 필요했다고 할까요. 이 모든 상황이 합쳐진 데다 때마침 주변에 제게 꼭 필요한 사람들이 있었습니다.

당시에 동업자 겸 남자 친구가 이런 문제에 무척 열정적이었죠. 우리는 회의를 민주적으로 진행할 방법과 공간이 세상을 바꿀 수 있다는 점에 대해 많은 이야기를 나누었고 실제로 그런 방향으로 발전했습니다. 코워킹은 전 세계 여러 도시에서 상당히 놀라운 공간으로 발전했어요. 사무 공간을 공개한 기업이 많았습니다. 여러분의 사무실로 외부인을 초대할 수 있는 혁신적인 능력을 이해하기 때문이죠. 이 방법이 훨씬 효과적입니다.

그 덕분에 기업이나 업무 방식의 혁신이 촉진된다고 보십니까?

아무리 황당무계한 상상의 세계에서도 우리는 초대형 조직들이 실제로 이런 변화에 참여하거나 내부적으로 이런 일을 수행하며 외부 사람들의 참여를 유도함으로써 더욱 혁신적으로 변할 것이라고 전혀 상상하지 못했습니다.

'내가 만든 것을 직접 써보는 과정'이 반드시 필요하다는 사실을 어떻게 이해하게 되었나요?

우리 제품을 직접 사용하지 않으면 다른 사람들이 어떤 식으로 제품에 불만을 느끼고 일언반구도 없이 등을 돌리는지 알 수 없죠. 직접 써보는 것이 사용자들이 느끼는 불만의 원인이나 사용자 기반이 성장하지 않는 이유를 파악하는 최선의 방법입니다.

그 일을 하라.

스콧 하이퍼맨Scott Heiferman, 미텁Meetup의 공동 창립자 겸 CEO

일부러 시간을 내서 여러분에게 전자우편이나 트윗을 보내거나 게시물을 남겨 불만이 있음을 알리는 소수의 사람들이 있죠. 저는 이 훌륭한 사람들을 매우 가까이 둡니다. 하지만 여러분 회사의 사이트를 이용하다가 불쾌한 일을 당하고도 그저 어깨를 으쓱거리고는 다른 데로 가버릴 사람들이 무수히 많아요. 그럴 때마다 저는 무엇이 잘못인지, 우리가 집중하지 않거나 문제를 해결하지 않은 사안은 무엇인지 파악했습니다. 이런 방법으로 사용자 기반과 상호작용하는 것은 물론이고 다른 사람들은 무엇에 반응을 보이는지 알아내죠.

바이오스피어를 당신이 개척한 #핀코 소비자나 소비자 간의 마케팅과 동일하거나 거기에서 발전한 형태라고 말할 수 있을까요?

그렇습니다. 확실히 그렇죠. 그것은 모든 것의 중심에 소비자를 놓는 일입니다. #핀코 마케팅의 기본 개념은 이렇습니다. #핀코는 공산주의 동조자이며 #핀코 마케팅은 고객 동조자입니다. 고객처럼 생각하고 고객을 중심에 두는 마케팅인 거죠.

  (처음에는) 이 개념을 두려워하는 브랜드가 많았습니다. 그들은 명령과 통제, 그러니까 브랜드 이미지와 목소리를 통제하는 일에 익숙했으니까요. 하지만 그 개념은 엄연한 현실이 되었습니다. 모든 브랜드에게 가장 중요하고 큰 목소리는 소비자의 목소리죠. 바이오스피어는 이처럼 순전히 추천에 의해 움직입니다.

밀기보다는 당기는 것이군요. #핀코는 소비자 혁명의 한 요소라고 말할 수도 있겠습니다. 조직과 기업이 혁명가(유력한 소비자/최종 사용자)의 욕구를 충족시키지 않는다면 목숨까지는 아니더라도 분명 시장점유율을 잃겠지요.

물론입니다. 혁명이 일어나고 있고 그것이 판매실적에 확실히 영향을 미치고 있음에도 소매업체들은 참여하지 않았어요.

이제 소매 산업에 어떤 일이 일어나고 있는지 살펴보죠. 소매 산업의 현금 손실이 어마어마합니다. 전자 상거래의 혁명이 어떤 식으로 소매 산업을 계속 변화시킬 것이라고 생각하십니까? 이를테면 전자 상거래는 전통적인 기업을 온라인 쇼핑몰로 대체함으로써 전통적인 기업과 상점의 필요성을 크게 축소시킬까요?

물론 온라인 쇼핑몰이 등장하지만 사실 흥미로운 한 가지 현상이 일어나고 있습니다. 많은 전자 상거래 사이트가 플래그 숍Flag Shop(유통업에서 한 기업의 여러 점포 가운데 '본점 혹은 그 여러 점포를 대표하는 상점'을 기함flagship에 비유해 일컫는 용어—옮긴이)을 열고 있죠. 물건을 걸쳐보고 질감을 느끼며 브랜드와 익숙해지는 일의 중요성을 깨닫고 있기 때문입니다.

전통적인 물리적 공간을 위한 여지가 언제나 존재할 것이라고 생각하지만 변화가 약간 일어날 겁니다. 미국의 일부 대형 소매업체들은 소비자들이 온라인으로 주문한 다음 상점에서 찾아갈 수 있는 서비스를 제공합니다. 온라인으로 주문한 제품이 마음에 들지 않거나 맞지 않는다면 상점에서 교환할 수 있죠.

전자 상거래가 주목 경제attention economy를 이용할 수 있을까요?

미국인들의 취향에는 약간 사회주의처럼 들리겠지만 전자 상거래는 사람들(소비자들)이 더욱 현명하게 구매할 수 있는 도구를 확보할 만한 위치로 올려놓을 수 있습니다. 더 많이 구매하는 것이 아니라 더 현명하게 구매하는 거죠. 이건 확실한 예측이라기보다는 개인적인 희망에 가까운 일이지만 당신은 자신이 살고 싶은 세상을 창조해야 합니다.

당신은 미국 이주민으로서 국가에 지대한 공헌을 했다고 알고 있습니다. 혁신적인 이주민들이 그들의 전체 국가와 경제 기반에 얼마나 중요한지를 깨닫지 못하는 미국인이 많다고 말해도 좋을까요?

글쎄요. 우선 그들은 우리를 이주민이라고 부르지 않습니다. 이방인이라고 부르죠. 내가 생각하기에 이 단어를 보면 그들이 미국 주민으로서 우리를 어떻게 생각하는지 확실히 알 수 있습니다. 그들은 우리가 미국인들로부터 일자리와 기회를 빼앗고 있다고 생각해요. 결국 두 이주민이 구글을 창립했는데도 말입니다.

> 세기가 바뀌면서 혁신은 일취월장했고 이제 새천년으로 접어들었다. 혁신이 더 이상 단순한 발명품을 제시하지 않는다. 혁신은 자원과 재능의 혼합체로 플랫폼을 창조하고 그 플랫폼을 이용하며 변화에 영향을 미친다. 나는 오늘날 일어나는 혁신을 통해 혁신에 대한 과거 세대의 개념이 급속도로 지속적으로 바뀔 수 있다고 믿는다.
>
> 카얌 와킬Khayyam Wakil, 이머시브 미디어Immersive Media의 최고 혁신 책임자

 Image Training

소비자, 권한 부여, 상호작용, 혁명, 사용자

빈센트 카본Vincent Carbone

빈센트 카본은 브라이트아이디어Brightidea의 창립자 겸 COOChief Operating Officer(최고 업무 책임자)이다. 지난 10년 동안 전략 혁신 프로그램 전문가로 활약했으며 현재 세계 혁신 조직을 구축하기 위해 노력하고 있다.

토머스 에디슨에 대한 오마주로 회사 이름을 브라이트아이디어라고 지으셨나요? 당신이 뉴저지 주 에디슨에서 태어나 멘로 파크Menlo Park에서 자라서 물어보는 말입니다.

멘로 파크는 토머스 에디슨의 연구실이 아주 가까웠기 때문에 전기 가로 등이 최초로 설치된 곳이죠. 솔직히 말해 에디슨은 아이디어 관리의 아버지였습니다. 브라이트아이디어는 기업이 혁신을 관리하도록 돕는데 그 뿌리는 에디슨으로 거슬러 올라가죠. 그는 파일로 만든 색인카드에 아이디어(자신의 모든 아이디어)를 기록하고 추적함으로써 다시 확인하고 참고해서 발전시킨 최초의 인물입니다.

그래서 그의 전문성에서 아이디어에 대한 존중이 고스란히 드러나는 거군요.

'아이디어에 대한 존중'이라는 말은 처음 들어봅니다만 정확한 표현이라는 생각이 듭니다. 그는 모든 아이디어를 존중했죠. 무릇 사람과 기업이 출발점으로 삼아야 할 것은 바로 아이디어입니다. 본질적인 가치를 소유한 것으로, 아이디어를 존중하고 그 본질적인 가치를 추적하고 기록하며 포착하는 일종의 인프라스트럭처에 넣는 것이죠.

저는 기업들이 모든 아이디어에 본질적인 가치가 있다는 사실을 이제 막 깨닫기 시작했다고 생각합니다. 세계가 디지털화되고 있으니까요. 세계가 디지털화되면 물건을 만들기가 더욱 쉬워집니다. 여러분이 생각할 수 있는 모든 것을 만들 수 있는 가능성을 구현한 것이 바로 3D 프린터입니다.

물건이 점점 더 디지털화되고 상품을 제조하기가 점점 쉬워짐에 따라 다듬지 않은 아이디어, 초기 아이디어 등 모든 아이디어의 본질적인 가치가 실제로 커지고 있죠. 그런 물건을 창조하는 과정의 장벽이 점점 낮아지기 때문입니다. "1퍼센트의 영감과 99퍼센트의 노력"이라는 명언을 아십니까? 제 생각에는 세계가 디지털화되면서 이 공식이 좀 더 균형을 맞추는 방향으로 변화하고 있습니다.

브라이트아이디어 웹사이트에서 당신은 일단 혁신 조직이 창조되면 '서로 연관된 아이디어의 복잡한 망'이 될 것이며 여기에 우리 세계의 최대 난제들을 해결할 잠재력이 있을지 모른다고 지적하셨습니다. 그런 아이디어가 본질적으로 그리고 저절로 판매하고 교환할 수 있는 일상용품으로 자리 잡을 가능성이 있다고 생각하십니까? 그러면 당신의 혁신 조직이 일종의 혁신이나 아이디어 주식 시장이 될까요?

정확히 그렇습니다. 우리가 뜻하는 바가 바로 그거예요. 이를테면 제너럴 일렉트릭과 록히드Lockheed, 그리고 그 회사 직원들이 자사와 직접적인 관련이 없을지도 모를 물건에 대한 아이디어를 제시했다고 합시다. 예컨대 직원들이 아이디어를 제시하고 기업이 그 아이디어의 본질적인 가치를 인식할 수 있는 인센티브 계획이 있다면 어떻게 될까요? 시간이 지나면서 기업은 아이디어 비즈니스 쪽으로 움직일 겁니다. 어떤 아이디어는 자사의 제품과 서비스와 직접 관련이 있겠죠. 하지만 그렇지 않은 아이디어일 경우 그것을 이용할 수 있는 다른 누군가에게 판매한다면 투자수익률 면에서 가장 효과적일 겁니다.

일단 혁신 조직이 임계질량에 도달하면 그런 기회들이 모습을 드러내고 바라건대 우리가 그 교환의 이베이가 될 수 있겠죠. 우리는 이 일이 인간과 세계에 이롭고 결국 지구가 더 좋은 곳이 될 것이라고 진심으로 믿습니다.

창의력과 이해가 토대를 이룬다. 회사 외부에서 일어나는 변화와 단절된 이해는 내적으로 왜곡된 이해이다. 의사 결정과 급변하는 기술이 제공하는 기회의 핵심적인 도구로서 선견지명을 발휘하며 노력해 왔다면 무엇보다 '외부 혁신'을 추가하고 다른 요소들, 즉 비즈니스 모델, 산업, 인간 행동, 기술과 경쟁업체에 동등하게 초점을 맞추어야 한다.

지도자들이 훌륭한 리더십의 핵심은 기계적인 결정이 아니라 창의력이라는 사실을 이해할 때 이런 과정이 가장 자연스럽게 일어난다. 호기심과 창의력, 그리고 현재 상황과 미래에 대한 희망과 이해를 고려해 일을 일으키는 능력과 회복력이 비즈니스 주체와 만날 때 최고의 성과를 거둔다. 이 과정의 중대한 한 가지 측면은 개인이 혼자서 생각과 행동의 요구를 모두 충족시킬 수 없다는 사실이다. 생각을 실천하려면 관련자들이 자신의 역할과 관련된 더 큰 그림을 이해해야 한다. 따라서 이런 성과를 거두려면 언제나 이해하고 협력해야 한다. 이 과정이 최소한의 방식이나, 필요할 경우 주요 프로그램으로 진행될 수 있다. 하지만 근본적인 요소가 남아 있다. 미래를 활성화시키는 최고의 방법은 그것을 공동으로 창조하는 것이다.

도미니크 자우롤라Dominique Jaurola, 모바일/인터넷 기업가—미래학자

협력, 디지털, 도구, 가치, 세계

매트 플래너리Matt Flannery

매트 플래너리는 키바Kiva의 공동 창립자 겸 CEO이다. 키바는 기술과 소액 금융을 이용해 가난을 구제하기 위해 노력한다. 《이코노미스트》지에서 선정하는 한계 없는 혁신 상No Boundaries Innovation Award을 수상했다.

당신은 소액 금융을 이용해서 가난을 구제하고 다수 세계 사람들에게 역량을 부여할 목적으로 모르는 사람들을 붙잡고 또 다른 모르는 사람에게 돈을 빌려주라고 부탁하기로 결정하셨습니다. 키바 같은 일을 시도하는 당신을 제정신이 아니라고 생각한 사람들이 짐작컨대 있었을 겁니다.

사람들은 성공하지 못할 거라고 말했습니다. 아프리카 사람들은 인터넷

에서 자료를 구하지 못하고 우리는 그들에게 줄 돈을 구하지 못했으니까요. 그리고 아무도 빌린 돈을 갚지 않을 테니까요. 그들은 그 일이 법에 어긋나며 실행 가능성이 없고 불가능한 일이라고 말했어요. 그렇습니다. 모든 면에서 성공하지 못할 거라고 입을 모았죠.

이 계획이 성공하도록 도왔던 한 가지 일을 꼽자면 성공은 장담하지 못해도 훌륭한 팀을 이루어 일할 사람들을 모으는 것이었습니다. 실패할 가능성이 있는 일을 하려면 많은 신뢰와 친밀성이 필요하죠. 관련자들이 어떤 일을 함께하겠다고 동의해야 합니다. 그러니까 외부 사람들이 성공하지 못할 거라고 말하는 일 말이죠. 그러려면 전폭적인 신뢰가 필요합니다.

키바 이니셔티브를 시작한 동기는 무엇이었나요?

스물일곱 살이던 2004년, 저는 공동 창립자 제시카Jessica와 모세Moses와 함께 우간다, 케냐, 탄자니아로 여행을 갔습니다. 티보TiVo에서 컴퓨터 프로그래머로 일하던 중에 휴식 차 떠난 여행이었어요. 그때 한 비영리 단체에서 자원봉사를 하며 생산 판매업, 수선업, 중고 의류 판매업, 혹은 작은 식당을 시작하기 위해 소기업 대출을 받는 사람들을 인터뷰했습니다. 그때 그들의 이야기에 깊은 감명을 받았습니다.

저는 이 사람들을 인터뷰하고 비디오를 만들면서 그들의 이야기가 무척 감동적이라고 생각했어요. 그동안 제게 아프리카는 굶주림, 전쟁, 질병처럼 우울한 일을 떠올리게 하는 곳이었지만 실제로 제가 발견한 것은 수많은 희망적인 이야기와 제가 충분히 이해할 수 있는 창업가들이었죠.

전 기업가 정신을 좋아합니다. 항상 제 회사를 설립하려고 노력했죠. 그래서 사람들의 고통을 강조하기보다는 사람들과 함께 전략과 미래 계획에 대해 이야기하는 것이 무척 즐거웠습니다. 매우 희망적이고 고무적인 시간이었어요.

전 그 시간을 무척 좋아했고 친구들과 나누고 싶었습니다. 그래서 우리는 아프리카에서 얻은 경험을 미국인들에게 전하기 위해 키바 웹사이트를 개설했죠. 비즈니스 아이디어에 대해 배우고, 그들을 불쌍하게 여기기보다는 사업가들과 파트너십을 맺는 경험 말입니다. 이 경험의 핵심은 후원자나 기증자로서가 아니라 파트너십과 상호 존중을 토대로 관계를 형성하는 일이었습니다.

결국 혁신은 브랜드를 명확하게 표현할 때(어떤 것이든 제품은 매력적이어야 한다)에만 비로소 성공한다. 매력적인 것은 사람들로 하여금 행동할 동기를 부여한다. 비록 '행동'은 마음 상태를 의미하지만 핵심은 바로 이것이다. 차별화된 제품은 단순히 독특한 수준을 넘어 여러분의 제품이나 서비스가 경쟁자보다 우수한 이유를 명백하게 알린다. 무엇보다 혁신은 진실해야 한다. 과장 없이, 진실성 있는 약속, 품질에 대한 헌신에서처럼, 목적과 고객, 여러분이 봉사하는 공동체와의 관계에서처럼 진실해야 한다. 물론 새로운 혁신은 주목을 받지만 결국 채택되는 것은 매력적이고 차별화되며 진실한 혁신이다.

세실리 소머스Cecily Sommers, 작가, 전략가, 혁신 컨설턴트

그리고 당신은 최근 키바 집Kiva Zip을 시도하면서 더 많은 관계를 형성하려고 노력하시죠. 그 프로젝트에서 얻고 싶은 결과는 어떤 겁니까?

Zip.kiva.org는 우리가 현재 진행하고 있는 실험입니다. 어떤 결과가 일어날지 모르지만 잠재력이 무척 큰 프로젝트예요. 키바의 사명은 대출을 통해 사람들을 연결시키고 가난을 완화시키는 일입니다. 우리는 이 프로젝트를 통해 이 두 가지에서 큰 성공을 거두려고 노력하고 있습니다. 사람들 사이의 관계를 더욱 돈독하게 만들고 세계 재정 시스템에서 소외된 사람들에게 손을 내미는 시도이지요.

특히 혁신적인 케냐에서는 대출자와 차용자를 그들의 휴대폰으로 직접 연결합니다. 차용자가 전화번호와 사진을 게재하면 우리가 인터넷을 통해 직접 돈을 빌려주죠. 이 중에 어떤 사람들은 케냐의 도시 외곽이나 해안에서 떨어진 섬에 거주합니다. 상당히 먼 곳이지요. 빈민가에 살면서 60달러도 안 되는 돈을 빌려야 하는데 케냐의 금융기관이나 비영리 단체의 금융기관의 혜택을 받지 못하는 사람들입니다. 우리는 그들의 전화로 무이자 소액을 대출함으로써 저렴한 비용으로 직접 거래합니다.

이 일을 처음 시작했을 때 성공하지 못할 거라고 생각한 사람들이 매우 많았죠. 그렇지만 첫째 이 일을 가능하게 만들 기술이 등장하고 있습니다. 의문점과 알 수 없는 일들이 많지만 상당히 순조롭게 진행되고 있어요. 완벽하지는 않아도 매일 배우고 있습니다. 우리의 상환 비율은 약 97퍼센트입니다. Kiva.org에 오른 것처럼 99퍼센트에는 못 미치지만 정시 상환 비율이 60퍼센트 정도에 머무는 미국 신용카드 상환 비율보다 높은 수치죠.

현재 우리는 함께 일하는 대출자와 차용자 모두에 대한 공감도가 높아지고 있다는 사실에 주목하고 있습니다. 따라서 키바는 전 세계의 공감과 동정을 증가시키는 통로나 다름없어요. 키바에서 돈을 빌려서 성장하며 이를테면 이스라엘, 팔레스타인, 남 수단South Sudan의 어떤 사람과 어린 나이부터 관계를 맺은 경험이 있는 아이들이 한 교실에 앉아 있다고 상상해보세요. 이 아이들이 성인이 되어 직업을 선택하거나 정계에 진출해 중대한 결정을 내릴 때 그 경험이 어떤 영향을 미칠지 상상해보세요. 그들은 서로 연결된 관계망과 키바 같은 기관 덕분에 공감도가 더욱 높은 세대의 일원이 됩니다. 누군가와 관계를 맺고 성장할 때 그 사람을 적이라고 생각하기가 더욱 어려워지겠죠.

키바의 관계와 이니셔티브는 분명 최종 사용자에게 주어진 능력을 확실히 보여주고 있습니다.

우리는 우리보다 훨씬 대단한 명분에 기여하는 한 조직에 불과하지만 중대한 역할을 수행할 수 있습니다. 우리는 함께 일하는 대출자와 차용자 모두에 대한 공감도가 높아지고 있다는 사실에 주목하고 있습니다.

우리는 멕시코의 한 남자에게서 수백 명이 넘는 사람들로부터 키바 대출을 받던 멕시코의 생물소화조(폐기물을 생물학적으로 분해하는 장치 — 옮긴이) 근로자들과 일한 경험에 대해 들었습니다. 그는 대출금이 수혜자들의 심리에 미치는 영향에 대해 말해주었죠. 이 수혜자들은 평생 여행해 본 적이 없고 아무에게도 관심을 받지 못한 가난한 사람들입니다. 그런데 이제 그들은 자신에게 도움을 주는 100명이 넘는 사람들의 얼굴을 볼 수 있는 겁니다. 뿐만 아니라 홍콩, 스웨덴, 시애틀 등 어디에 있든 간에 25달러를 빌려주고, 의견을 남기고, 멕시코의 시골 지역에서 우분 비료를 분해해 휘발유로 바꾸는 그들의 비즈니스에 진심으로 관심을 가지는 누군가가 존재한다는 사실을 알고 있어요.

이런 활동을 통해 그들이 세계 시민이며 더욱 거대한 무언가의 일부임을 깨닫고 변화하도록 영향을 미칠 수 있습니다. 대출금을 상환할 때 그들은 멕시코든 아프리카든 상관없이 그들과 같은 처지의 다른 사람이 대출을 받을 수 있다는 사실도 알고 있어요. 자신의 작은 행동이 전 세계의 어느 곳에 더 큰 영향을 미친다는 사실을 깨닫고 있는 겁니다.

나는 문제를 해결하는 새로운 방식을 제시한다는 관점으로 혁신을 생각하곤 했다. 상당히 전형적인 정의이다. 그러나 지난 10여 년 동안 나는 혁신을 아이디어보다는 정신적, 육체적, 재정적 힘으로 보게 되었다. 다시 말해 아이디어를 택해 실현할 수 있을지를 생각한다. 50명이 여러분의 아이디어를 정확히 동시에 떠올릴 수 있으나 그것은 '주변에 아무도 없는 숲에 떨어지는 나무'이다. 혁신이 의미 있는 방식으로 일어나려면 누군가 숲에서 그 나무를 끌어내고, 다시 일으켜 세우고, 사람들을 불러 모으고, 그들이 처음에는 가능성이 없어보이던 그 나무를 되풀이해서 뒤집어엎기 위해 노후 대비 저축(혹은 사회 자본)을 투자해야 한다. 따라서 이 게임에서 시시포스Sisyphus(그리스 신화에 나오는 코린트의 왕. 제우스를 속인 죄로 지옥에 떨어져 끊임없이 굴러 떨어지는 바위를 산 위로 밀어 올리는 형벌을 받았다—옮긴이)를 이길 수 있다면 여러분은 진정으로 혁신에 성공한 것이다. 실제로 혁신을 실천에 옮기는 일을 좋아한다면 다행이다. 그 일을 하면서 돈을 벌 수 있다면 다행이다.

벤 릭비Ben Rigby, 스파크드 닷컴sparked.com의 CEO

연결, 공감, 영감, 다수, 신뢰, 세계

요비 벤자민Yobie Benjamin

기업가, 기술 혁신자, 발명가인 요비 벤자민은 시티그룹Citigroup의 CTO이자 시티그룹의 GTS 개발 혁신과 학습 센터GTS Development Innovation and Learning Centres의 회장이다. 20/20와 디스커버리 채널Discovery Channel로부터 세계 정상급 보안 전문가의 한 사람으로 선정되었다.

디지털 금융이 경제와 잘 어울린다고 생각하십니까?

당신이 '디지털'이라고 표현하는 것을 전 모바일 어젠다의 일부라고 표현해요. 제 지론은 이렇습니다. 일반적으로 지구상의 모든 사람이 제가 개인적인 경제적 생태계라고 일컫는 것을 가지고 있어요. 서구 세계에서는 (이런 생태계들이) 무척 넓고 깊습니다.

당신은 자동차가 있으니 한 장소에서 다른 장소로 움직일 수 있고 그러면 교역이 일어납니다. 이동성이 지대한 영향을 미치죠. 매우 넓고 깊은 개인적인 경제적 생태계에 지대한 영향을 미치는 또 다른 요소는 커뮤니케이션이에요. 사람들에게 이야기를 걸고 인터넷을 통해 다른 사람들에게 의사를 전달하는 능력이 그 생태계를 확장시킵니다. 사실 커뮤니케이션, 텔레커뮤니케이션, 교통을 이용해 서구 세계의 사람들이 대부분 무엇이든 할 수 있어요. 하지만 이들은 세계 인구의 20~25퍼센트에 불과합니다.

우리는 지금 업신여기듯이 '이머징 세계'라고 일컫는 지구상의 나머지 사람들을 향하고 있습니다. 그들은 자동차가 없어서 이동성이 없어요. 이동 전화라는 개념만 알고 있을 뿐입니다. 이동 전화는 대개 두 가지 역할을 수행했죠. 첫 번째 역할은 음성 커뮤니케이션입니다. 이 덕분에 그들은 갑자기 이웃 마을에 있는 그들의 사촌과 이야기를 나눌 수 있게 되었어요. 또한 특정한 수준의 기능적 문자 해독 능력을 얻게 되었습니다. 매우 기본적인 기능적 문자 해독 능력은 그들이 자신의 개인적인 경제적 생태계를 확장시킬 수 있는 방식에 지대한 영향을 미치죠.

그들은 이제 음성뿐만 아니라 어떤 형태이든 디지털을 통해 커뮤니케이션을 수행하고 있습니다. 이 덕분에 접근 권한이 극적으로 확대되었죠…… 접근 권한의 비약적인 발전이었습니다.

갑작스럽게 말리의 바마코에 있는 사람에게 시에라리온이나 기니에 있는 누군가에게 무언가를 팔 수 있는 능력이 생긴 겁니다. 전에는 없던 능력이죠. 그들이 생각하던 무역이나 통상은 언제나 근접성과 위치와 관련된 기능이었습니다. 말이나 당나귀 등 무엇을 이용하든 여행할 수 있는 능력 혹은 대중교통이라는 개념이었죠. 통상과 지불에 대한 그들의 개념은 상당히 제한적이었습니다.

서구 세계의 영역이자 특권이었던 이 경제적 생태계가 이제 나머지 세계, 인구가 가장 많은 세계(다수 세계)로 들어가고 있습니다. 순전히 인구 성장 면에서 모든 서구 세계보다 한층 심오한 영향을 미칠 세계가 디지털 능력을 통해 생산성을 크게 높일 수 있을 겁니다.

GDE를 볼 때 1단계 기업이 혁신해야 할 필요성과 제가 '무 단계Tier None'라고 부르는 기업이 혁신해야 할 필요성을 어떻게 비교하시겠습니까?

일반적으로 회사의 규모와 혁신성은 반비례합니다. 혁신하고 싶지 않아서가 아니라 조직적인 문제인 거죠. 큰 유기체는 본질적으로 매우 복잡합니다. 한 개의 인간 세포는 매우 단순하죠. 하지만 이를 확대해 인간의 몸 전체를 보면 무척 복잡합니다. 여러 국가를 볼 때 한 시민은 그리 복잡하지 않지만 마을, 주, 국가로 확대되면 매우 복잡해지는 거죠.

조직이 커지면 통치, 통제, 규제, 사회 정의 등의 문제가 지나칠 정도로 복잡해지지요. 따라서 당연히 규모가 더 작은 조직이 분명 혁신의 원천이 될 겁니다. 그들은 더 빠른 속도로 더 신속하게 더 적은 비용으로 움직일 수 있으니까요.

그렇다면 '혁신에는 경계가 없다'고 말할 수 있겠습니까?

저는 혁신이 선진국 사람들이나 교육 수준이 더 높은 사람들의 전유물이라고 생각지 않습니다. 이를테면 전 동보통신(특정 영역 내에 존재하는 모든 대상들에게 같은 정보나 메시지를 일제히 전송하는 데이터 통신 기법 — 옮긴이) 문학사 학위를 가지고 있고 컴퓨터 과학을 독학으로 배웠죠…… 거기에다 대규모 은행의 최고 세계 기술 책임자이기도 합니다.

인문학 교육을 받은 우리에게 큰 희망을 주시네요! 희망이라는 말이 나왔으니 말인데, 유전자 조작 분야에서 일하는 당신의 '취미'가 많은 사람에게 큰 희망을 줄 수 있겠군요.

지금 우리는 취미로 암 세포를 죽이는 바이러스와 박테리아를 설계하고 있습니다. '합성 생물학synthetic biology'이라는 새롭게 등장하고 있는 생물학의 한 분야죠. 합성 생물학은 가장 기본적인 컴퓨터를 가지고 프로그램을 하는 과학이자 예술입니다. 그런데 가장 기본적인 컴퓨터란 뭘까요? 바로 인간의 생명입니다. 기본적으로 세포와 바이러스는 프로그램할 수 있는 컴퓨터와 같습니다. 컴퓨터에는 입력과 출력이 있고…… 바이러스도 마찬가지죠. 따라서 문제는 이렇습니다. '그들이 어떻게 행동하며 어떤 입력과 출력이 예상되는지 이미 알았다. 그러니 어떻게 하면 DNA를 조작해서 좋은 일, 이를테면 암 치료를 위한 도구로 만들 수 있을까?'

흥미롭게도 효모는 인간의 DNA 구조와 가장 가깝습니다. 그런데 우리는 효모를 조작할 수 있거든요. 맥주 효모는 모든 빵과 맥주의 기본이 되었습니다. 효모 같은 단순한 유기체를 조작하고 암과 싸우는 염기쌍base pair에 삽입할 수 있다는 사실을 증명한다는 것은 상당히 인상적인 개념이에요…… '이 맥주를 마셔라. 암을 치료하도록 유전자를 조작한 맥주다'

라고 말할 수도 있죠. 가능한 일입니다. 우리에게는 그렇게 할 수 있는 과학이 있으니까요.

하지만 당신은 당신의 일을 지원하지 않는, 사실 법적으로 금지하려고 할지도 모르는 나라(미국)에 살고 있습니다.

전적으로 맞는 말입니다. 그것은 정치적인 문제에 가깝습니다. 하지만 그런 정치적인 장애물과 벽은 나라마다 달라요. 생각해보십시오. 저는 미국인이지만 동시에 세계 주민이기도 합니다. 그러니까 이곳에서 그 일을 하지 못한다 하더라도 전 세계에는 거의 200개국에 달하는 나라가 있으니 어디에서 그 일을 할지 제가 선택할 수 있죠.

어떤 시점이 되면 사람들이 지구촌의 현실을 깨달을 겁니다. 그들은 이렇게 말하겠죠. "좋았어. 내가 이곳에서 그 일을 할 수 없다면 다른 곳에서 할 거야." 스웨덴, 오스트레일리아 혹은 나우루Nauru 같은 섬나라에서는 가능한 일입니다. 사실 나우루에서는 온 나라가 황폐해질 지경에 이를 만큼 인산염을 천천히 파내고 있는 실정이죠.

만일 세계가 철 울타리를 둘러치고 있고 다소 획일적이라면 그렇습니다, 그건 문제가 되겠죠. 하지만 세계는 획일적이지 않고 정치 또한 그렇지 않습니다. 이런 문제를 개인적으로 껄끄러운 두려움이라고 받아들이기보다 보건학 분야를 발전시키고 싶어 하는 정부와 국가가 있습니다.

파괴는 혁신의 필수요소이며 혁신은 대단히 세계적이다. 『프로보크ProVoke』에

서 나는 '세 다리 의자 three-legged stool'라는 이론을 제시했다. 이 이론에 따르면 진보하기 위해서는 파괴를 생각해야 하며 진보는 세 다리를 가진 의자와 비슷하다.

첫 번째 다리는 하향식 top-down이다. 한 회사의 경영진, 중역, 이사회가 중요한 역할을 하며 혁신을 지지해야 한다. 막연히 '혁신해야 한다'고 말하는 데 그치기보다는 진정으로 지지하고 개인(직원)이 혁신에 시간을 투자한다는 이유로 초점이 부족하다고 질책하기보다는 보상할 측정 기준을 마련해야 한다.

두 번째 다리는 상향식 bottom-up으로 기업, 특히 매우 성공적인 대기업의 일반 구성원이다. 이 개인들은 모험을 감행하고 혁신이 일어날 수 있다고 믿어야 한다.

그리고 세 번째 다리는 센터 포워드가 있다. 이는 혁신과 어느 정도의 모험, 그리고 어느 정도의 실패(조직은 이를 질책하기보다는 보상할 것이다) 가능성을 수용하는 조직이다.

우리는 이 세 다리 의자 개념에 초점을 맞추어야 한다. 어느 한 다리라도 빠지면 의자가 넘어가기 때문이다. 열정을 가지고 혁신으로 큰 성공을 거두기 위해서는 모험과 실패, 두려움을 끌어안아야 한다.

린다 베르나르디 Linda Bernardi, 작가 겸 혁신 컨설턴트

 Image Training

커뮤니케이션, 두려움, 글로벌, 모바일, 플랫폼

최종 고찰

다음은 부인할 수 없는 사실이다. 세계 경제는 변하고 있고 변화의 길은

험준할 것이며 어떤 이들에게는 더욱 그럴 것이다. 온라인에서 한몫을 차지하기 위한 난입과 무한 경쟁이 일어나는 현재 상태에서 새로운 지식 기반 GDE(이커머스$^{e\text{-commerce}}$의 이코노미$^{e\text{-conomy}}$)는 과거 개척 시대의 서부에 비유할 수 있다. 하지만 이 경제 시대의 영웅들은 전통적인 서부와는 달리 움직이지 않거나 말없이 홀로 서 있을 수 없을 것이다. GDE의 성공담은 구성원들과 어느 때보다 기대가 높고 많은 권한을 지닌 최종 사용자(미코노미에 'me'를 넣는 사람들)와 협력하고 의사소통하는 기업과 조직의 몫이 될 것이다. 그들 앞에는 비록 이따금 불확실하기는 하지만 국경과 한계가 없는 잠재력을 가진 미개척 영역이 펼쳐져 있다.

02

변화된 국가의 상태

전개 방식 자세히 조사하기

keyword

관리 의무,
구입 능력, 장벽,
브로드밴드, 제약,
데이터, 분배, 다양성, 수용,
공감, 미래, GDE, GDP,
정체성, 영향, 관련, 지식, 사명,
네트워크, 기회, 참여, 계획, 문제,
책임, 해결, 재능, 투명성,
가치, 비전, 여성

매년 미국 대통령은 연두 교서를 통해 자국의 상태와 자국을 발전시킬 계획을 보고한다. 나는 사는 곳이 어디든 상관없이 미국의 혁신 상태를 점검하는 것이 우리 모두의 책임이라고 믿는다. (형태를 막론하고 모든) 혁신은 개인과 지역 사회, 국가와 세계 주민으로서 우리 모두에게 (개인 생활과 직장생활에) 심오한 영향을 미치므로 미시적, 거시적, 그리고 초국가적인 관점으로 혁신을 살펴야 한다(그리고 솔직히 말해 우리 또한 지역과 세계에서 혁신이 성공을 거두는 경향에 확실히 영향을 미친다).

여권이 없다 해도(현실적으로 생각해보자. 세계 인구의 다수는 여권이 없다) 여러분은 세계 주민이다. 그러므로 혁신이 여러분에게 미치는 영향이 (특히 경제적인 면에서 그리고 앞으로는 정치적인 면에서) 지속적으로 증가할 것이다. 그렇다 해도 한 가지 의문점이 남는다. 혁신을 사회가 발전하기 위한 필수조건으로 인정하고 소중히 여기는 가정이나 '국가'가 있을까? 혁신에는 사람들에게서 최고의 모습을 이끌어낼 잠재력이 있다고 낙관적으로(그리고 이론의 여지를 두면서) 생각하는 사람들이 있지만 확실한 한 가지 사실은 국가와 국가를 구성하는 지역 사회의 번영은 앞으로 혁신이나 혁신의 접근성과 더욱 밀접한 관계가 있을 것이라는 점이다.

마을, 소도시, 도시, 주, 국가 등 전 세계의 모든 지역 사회에서 의식적이든 무의식적이든 혁신에 대한 욕구가 계속 증가하고 있다. 이런 경향이 무수히 많은 형태로 나타날 수 있다. 이를테면 더욱 빠르고 신속한 인터넷 연결(브로드밴드나 다른 방법)에 대한 끊이지 않는 갈망으로 나타난다. 탄소 기반 연료에 대한 의존도와 그것이 현재 연약한 생태계에 남기는 거대한 흔적을 줄이자는 결의로 나타날지도 모른다. 지역 통제와 다양성에 힘을 싣는 새로운 경제를 창조하려는 결의는 이미 존재하고 있다. 그런 경제들이 GDE라는 수평화된 세계에 참여하고 있기 때문이다. 참여하는 주민·최종 사용자의 인식이 점점 증가하면서 소셜 미디어와 온라인 참여 정치와 같은 시스템을 통해 과거와는 달리 입법 관련 문제의 투명성과 그에 대한 통제를 확보할 수 있다.

이를 비롯한 여러 가지 문제가 명확히 드러남에 따라 혁신과 혁신적인 사고, 그리고 혁신적인 리더십의 해결책을 계획하고 통과시킬 수 있을 것이다. 비전을 세운 국가들은 문화와 인종이 다양하며 이주민을 수용한 노동력에 내재된 혁신 능력을 발휘할 수 있다는 사실이 점점 명백해질 것이다. 이들은 새로운 지식 기반 GDE에서 단순히 살아남는 것을 넘어 번성할 가능성이 더 크다. 그들은 현명하고 혁신적인 지역 사회와 기업으로 구성된 국가가 될 것이다.

규모와 상관없이 현명하고 협력적인 지역 사회는 GDE를 움직이는 엔진이다. 이들 지역 사회가 번성하려면 기본적인 혁신 정신과 인프라스트럭처가 필요하다. 이 인프라스트럭처에는 혁신과 고질적인 문제에 대한 혁신적인 해결책의 중요성을 인정하는 리더십뿐만 아니라 보건, 교육, 운송과 같은 접근이 가능하고 적절한 가격의 서비스가 포함된다. 이 과정의 초기 단계는 예컨대 샌프란시스코의 CIO^Chief information officer (최고 정보관리 책임자) 제이 나스^Jay Nath와 뉴욕의 라훌 머천트^Rahul Merchant처럼 지방 자치 단체는 물론이고 국가의 최고 혁신 책임자와 혁신 장관을 임명하는 일이 될 것이다. 몇몇 예를 들자면 프랑스의 플뢰르 펠르랭Fleur Pellerin, 오스트레일리아의 그렉 콤베이Greg Combet, 알바니아의 겐츠 폴로Genc Pollo, 영국의 빈스 케이블Vince Cable, 미국의 스티븐 반뢰켈Steven VanRoekel 등이 있다.

현대는 혁신과 혁신적인 리더십이 절대적으로 필요한 시대이다. 쉬운 말로 표현해보자. 우리는 혁신하지 않는 국가들이 뒤처져서 회복할 수 없는 경제적인 수렁을 헤매게 될 티핑 포인트(작은 변화들이 어느 정도 기간을 두고 쌓여 작은 변화가 하나만 더 일어나도 갑자기 큰 영향을 초래할 수 있는 상태가 된 단계 — 옮긴이)에 가까워지고 있다. 전 세계의 중소기업과 대기업, 공공 조직과 민영 조직, 정부는 새로운 GDE에서 발전하는 일에 노력을 집중해야 한다.

석유가 고갈되고 산업이 발전해 땅에 뚫린 큰 구멍에서 파내는 광물에 대한 의존도가 낮아짐에 따라 현재 천연 자원에 의존하는 경제를 소유한 국가는 결국 노력에 크게 미치지 못하는 획득물에 만족해야 할 것이다. 천연 자원은 혁신 경쟁에서 성공하려는 국가에게 단기적으로는 축복일지 모르나 장기적으로는 저주일 것이다. 예컨대 광업의 중요성을 지나치게 강조하고 기술적으로 협력하는 혁신의 생태계의 중요성을 과소평가하는 바람에 어려움을 겪는 국가가 많을 것이다. 점점 많은 혁신자들(특히 기업가 정신으로 무장한 사람들)이 자신의 아이디어를 발전시키고 이용하기 위해 독립을 선택할 때 '두뇌 유출'(우수한 기술과 자격을 가진 이들이 더 나은 보수와 근무 조건을 찾아 다른 나라로 빠져나가는 것 — 옮긴이)이 일어나기 때문이다. 반면 비전과 계획이 있는 국가들은 국민의 지적 능력을 활용하고 기업가 정신을 지지함으로써 새로운 GDE에서 번성할 수 있는 가장 중대한 기회를 얻을 것이다.

노동력과 교육 시스템의 InQ^Innovation Quotient(혁신 지수)를 이용할 전략적 구조적 계획을 수립하는 것이 모든 정부의 의무이다. 아울러 정부는 협력하고 협동하는 혁신을 지지할 강력한 사용자 친화적인 인프라스트럭처를 마련해야 한다. 여기에는 이동 전화 보급, 인터넷 보급, 쉽게 입수할 수 있는 모바일 데이터가 포함되어야 하지만 물론 이 수준에 그쳐서는 안 된다.

매년 세계 경제 포럼^World Economic Forum은 세계 경쟁력 보고서^Global Competitiveness Report를 발표한다. 이 보고서는 상품과 노동 시장 효율성, 기업 세련도, 기술적 준비와 혁신과 같은 요인을 토대로 순위를 매기는데, 이때 혁신이 순위에 결정적인 영향을 미치는 요인으로 떠올랐다.

2012~2013년 보고서에서 2위를 차지한 싱가포르는 상위 5개국 가운데 유일한 비유럽 국가이다. 1위를 차지한 스위스의 뒤를 이어 상위 5위를 차지한 국가는 핀란드, 스웨덴, 네덜란드이다. 이들이 공유하는 몇 가지 특성은 무엇일까? 이들 국가는 모두 혁신 전담 부서를 두고 있으며 교육, 비즈니스, 인프라스트럭처를 혁신하고 자국 경제와 국민들의 잠재력이 새로운 GDE에서 발전하도록 돕는 일의 중요성을 깨닫고 있다.

일부 국가들은 모험을 회피하는 국민성으로 유명하다(나는 이것이 혁신 면에서 자국에 해로울 것이라고 믿는다). 비록 법으로 정하기는 어렵지만 국민들이 심사숙고한 결과를 토대로 모험하도록 격려하는 정부라면 경제가 번성할 수 있는 혁신 방안을 더 많이 보유하고 있을 것이다. 혁신자들은 실패의 가능성에 끊임없이 직면한다. 그들을 '성공할 뻔했던 사람들'과 구분하는 특성은 시시포스의 처지처럼 여차하면 굴러 떨어져 망가질 수 있다는 사실을 알면서도 혁신 방안들을 잠재력이라는 가파른 언덕으로 밀어 올려야 할 상황에 굴하지 않고 전진하는 끈기이다. 그들에게는 신용 불량 선고, 고질적인 개인 부채, 실패를 사기로 치부하는 등 혁신 과정이 실패하면 곧바로 처벌하려고 달려들 뿐만 아니라 그들의 성과를 무시하는 정부는 필요 없다고 생각한다.

게다가 '위험을 무릅쓰거나' '대중들 사이에서 두드러지기' 위해 노력하는 사람들을 곱지 않은 시선으로 보면서 혁신을 방해하는 '키 큰 양귀비 tall poppy' 증후군은 혁신적인 사회에 상당히 해로울 수 있다. 아마도 '무엇이든 가능하다'는 믿음은 혁신을 갈망하는 사회와 혁신적인 구성원의 문제 해결 능력을 높이 평가하는 지역 사회에 '격식에 얽매이지 않는' 사고와 확실한 재능 못지않게 효과적이고 유용할 것이다.

혁신이 정치적인 문제인지에 대해 생각해 볼 필요가 있다. 나는 본질적으로 그렇지 않다고 생각한다. 혁신에 대한 지지나 지지의 부족이 파벌 정치와 구분되는지 궁금하다.

혁신의 중요성을 명백히 밝히고 혁신의 성공을 인정하고 박수갈채를 보낼 때 여러분이 세계의 어느 곳에 있는지가 중요할까? 비민주적인 사회 혹은 자본주의가 규제를 마음껏 무시하는 곳에서 혁신이 좌절될까? 자유 시장에 전적으로 동조하기보다는 정치적으로 공산주의를 표방하거나 사회적으로 민주적인 문화에서 자본주의적인 무제한의 자유를 누릴 수 있을까? 정부가 사회의 혁신을 지지할 정책을 실시해야 할까? 국민들이 먹고 살기에 급급한 나라에서 필요에 의해 혁신할 가능성이 더 높을까? 생존하기 위한 혁신과 번영하기 위한 혁신은 다를까?

이런 질문에 전적으로 옳고 그른 답은 존재하지 않을 것이다. 하지만 분명한 사실은 이런 모든 사회의 구성원들이 혁신 기술이 등장하고 이를 이용함으로써 더욱 자율적이고 참여적으로 변할 것이라는 점이다. 다가오는 시대는 최근까지도 이따금 무시되었던 자율적인 시민·최종 사용자의 시대가 될 것이다. 그들은 더욱 강해지고, 목소리가 커지고, 대담해지고 있다. 이는 건전하고 혁신적인 사회(일반적인 관행을 따르지 않는 창의적인 사상가를 두려워하지 않는 사회)의 증거이므로 희소식이라 할 것이다.

자율적인 시민들은 자신들이 소셜 미디어를 활발히 이용해 정당과 정책에 영향을 미칠 수 있다는 사실을 발견했다. 이와 더불어 열린 정부OpenGov, Open Government가 등장하고 정부가 한층 투명해져서 누구든 Gov 2.0과 e-Gov 같은 혁신적인 기술과 도구를 이용함으로써 새롭고 이로운 방식으로 공공 데이터에 접근할 수 있게 되었다. 이 같은 참여 정치의 e-Gov 상호작용은 변혁적인 쌍방 도로이다. 시민들이 Gov 2.0과 연결할 수 있는 능력을 얻었듯이 혁신 지향적인 정부는 시민들과 관계를 맺을(그들로부터 배우는 한편, 명확하게 정의된 그들의 욕구와 필요를 더욱 훌륭하게 충족시킬) 능력을 얻었다. 세계적으로 샌프란시스코와 서울 같은 도시는 공공 서비스의 질을 높이기 위해 모바일 장치를 이용하는 방안 같은 이니셔티브로써 성공적인 e-Gov를 수립하기 위한 비전과 사명, 계획을 수립했다.

혁신이 어떤 특정한 나라, 문화, 혹은 시민 집단에만 국한되지는 않을 것이다. 하지만 나는 국민의 사회 복지에 대한 정부의 헌신 정도, 모든 사람에게 훌륭한 교육을 제공함으로써 발생하는 자율성, 협력적이고 협동적인 기술 인프라스트럭처의 접근성, 그리고 아이디어의 실패를 혁신적인 이상의 실패로 생각지 않는 태도를 토대로 국가의 혁신 상태를 판단할 수 있다고 믿는다.

데이비드 벤-케이 David Ben-Kay

유안펜-플로 컨설팅 스튜디오 Yuanfen-Flow Consulting Studio 의 창립자 겸 회장

혁신은 지구와 인류의 당면 문제에 대처하는 협력적이고 다학문적인 해결책이다.

리처드 볼리 Richard Boly

리처드 볼리는 미국 국무부 산하 e-외교국의 국장Director of the Office of e-Diplomacy이다. 그는 마인드 더 브리지Mind the Bridge 같은 초국가적 기업 생태계의 리더이며 국제 사회의 혁신과 혁신자들의 지지자로서 크게 존경받고 있다.

사진 제공: 테크 콩 리Teck Kong Lee

외교는 본질적으로 아슬아슬한 묘기 같은데 거기에다 'e'를 덧붙이려면 깊이와 폭이 상당한 경험과 전문지식이 필요하죠. 어려움을 거뜬히 이겨내는 특성도 꽤 유용할 것 같군요.

혁신자들은 제약을 끌어안습니다. 실리콘 밸리의 신생 기업이라면 모을 수 있는 돈의 액수, 통합할 수 있는 재능의 질, 경쟁자들보다 앞서 시장에 해결책을 제시할 능력 등이 제약이 되죠. 이런 환경에서 '돈이 더 많다면, 컴퓨터 프로그래머가 한 사람 더 있으면, 혹은 창밖을 내다볼 시간이 더 많다면 좋겠다'고 바랄 수 있겠지요. 하지만 자신이 직면한 제약을 끌어안아야 합니다. 그렇지 않으면 모든 게 헛수고로 끝나고 말 겁니다.

정부에서 일하는 사람들도 마찬가지죠. 여기에서 혁신하고 싶다면 부족한 예산이나 지지부진한 결정 과정이라는 제약을 끌어안아야 합니다. 자신이 속한 제약 속에서 혁신하는 것이죠.

그렇다면 혁신까지는 아니더라도 혁신적인 생각을 국무부 내에서나 다른 미국 기관 혹은 다른 국가와 거래하는 과정에 외교의 지원 도구로 이용할 수 있을까요?

물론입니다. 문제는 균형이라고 생각합니다. 바보 같은 비유라고 생각합니다만 만일 여러분이 윈드서핑 보드를 타고 있다면 중력이 크지 않으니 재빨리 방향을 바꿀 수 있겠죠. 당신에게 가해지는 무게가 크지 않으므로 여러분이 미치는 영향 또한 비교적 적습니다. 매우 민첩해지는 거죠.

반면 전함을 타고 있다면 서핑 보드에서 민첩하게 돌릴 수 있는 돛으로는 전함의 경로에 영향을 미치지 못할 겁니다. 하지만 잠재적인 영향력은 무척 크지요. 큰 무게와 중력을 이미 모았고 그래서 즉시 인식할 수는 없지만 몇 달이나 몇 년에 걸쳐 그 작은 변화(10분의 1 정도 움직이는 변화)를 일으킬 능력은 상당히 커집니다.

그리고 여러분의 지평을 바꾸는 한편, 오늘 내린 결정들이 지금부터 6개월, 1년, 5년 후에 미칠 영향을 이해할 수 있죠. 설령 여러분은 그 자리에 남아 결실을 거두지 못하고 여러분이나 여러분의 팀이 그 변화나 전환을 시작한 장본인임을 아무도 기억하지 못한다 해도 옳은 일을 하고 그 순간 변혁의 주도자가 되었다는 사실에 만족감을 느낍니다.

누군가에게 단번에 180도 방향을 선회하려고 애쓰기보다는 1도 정도 방향을 바꾼 다음 얼마나 멀리 갈 수 있는지 지켜보라고 요구하는 편이 더 좋죠. 저는 외교와 정치 분야에서 이 방법이 상당히 효과적이라고 생각합니다.

그렇죠. 일반적으로 정부는 '모험을 제시하는 사람'이며 정부 부서 중에서도 외교는 특히 그렇습니다. 계획적으로 모험을 제시하지요. 당신 나라의 외교관들이 외국 정부와 중요한 협정을 놓고 협상하고 있다면 즉흥적으로 행동하기를 바라지는 않을 겁니다.

(마인드 더 브릿지 재단과 유나이티드 웨이United Way, 평화봉사단과의 협력으로 몸소 보여준) 사회 정의에 대한 당신의 관심과 더불어 기업가 정신과 혁신적인 아이디어에 대한 열정이 국무부에서 수행하는 당신의 업무에 어떤 영향을 미칩니까?

저는 어떤 결정이 내려지기까지 자신의 입장을 강력하게 옹호해야 한다고 굳게 믿습니다. 그런 다음에는 패배하더라도 이미 내려진 결정을 뒤엎으려고 애쓰지 말아야 하죠. 제가 아직 아무런 결정도 내리지 않았거나 결정을 앞둔 새로운 영역에서 일할 기회를 찾는 것은 이 점과 무관하지 않습니다.

예를 들면 저는 파라과이 사법부에서 일했어요. 판사와 검사는 파라과이에서 엄격하고 명확하게 규정된 지적 재산권IP; Intellectual Property 법을 시행하는 방법에 대해 교육을 받습니다. 이때 여러분은 제3자로부터 법을 어긴 사람들을 확인하는 과정에 도움을 받고 검사를 도울 추가 자원을 얻죠. 그리고 '나쁜' 사람들은 짝퉁 제품을 테러리스트와 마약 거래상에게 전달함으로써 돈을 버는 사람들입니다. 이 모든 일이 파라과이의 이미지를 해치죠. 이 완벽한 기회를 놓치지 말고 사업가들이 진출할 수 있도록 파과라이의 한 단면을 바꾸도록 도웁시다.

지적 재산권에 대해 언급하셨는데 효과가 없으니 특허를 폐지해야 한다는 주장에 대해서는 어떻게 생각하십니까? 특허가 무역 장벽과 비슷하며 심지어 경제 성장을 둔화시킬 수 있다고 주장하는 사람들이 있습니다.

지적 재산권이라는 말에는 여러 가지 뉘앙스가 들어 있다는 사실을 잘 압니다…… 그런데 특히 이 불규칙적으로 발전하는 디지털 요소와 함께 패러다임이 변하고 있죠. 하지만 한 혁신 계층의 다양한 사회에서 일어나는 성장을 살펴보세요. 이때 '창의적인' 계층과 그들의 혁신 방안을 보호할 수 있는 그들의 능력이 함께 성장했습니다.

제가 이탈리아에서 지내던 시절을 예로 들어보죠. 우리는 이탈리아 정부에 관해 이야기를 나누면서 이렇게 말하곤 했습니다. "물론 우리는 미국 기업들이 그들이 생산한 재산에 대해 공정한 대가를 받도록 지적 재산권 보호에 신경 씁니다. 하지만 이탈리아도 신경을 써야 해요. 이탈리아의 혁신자들이 계속해서 수십억 달러의 시장 자본을 마련하고 혁신을 통해 수만에 이르는 일자리를 창출하기 때문이죠. 이탈리아는 지금껏 그러지 않았어요."

이탈리아인들은 스위스, 영국, 혹은 미국으로 가서 로지테크Logitech 같은 기업을 세웠습니다. 이는 자신의 지적 재산권이 자국에서는 보호받지 못할 거라는 걱정과 무관하지 않아요. 높은 수익과 매우 노련한 지식 근로자의 일자리를 원하는 나라의 관심사는 사람들이 다른 곳으로 옮기지 않고 한곳에서 혁신하며 보호를 더 잘 받는다고 생각되는 환경을 조성하는 일입니다.

오픈 소스 커뮤니티가 있습니다. 창의적인 소프트웨어 시장에서 매우 중요하고 강력한 부분이죠. 그런 한편 이렇게 말하는 사람들이 있습니다. "이 봐, 투자가들이 우리에게 투자하고 있어. 우리가 사회에 가치를 창조할 무언가를 만들고 사람들이 그 가치에 대가를 지불할 의향이 있기 때문이야. 우리가 생산한 제품에서 우리와 투자가들이 모두 무언가를 얻고 그 제품 덕분에 사회가 더 발전하기를 바라지. 모두에게 이로운 거야."

그 점을 고려하면 특히 글로벌 기업가 정신 프로그램에서 일한 당신의 경험에 돌아보면 혁신에는 경계가 없어질 것이라고 생각하십니까?

전 위치와 생태계가 중요하다고 생각합니다. 무척 중요하죠. 앞서 예로 들었듯이 이탈리아에서 훌륭한 연구가 진행되고 있지만 연구와 시장이 그다지 관계가 없습니다. 기업가 역할 모델을 확인하고 홍보하는 일 또한 무척 중요하죠.

바보 같은 비유일지도 모르지만 더운 어느 여름날 아름다운 지중해 해변에 갔는데 모래사장에만 수백 명이 모여 있고 물속에는 아무도 없다면 당신은 물에 뛰어들지 않을 겁니다. 이렇게 생각하겠죠. '해파리나 상어, 쓰레기, 역조, 그러니까 뭔가 문제가 있어서 물에 뛰어들지 않는구나!' 반면 파도 속에서 몇십 명이 장난치고 있을 때 같은 해변에 간다면 두 번 생각하지 않고 물에 뛰어들 겁니다. 기업가 지망생도 마찬가지죠.

일류 학교를 졸업한 이탈리아 젊은이가 텔레콤 이탈리아Telecom Italia의 일자리와 창업을 두고 결정하기는 무척 쉬울 겁니다. 그들은 특정한 일자리를 선택하겠죠. 왜 그럴까요? 성장을 위한 파트너십Partnership for Growth 프로그램을 시작하기 전까지 좋은 일자리를 두고 (성공적인) 기업을 창업할 젊은 이탈리아 기업가를 몇 명이나마 찾을 수 있는 사람은 거의 없었습니다.

> **모험하고, 실험하고, 실패를 수용하고, 경제, 생태계 역학, 사람들의 꿈을 무시하지 말고 '무엇' '왜' 그리고 '어떻게'에 초점을 맞추어라.**
>
> 크리스 롱샹트Chris Lonchampt ,
> 혁신 전략가 겸 디자인고브DesignGov 이사회 임원

규칙은 생각하기 쉬운 것, 유형적인 것이죠. 반면 수치로 나타내기가 가장 어려운 무형적인 것을 전 '창조적인 혼돈creative chaos'라고 부릅니다. 그것은 두각을 나타내고 사회적 수용을 얻어내는 능력을 뜻하죠.

리처드 플로리다Richard Florida는 혁신 센터에 대한 책(『그레이트 리셋The Great Reset』)에서 다음과 같은 점에 주목했죠. 개방적이고 활기찬 게이와 레즈비언 공동체가 있는가? 그런 종류의 다양성이 사회적으로 수용되는가? 만일 그렇다면 그것은 차이를 수용하겠다는 의지의 지표입니다. 대단한 창의력을 발휘하기 위해서는 바로 이런 의지가 필요하죠.

제 생각에는 그것이 유럽에서 엄청난 도전입니다. 독일에서 파산은 상당히 심각하고 지속적인 오명이 됩니다. 미국인들은 실패하고 다시 시도할 수 있죠. 그것은 우리 DNA의 일부입니다.

우리 선조들 가운데 유럽에서 배를 타고 도망친 사람들이 많습니다. 채무자 감옥과 미국 가운데 한 가지를 선택해야 했죠. 우리는 이곳에 그런 환경을 만들고 싶지 않았습니다. 그래서 실패의 한계를 훨씬 높였어요. 물론 부정한 실패나 도둑질하는 사람은 예외죠. 하지만 열심히 일하고 모험을 했지만 자기 잘못이 아닌 이유로(시장을 잘못 분석했거나 다른 사람이 먼저 시장에 진출한 탓에) 실패를 겪는 것은 실리콘 밸리 같은 곳에서는 사실 명예 훈장입니다. 정부에서는 사정이 다르죠.

물론입니다. 전 세계 경제 성장에 매우 중요한 두 요소를 구분하기 위해 노력하죠.

사다리의 첫 번째 가로대에는 소액 대출이 있습니다. 소액 대출은 사람들을 절망적인 가난에서 자기 가족을 부양할 수 있는 수준으로 구제하는 일이죠. 하지만 소액 대출 회사가 규모를 확대하는 일은 지극히 드물어요. 확대할 수 있는 기업가 정신이 사업체를 운영하기보다는 다른 사람의 사업체에서 직원으로 일하고 싶어 하는 활기찬 중산층을 창조합니다.

전 기업가 정신이 멋지기는 하지만 모든 사람의 몫은 아니라고 생각합니다. 모든 사람이 위험 감수 성향, 열정, 아이디어, 추진력 혹은 그렇게 할 수 있는 배경을 가지고 있는 것은 아니죠. 그렇기 때문에 지역 사회의 중심이 되어 보수가 좋은 일자리를 제공하고 중산층이 성장하도록 돕는 기업을 확대하고 성장시킬 모험가가 필요한 겁니다.

제 생각에는 확대할 수 있는 기업가 정신 프로그램을 개발하기에 적합한 나라가 40개국 정도 있습니다. 그들은 충분한 내적 자본과 부패하지 않고 교양을 갖춘 다양한 국민을 확보하고 있죠.

혁신이 세계 경제와 경제학에 영향을 미치고 있다고 보십니까?

저는 영향력이 크고 비용이 저렴한 혁신 방안들이 나타나기 시작했다고 믿습니다. 전통적으로 개발도상국으로 생각되던 나라에서 혁신이 일어나고 있어요. 세계적인 모바일 머니의 선두주자는 케냐인데 이는 그들을 가로막을 장애물이 없다는 사실과 무관하지 않습니다.

장애물은 혁신의 큰 장벽이 될 수 있죠. 만일 대규모 신용카드 회사와 대형 은행이 제휴하고 있다면 은행을 거치지 않은 순수한 디지털, 전화 기반 가치를 이전하는 단계로 발전하기 어렵습니다. 하지만 케냐에서는 이런 일이 일어났어요. 이곳 (미국) 사람들이 그런 종류의 혁신을 떠올리기는 쉽지 않습니다. 사람들은 은행과 신용카드가 그런 거래의 한 주체가 되어야 한다는 생각에서 벗어나지 못하니까요.

혁신은 사람들에게 새로운 경험을 선사하며 이는 다음 세기를 규정하는 것은
물론 그들의 일상생활을 변화시킬 것이다.

아추푸미 요코이Atsufumi Yokoi , 아키라 재단Akira Foundation의 공동 창립자 겸 대표

당신이 떠올릴 수 있는 또 다른 요소는 의료 보험입니다. 미국의 의료 보험 비용은 통제 불능입니다. 미국 프로세스가 수행하는 일 가운데 95퍼센트를 10분의 1 비용으로 해낸 인도의 몇 가지 혁신을 상상할 수 있을 겁니다.

퓨 연구소Pew Institute는 최근 인터넷 사용자가 정치 집회에 참석할 가능성이 두 배 높다고 보고했습니다. 다른 사람의 투표에 영향을 미치려고 노력하고 영향을 미칠 가능성이 78퍼센트 더 높고, 투표를 하거나 적어도 투표할 의향을 가질 확률이 53퍼센트 더 높아요. 우리가 더 세계적인 시민으로 변모하는 이 상황에서 국민과 정부 사이의 커뮤니케이션을 향상시키는 사회적 플랫폼의 발전을 어떻게 생각하십니까?

엄청나게 발전했죠. 이런 발전이 디지털 원주민이라 할 수 없는 사람들에게 이 기술의 홍수와 사회가 체계화되고 신속하게 반응하는 방식에 미치는 영향을 이해해야 한다는 도전을 제시합니다.

아이티 재난과 지진에 대한 반응을 보십시오. 사람들은 (크라우드소싱을 통해) 크리올Creole어(두 언어적 요소가 혼합된 언어가 제1언어로 습득되어 완전한 언어의 지위를 얻게 된 형태—옮긴이)를 영어로 번역한 메시지를 받고 약 두 시간 후에 '현장에 도착'할 수 있었습니다. 정부라면 그렇게 할 수 없었겠죠. 관료주의에 얽매이지 않은 방식으로 혁신할 의지와 능력이 있고 전혀 쉬지 않고

기꺼이 일할 열정적인 직원이 필요합니다. 지극히 자율적이죠. 만일 우리 (정부)가 그것을 수용하지 않는다면 적절성을 잃을 위험에 처할 겁니다.

내가 수집한 수백 가지 정의는 두 부류로 나눌 수 있다. 여러분은 '발명'과 '혁신'이 기술 이전에 필요한 별도의 두 과정이라고 믿거나 아니면 '발명'이 '혁신'의 첫 번째 중요한 단계라고 믿을 수 있다. 나는 두 번째 정의를 지지한다. 이는 과정에 대한 좀 더 전체주의적이고 체제적이며 체계적인 관점이다.

지식 혁신Knowledge Innovation®은 혁신이 미래에 필요한 한 가지 능력이라는 개념을 구현한다. 혁신 과정(미래의 지속적인 성장을 위한 토대를 마련할 뿐만 아니라 아이디어를 창조해 실용적인 상품으로 전환하는 과정)의 모든 기본적인 관리 요소에 대처하며 아울러 기술이나 재정이 아니라 지식이 혁신의 핵심 요소임을 인정한다.

지식의 흐름을 조장하고 관리하는 것이 10년 동안 가장 인상적인 능력으로 부상할 것이다. 이것이 세 가지 경제 단계, 즉 마이크로(기업), 메소(국가·지역 경제), 매크로(세계·사회) 단계에서 동시에 작용한다는 사실에 주목하라.

데브라 아미던Debra Amidon, 작가겸 엔토베이션ENTOVATION의 설립자/CEO

 Image Training

장벽, 창의성, 지식, 해결책, 재능

수비 린덴Suvi Linden

핀란드의 통신부 장관(2007~2011년), 문화부 장관(1999~2002년), 하원의원(1995~2011년)을 지낸 수비 린덴은 국제 연합 디지털 개발을 위한 브로드밴드 위원회United Nations Broadband Commission for Digital Development의 위원장 겸 위원회의 ITU 특사ITU's Special Envoy이다. 그녀는 2011년 정보화 사회 포럼Intelligent Community Forum으로부터 '올해의 선지자Visionary of the Year'로 선정되었으며 현재 펄콘사Pearlcon Ltd.의 창립자 겸 CEO이다.

당신은 15년이 넘도록 핀란드의 하원의원으로 활약했습니다. 이제 정계를 떠났는데 당신의 메시지를 전달할 힘이 더 커졌다고 느끼십니까?

저는 브로드밴드 위원회의 특사라는 직책 덕분에 정계에 있다면 항상 할 수는 없을 일들을 홍보할 만한 지위와 특권을 얻었죠. 회의와 토론에 참여하는 시간이 있어서 무척 즐거웠습니다. 장관은 대개 연단에 서서 연설을 하고 다른 곳으로 이동하죠. 지금은 진정으로 참여하고 관계를 맺을 수 있어요. 마치 큰 퍼즐과도 같아서 항상 새로운 조각을 얻습니다. 상황이 그렇게 빨리 발전하니까요.

당신이 브로드밴드에 대한 열정을 느끼고 에너지를 투자할 대상이라고 처음으로 깨

전 대학에서 컴퓨터 공학을 전공했습니다. 핀란드의 문화부 장관을 맡고 있을 때 디지털 콘텐츠를 장려하고 싶었죠. 당시 그것은 우리 부서에서도 여전히 새로운 분야였어요. 이 분야의 전문가들이 그리 많지 않았죠. 새로운 일자리와 소규모 기업을 창출할 잠재력을 발견하고 우리가 디지털 콘텐츠 같은 정보 사회 문제에 집중해야 한다고 느꼈습니다.

저는 (자문위원회 회장으로서) 미래 위원회Committee for the Future 회원, 교육 문화 위원회Education and Culture Committee 회장으로서 정보 사회 문제에 협력할 수 있는 특별한 기회를 얻었죠. 제게는 이 모든 직책이 정보 사회의 비전을 수립하는 과정에 중요했습니다.

핀란드의 통신부 장관이 되었을 때 무척 흥분되었죠. 그때까지 쌓은 모든 지식을 활용할 수 있었으니까요. 통신 분야에는 방송인, 디지털 콘텐츠 프로듀서, 정보 사회 개발자 등 친숙한 얼굴들이 많았습니다. 그래서 어느 정도 활동무대가 친숙했고 얼마 지나지 않아 제 임무가 분명해졌죠. 전 핀란드 전역에서 접근할 수 있는 텔레커뮤니케이션 인프라스트럭처가 마련되어야 한다고 절실하게 느꼈습니다. 공공 분야 서비스의 생산성, 접근가능성, 효율성을 높이고 핀란드 기업을 위한 새로운 기회를 창출하는 것이 핵심 과제였죠.

노키아 덕분에 핀란드의 모바일 네트워크가 크게 발전했고 핀란드 사람들은 이동성에 익숙했어요. 하지만 핀란드에는 고품질 인터넷에 접근할 수 없는 '백점white spots'이 존재하는 지역이 많았죠. 그래서 정부는 2015

년까지 핀란드 전 국민이 100메가비트/초 고속으로 접근할 수 있도록 만들기로 결정했습니다. 그건 장기적인 계획이었죠. 단기적으로는 1메가바이트/초 접근성을 모든 사람의 법적 권리로 규정했어요. 핀란드는 적정 가격의 고품질 인터넷 접근성을 법적 권리로 규정한 유일한 나라랍니다.

우리는 전국적인 브로드밴드 전략을 수립했는데 이 전략에는 고속 접속을 위해 공공자금을 이용할 방법을 결정하는 지도가 포함되어 있습니다. 당시 100메가바이트 접속으로 무엇을 해야 할지 의문스러워하는 사람들이 많았죠. e-서비스와 e-콘텐츠 시장이 그리 발전하지 않은 상태였으니까요. 지금껏 매우 빠른 속도로 더 많은 데이터를 전송하는 새로운 기기를 개발했어요. 스마트폰, 태블릿, 모바일 네트워크, 4G가 미래입니다.

모바일이나 광케이블 어느 하나가 아니라 둘을 합치는 겁니다. 훌륭한 광케이블 네트워크가 필요한데 이를 확보하려면 시간과 공공자금이든, 민영자금이든 돈이 많이 들겠죠. 정부는 이 과제를 성취할 방법에 대한 비전과 전략을 세워야 합니다.

우리는 예컨대 오스트레일리아를 지켜봤습니다. 오스트레일리아에 사업체나 일자리가 있다면 시골 지역의 우수한 연결망이 가장 중요한 자산이 되죠. 교육과…… 모든 종류의 분야에도 마찬가집니다. 유럽에서 우리는 탄탄한 공공 분야를 당연하게 여깁니다. 공공 분야가 여러 가지 서비스를 담당하고 있어요. 제가 생각하기에 커뮤니케이션 기술(브로드밴드)은 좀 더 효율적이고 생산적인 방식으로 이런 공공 서비스를 제공할 수 있는 매우 중요한 도구입니다. 통계를 보면 민간 분야의 생산성 증가 가운데

50퍼센트는 커뮤니케이션 기술을 사용한 덕분이었답니다.

제 임무는 지역 사회와 기초 자치 단체에 집중되어 있어요. 지역 정치인들은 다양한 모든 분야(보건, 교육, 환경, 기술)를 살필 수 있는 디지털 어젠다를 확보해 현재 업무 방식을 바꾸고 ICT를 이용함으로써 생산성과 효율을 높일 방법을 제시하는 지도를 마련해야 합니다. 정치인들은 투자 수익률은 물론이고 ICT 비용을 전반적으로 파악하고 이해해야 하죠.

ICT를 훌륭하게 이용하는 이런 도시가 얻을 수 있는 혜택을 꼽자면 커뮤니케이션 기술 덕분에 노인들이 집에서 더 오랫동안 안전하게 머물 수 있다는 사실이겠죠.

브로드밴드가 도로처럼 한 국가의 공공복지(그리고 무상 정부 서비스)의 일부가 되어야 한다고 생각하십니까? 아니면 '영리' 사업으로 운영되어야 한다고 생각하십니까?

저는 민간 분야가 네트워크에 투자해야 한다고 믿습니다. 이 네트워크를 이용하는 비용이 적정해야 하고요. 정부의 역할은 효과적인 규정과 사업 환경을 마련하는 일입니다. 전파 할당을 위한 값비싼 경매는 민간 투자의 장애물이죠.

안타깝게도 정부는 흔히 텔레커뮤니케이션 분야를 국가 예산 자금을 확보할 좋은 방법으로 생각했어요. 텔레커뮤니케이션 네트워크는 국가의 미래와 경제 성장을 위한 장기적인 투자임을 이해해야 합니다. 디지털 사회는 경제 성장에 가장 중요한 도구이며 정부는 이를 가능하게 하는 매개체가 되어야 하죠. 따라서 주파수 할당을 위해 고급 경매를 여는 대신에 모든 사람(시민, 기업, 정부)에게 유리하도록 효과적인 규정을 마련하고 고무적인 환경을 조성해야 합니다.

브로드밴드 연결이 혁신과 혁신적인 사고를 가능하게 만들 것이라고 생각하십니까?

물론입니다. 1990년대에 핀란드가 경제 위기를 맞았을 때 정부는 R&D에 많은 돈을 투자하기로 결정했죠. 바로 그 시기에 노키아가 이동 무선 기술을 연구개발하고 있었고 얼마 지나지 않아 세계 최대의 이동 전화 제조업체로 부상했어요. 이제 우리는 새로운 혁신 분야를 찾아야 할 도전에 직면해 있습니다. 전 핀란드에서 이 도전에 성공하리라는 데 낙관적입니다.

> **내가 공공 및 민간 재정 분야의 최고 지위에 오르고, 유리천장을 깨트리고, 경험이 전혀 없었던 국제 통화 회로 분야에 진출하는 데 도움이 된 특성이 있다면 한 가지로 요약할 수 있다. 바로 혁신이다.**
>
> 누어 아프탑Noor Aftab, 작가, 연사, 사업 고문, 파괴적인 혁신자

당신이 'ICT 포털의 소녀들Girls in ICT Portal'이라는 온라인 단체의 회원인 걸로 알고 있습니다. "미래는 ICT 분야에서 만들어지며 더 많은 여성이 참여해야 한다"라고 말한 적이 있으시죠. ICT 분야에서 활약하는 여성의 비율이 균형을 이루지 못한다는 사실이 어떤 면에서 젊은 여성이 혁신적인 산업에 접근하는 방식에 영향을 미친다고 생각하십니까?

제가 생각하기에 초기 ICT 산업은 매우 설계 지향적이었습니다. 기술이 필수 요소라는 사실은 지금도 변하지 않았죠. 하지만 시장을 지배하는 콘

텐츠와 어플리케이션이 점점 증가하고 있습니다. 여성이 사용자 친화적인 어플리케이션과 디지털 콘텐츠를 개발하는 과정에 매우 중요한 역할을 담당할 수 있어요. 그들은 기술과 사용자 친화적인 인터페이스를 결합하는 과정에 커뮤니케이션 기술이 필요하다는 사실부터 이해해야 하겠죠.

우리가 ICT 같은 흥미진진한 일을 수행하기 위해서는 수학과 과학을 공부해야 한다는 사실을 어린 소녀들에게 이해시킬 수 있다면 ICT 분야에 진출하는 젊은 여성이 증가할 것이라고 굳게 믿습니다. 컴퓨터 과학을 공부했지만 전 엔지니어가 아니에요. 그래도 정보 기술과 그것이 세상을 바꿀 수 있는 위력에 열광하죠.

혁신은 흔히 이원적인 것으로 생각된다. '우리는 혁신적이다, 혁신적이지 않다.' 이런 절대적인 기준으로 혁신을 이해하는 것은 실수이다. 혁신은 적절한 자원(직원들의 시간, 기업 프로젝트 예산, 정부 자금)을 할당함으로써 발전할 수 있는 특성이나 특질이다. 따라서 성취해야 할 절대적인 상태가 아니라 조직에서 되풀이되는 중요한 특성으로서 혁신을 권장하는 방식을 토대로 유한한 자원을 할당할 수 있다. 자원을 할당하려면 혁신 과정과 직결되는 긍정적인 조치를 취해야 하므로 할당은 반드시 필요하다. 흔히 기업과 정부는 혁신이 다른 활동 과정에 나타나는 기분 좋은 부산물이 되기를 바란다.

성공의 가장 큰 장벽은 조건부로 자원을 할당하는 관행이다. 이를테면 정부는 혁신의 성과가 나쁘면 지원을 줄일 목적으로 경제적 성과와 같은 일련의 변수에 따라 혁신 자금을 결정한다. 혁신을 지속적으로 지원하겠다는 약속이 없는 탓에 성과가 크게 축소된다는 거부할 수 없는 증거가 존재한다. 혁신에는 자원을 지원하겠다는 약속을 믿을 수 있는 안정적인 환경이 필요하다. 기업,

정부 등이 자원 할당에 대한 약속을 지키지 않는 것이 혁신 프로그램의 성공을
가로막는 가장 큰 장벽이 될 수 있다.

크리스 게일Kris Gale, 마이클 존슨 어소시에이츠Michael Johnson Associates의 관리 파트너

 Image Training

접근, 브로드밴드, 관련, 네트워크, 여성

피터 코크런Peter Cochrane

 피터 코크런은 정부와 기업의 고문과 컨설턴트이다. 그는 회로, 시스템 네트워크 디자인, 소프트웨어, 휴먼 인터페이스 프로그래밍, 조정 시스템, AI와 AL, 기업 변혁과 관리 등 다양한 분야에서 활약했다. BT의 CTO로 재직했던 피터는 브리스톨Bristol의 과학 및 기술의 공공 이해 Public Understanding of Science and Technology의 회장, CNET, 사우샘프턴Southampton, 노팅엄 트렌트Nottingham Trent, 로버트 고든스 Robert Gordon's, 켄트Kent, 에식스Essex, 유니버시티 칼리지 런던University College London의 객원 교수이다. C&G 필립 공 훈장C&G Prince Philip Medal, IEEE 밀레니엄 훈장IEEE Millenium Medal, OBE, 혁신 여왕 상Queen's Award for Innovation, 마틀섬 훈장Martlesham Medal을 포함해 수많은 상을 받았다.

당신은 '혁신의 최대 장벽이 사람이라 믿는다'고 말했습니다. 사람들이 혁신에 더 개방적인 태도를 취하도록 훈련을 시킬 수 있다고 생각하십니까? 아니면 혁신이 성공하려면 사람들을 제외시켜야 한다고 생각하십니까?

근본적으로 인간은 변화를 좋아하지 않습니다. 변화라고 하면 무조건 뒷걸음을 치지요. 당신이 무엇을 하는지, 무엇을 하려고 노력하는지는 중요하지 않아요. 사람들은 무턱대고 반대할 겁니다.

예를 하나 들어보죠. 우리는 (영국의) 원자력에 대한 공적 조사를 누차 실시했습니다. 적어도 지난 30년 동안 실시했죠. 엔지니어와 계획자들은 정부에서 분주하게 움직이며 머지않아 전기가 고갈될 것이라고 말했습니다. "3년 후면 영국에 정전 사태가 일어날 것이다. 발전소를 건설해야 할 이유는 너무나 간단하다. 사람들이 '이웃들Neighbors'(호주에서 1985년 3월부터 방송된 TV드라마로 소도시의 중상층인 여섯 가정을 무대로 하고 있다 ― 옮긴이)이나 '이스트엔더스EastEnders'(런던 이스트앤드 지역에 사는 사람들의 평범한 이야기를 그린 드라마 ― 옮긴이)를 시청하지 못할 것이다. 발전소만 있으면 된다. 그러면 모든 논쟁이 사라질 것이다."

하지만 그들이 이해하지 못한 한 가지 사실은 발전소를 건설하려면 5~10년이 걸린다는 점입니다. 따라서 영국은 머지않아 충분한 전력을 확보하지 못해 제2 세계로 전락할 위험에 처할 겁니다. 생산량이 줄어들고 GNP 또한 떨어지겠죠. 게다가 영국의 일부 일류 기업은 동력이 없어 운영할 수 없을 겁니다. 저처럼 이곳에서 사업하려는 많은 사람들은 동력이 없으면 활동하지 못하죠. 그러면 우리는 정리하고 떠날 겁니다.

혁신의 성공을 가로막는 최대 장애물은 조직의 오만함이다.

니콜라스 그루언Nicholas Gruen,
오스트레일리아 사회 혁신 센터Australian Centre for Social Innovation의 회장

지금 1920년대 산업 혁명 동안 자리 잡은 어떤 어리석은 이념(사회 프로그램에 대한 초점, 높은 생활수준, 의존 문화) 탓에 전력 공급에 차질이 생기면서 정계 인물들이 이 문제에 대해 걱정하는 매우 흥미로운 상황이 벌어졌습니다. 누가 그 대가를 치를까요? 기업이 치르죠. 하지만 여러분이 실패한다면 기업은 운영되지 않아요. 따라서 여러 가지 이유로 우리가 고통을 겪을 가능성이 높습니다. 미국도 같은 방향으로 향하고 있죠.

동남아시아로 가보세요. 어느 나라를 가든 그들은 비전과 사명, 계획이 있습니다. 그들은 자신의 성장 목표를 확실히 압니다. 서구 세계에 비전과 사명, 계획을 수립한 나라는 한 나라뿐이죠. 바로 독일입니다. 영국과 미국은 그렇지 않아요. 프랑스, 이탈리아, 스페인도 그렇지 않습니다. 그래서 그들이 엉망진창인 겁니다.

당신은 자신이 생각하는 '문제'를 명확히 밝혔습니다. 하지만 나는 이 단계에서 당신이 해결책을 알고 있는지 확신할 수가 없군요.

성급한 이야기 같지만 사회에서 신기술을 두려워하고 기술에 무지한 모든 사람들이 임계질량을 넘어 기술에 능통한 젊은이로 대체되면 문제가 사라질 겁니다. 잔인한 이야기가 아니라 이는 단순한 삶의 진리예요. 지금껏 우리가 참여한 최고의 관리 변화 프로그램 가운데 일부가 이미 등장

했습니다. 부정적인 사람이나 이해를 못하는 사람들의 임계질량이 이제 은퇴했으니까요.

제 남편과 저처럼 당신도 아내 제인과 함께 일하시죠? 이런 상황이 당신에게 효과 적인가요?

지극히 효과적입니다. 이런 말을 하면 이따금 화를 내는 여성이 있지만 여자는 남자와 완전히 다릅니다. 그들은 사고방식이 다르며 바로 그 점에 그들의 큰 가치가 있죠. 만일 당신이 여자와 남자에게 어떤 문제를 제시 한다면 그들은 전혀 다른 경로로 현명한 해결책에 도달할 겁니다. 놀라울 정도로 효과적이죠.

당신이 아무리 똑똑하고 특정 분야에서 우수하다고 하더라도 아이디 어의 균형을 맞출 사람이 없다면 정신적인 막다른 골목에 몰릴 수 있습니다. 남편과 아내는 솔직하게 대화를 나눌 수 있죠. 전 평생 훌륭한 여직원 들과 일해 왔지만 상대가 직원이라면 항상 솔직하기는 어렵지요. 제인은 저보다도 먼저 제가 무슨 생각을 하는지 압니다. 아내들은 그렇죠. 그래 서 다른 사람들이 할 수 없는 남다른 기여를 합니다.

혁신은 새로운 제품이나 서비스가 아니다. 그것은 기업이 앞으로 성공적으로 경쟁하기 위해 선택하는 경로이다. 물론 단편적인 혁신이나 한 무리의 혁신이 제품, 프로세스, 혹은 서비스의 사소한 또는 중대한 변화나 개선과 관련이 있 다. 그러나 이 혁신의 단편들은 제각기 기업·정부의 비전이나 전략과 조화를 이루어야 한다. 따라서 한 무리의 혁신은 독보적인 신제품이 될 뿐만 아니라 기업의 성장과 사회 발전의 토대를 이룬다.

야로슬라프 바로노프Yaroslav Baronov, RO-BO.ru와 Emociy.ru의 공동 창립자

 **Image Training**

GDP, 사명, 계획, 비전, 아내

사이먼 셰이크Simon Sheikh

사이먼 셰이크는 2008부터 2012년까지 오스트레일리아의 선두적인 온라인 정치적 옹호 조직인 겟업GetUp의 국장으로 재직했다. 현재 2013년 연방 선거에서 그린스 당 Greens Party 대표이며 오스트레일리아 상원에 입후보했다.

사진 제공: 커트니 타이트Courtney Tight

혁신을 필수요소라고 생각하십니까?

진보적인 가치관을 가진 진보주의자로서 우리는 사람들뿐만 아니라 우리가 살고 있는 행성에 감정을 이입하기 위해 존재합니다. 하지만 그런 한편 현상에 도전해야 하지요. 혁신의 필요성을 인정하지 않고 현상에 도전할 수는 없습니다. 우리에게 무척 중대한 문제입니다. 혁신에 대한 우리

의 믿음은 사실 우리가 가지고 있는 가치관의 한 기능이며 전 관계가 실로 중요하다고 생각합니다.

> 혁신의 최대 장벽은 '집단 사고'이다. 본질적으로 현상에 도전하는 혁신적인 새로운 아이디어를 무의식적으로 거부하는 조직이 무척 많다. 그들은 대신 특정한 아이디어, 프로세스, 혹은 사업 방식이 옳다는 사실을 '누구나 아는' 일종의 집단 사고를 더 좋아한다. 뿐만 아니라 누군가 이런 통념에 도전하면 흔히 부정적인 결과가 발생한다. 많은 사람들이 따라가는 편이 훨씬 더 쉽고 안전하며 편안하다고 생각한다.
>
> 롭 앳킨슨Rob Atkinson, 정보 기술과 혁신 재단Information Technology and Innovation Foundation 대표

당신은 또한 냉소주의라는 도전에 직면해야 합니다. 버거울 수도 있는 일이죠.

우리는 일관적인 변화 이론으로 냉소주의에 맞섭니다. 우리가 하는 일의 영향을 정성들여 설명하죠. 전후 상황과 이론에 대해 설명합니다…… 변화 이론에 대한 우리의 믿음뿐만 아니라 낙관적인 태도가 더 넓은 사회에 존재하는 냉소주의로부터 우리를 보호하죠.

당신은 소셜 미디어를 통해 사람들이 당신의 업무에 참여하고 이따금 변화를 일으킬 기회를 주기도 합니다. 좋은 예로 당신이 진행하는 그레이트 배리어 리프Great Barrier Reef 캠페인을 들 수 있죠.

대단한 캠페인이었습니다. 그 운동을 통해 우리가 글로벌 어젠다에 영향을 미칠 수 있음을 입증했어요. 우리(겟업의 구성원들)는 오스트레일리아의 석탄 수출량을 큰 폭으로 늘이는 일은 없어야 한다고 믿습니다. 그렇

지 않으면 그레이트 배리어 리프가 파괴되는 부작용이 발생할 수 있어요. 1만여 척의 배가 추가로 리프를 통과하게 되면 곧바로 이런 결과가 일어날 수 있습니다. 간접적으로는 탄소 배기량이 증가하면서 해양 온도가 변하고 그 결과 산호 탈색에 영향을 미칠 수 있지요.

그래서 겟업은 이 캠페인에서 그레이트 베리어 리프와 석탄 실업가 클라이브 파머Clive Palmer와 지나 라인하트Gina Rinehart를 대립시켰습니다. 이 두 사람은 지금은 수포로 돌아갔지만 그레이트 배리어 리프 해안에 세계 최대 석탄 수출 시설을 건설하려는 계획을 세운 장본인입니다.

겟업의 운동이 변화를 일으키는 데 얼마나 중요하다고 생각하십니까?
우리 모형에는 제약이 있습니다. 그래서 정책에 대한 지식이 더욱 풍부하고 오랫동안 현장에서 일했던 기존 조직들과 파트너십을 맺고서 최적의 상태로 일하죠. 그들은 정계에 아는 사람들이 있으니까요.

그렇다면 당신이 하는 일이 정당이나 정치 조직에 의해 결정된다고 말할 수 있을까요?
우리의 당면 과제는 진보적인 오스트레일리아를 창조하는 일입니다. 모든 정당이 우리가 옳다고 믿는 가치관을 수용하지 않는다면 오스트레일리아는 결코 진보적인 나라가 되지 못하고 진보적인 균형을 보호할 수 없겠죠.

10년 후에 겟업 운동에 대해 어떤 이야기를 할 수 있으면 좋겠다고 바라십니까?

전 우리가 오스트레일리아에서 존재하는 순간(우리가 세계적으로 존재하는 순간과는 다릅니다)을 생각합니다. 현재 기술이 특정한 가치관을 가진 한 정당이나 조직, 혹은 사람들의 집단에게 이용되는 수준을 넘어 확대되고 있습니다. 따라서 바라건대 우리가 변화와 혁신을 성공적으로 수용했다고 자신할 수 있으면 좋겠어요. 언젠가 이 순간을 돌아보며 '우리가 마음을 열고 단순히 혁신자들이 아니라 혁신적인 혁신자들을 수용했다. 이상'이라고 말하기를 바랍니다.

나는 국민의 내각People's Cabinet이라는 개념을 연구하고 있는데 이 개념에서는 (가장 단순한 형태로) 질문을 한다. 만일 투표권이 있다면 오스트레일리아 사람들은 지역 의원뿐만 아니라 영연방 정부의 장관으로 누구를 선택할 것인가? 이 도구의 목표는 사람들에게 정치 제도와 의원들에 대해 교육시키고 시민들에게 장관으로서 선호하는 인물을 밝힐 발언권을 주는 것이다. 이 도구는 정치와 상업 분야에서 반복적으로 등장하고 있으며 앞으로 다양한 용도로 쓰일 것이다.

크레이그 톰러Craig Thomler, 델립 오스트레일리아Delib Australia 전무이사

 Image Training

제약, 수용, 공감, 영향, 가치관

로버트 제이콥슨^{Robert Jacobson}

로버트 제이콥슨은 샌프란시스코와 스웨덴 말뫼^{Malmö}에 본사를 둔 아틀리에 투모로 ^{Atelier Tomorrow}의 CEO, 공동 창립자, 회장, 전략가이다. 평생 인간의 경험을 연구하는 로버트는 혁신 관리 문제, 특히 지속적인 사회 및 기술 혁신을 생산하는 지역 혁신 플랫폼 개발의 전문가이다.

당신 회사의 이름이 흥미롭군요. 아틀리에 투모로(내일의 작업실이라는 의미 — 옮긴이)⋯⋯ 이름의 아이디어는 어디에서 얻었습니까?

르네상스 시대 예술가들은 흔히 도제들과 생활하면서 일했죠. 아마 당신은 역사상 가장 위대한 화가 중에 지척에 있는 서로의 화실에서 어깨 너머로 상대방이 무엇을 하는지 지켜보고 아이디어를 빌리고 서로의 작품을 바꾸면서⋯⋯ 협력했던 여섯 명을 꼽을 수 있을 겁니다. 아틀리에는 현대판 비밀 연구실입니다.

'투모로'를 선택한 것은 우리가 미래를 위한 아틀리에를 창조하고 있기 때문이에요. 우리는 가정, 도시 개발, 사무실 등 평범한 상황에서 남다른 미래를 상상하고 실현할 새로운 방법을 제시하고 있습니다. 혁신 플랫폼, 사회와 기술을 지속적으로 혁신할 수 있는 환경과 상황을 설계하는 거죠.

우리의 작업이 독특한 것은 가상 세계와 물리적 세계가 만날 수 있는 혼합 지역에 초점을 맞추기 때문입니다. 어떻게 하면 개발 단계에 투입되는 무형적이고 포괄적이며 어디에나 존재하는 다차원적 정보와 지식, 교육과 오락의 경험을 총망라하는 사업 주거 복합 환경을 설계할 수 있을까요? 이는 새로운 도전입니다. 하지만 우리는 이를 토대로 삼아 발전할 수 있죠.

우리의 프로젝트 가운데 (지리학의 면에서) 규모가 큰 편인 '서비스 혁신을 위한 노르딕 클리어링하우스Nordic Clearinghouse for Service Innovation'를 통해 서비스 혁신과 관련된 정보와 지식, 경험의 방대한 북유럽 중심지(그리고 그 지식으로 상호작용하고 조직과 국가의 경계를 넘어 협력하는 장소들)가 탄생할 겁니다. 온라인 시장인 셈이죠.

기업이 신생 기업의 혁신 방식으로부터 배울 수 있다는 사실이 나를 매료시킨다. 나는 컨설팅의 미래가 단순히 훌륭한 조언을 제시하는 일에서 의뢰인과 함께 모험하는 일로 이동할 것이라고 생각한다.

필리페 드 리더Philippe De Ridder, 이노베이션 보드Board of Innovation의 창립자

아직 제목을 짓지는 않았지만 또 다른 프로젝트 역시 비슷한 원칙을 적용해 해양 도시 주민들과 바다에서 멀리 떨어져 있는 사람들이 생활하면서 해변과 항구, 그리고 강과 개울에서 물을 경험할 기회를 주죠. 유럽 위원회European Commission(EC, EU의 실행 기관)에서 2014년부터 시작하는 유럽 위원회의 프로젝트인 푸른 성장Blue Growth이라는 개념을 홍보할 것으

로 예상됩니다. EC는 이를 연구, 개발 활동, 특정 프로젝트와 부서를 네 개의 슈퍼 이사회에 통합하고 있습니다. 이 가운데 한 이사회는 해안과 해양 문제를 담당할 예정이에요. 이 이사회는 해안과 해양 자원을 최대한 활용해 육지의 경제적 번영을 도모하는 일을 목적으로 삼고 있습니다.

스칸디나비아 국가들은 이런 활동에 대한 사회적 참여가 높습니다. 스칸디나비아 지역에서 당신이 이용할 수 있는 모형들을 미국과 중국처럼 규모가 더 큰 경제에 적용할 수 있다고 생각하십니까? 아니면 그것이 스칸디나비아에만 적용되는 고가치 개념이라고 생각하십니까?

이런 프로젝트를 실시하는 한 가지 동기는 세계 다른 지역에 북유럽의 전문지식과 혁신력, 그리고 지역 사회와 자연에 대한 봉사와 존중을 포함한 가치를 부각시키고 수출하는 일입니다. 우리는 또한 세계에서 북유럽이 차지하는 위치에도 관심이 많죠. 스칸디나비아 같은 소규모 경제 지역이 자신의 운명을 스스로 결정하지 못한다면 아시아와 북아메리카 같은 대규모 경제 지역에 휘둘리게 될 겁니다.

따라서 우리의 지상과제는 바람직한 가치관을 전달함으로써 공평한 경쟁의 장을 만들 수 있는 세계적인 '각성 지대'를 창조하는 일이죠. 모든 국가는 국민들에게 정보를 제공하고 무엇이 되었든 간에 자국의 목적에 따르도록 만들기 위해 노력합니다. 하지만 우리 모두가 주민인 세계는 어떨까요? 누가 그 목적을 대변할까요? 우리는 세계가 지속적으로 정보와 아이디어, 가치관을 공유할 수 있는 대중적인 커뮤니케이션 네트워크를 창조하고 싶습니다.

오늘날 이 이상과 가장 가까운 세상은 올림픽이죠. 순식간에 전 세계가 연결되고 수십억 명이 지켜봅니다…… 그리고 등장할 때와 마찬가지로 순식간에 사라집니다! 세계 사람들이 우리 모두에게 영향을 미치는 지역 문제와 세계적으로 중대한 도전(이를테면 기후 변화)에 대처하고 상호작용할 수 있는 온라인 공간을 창조하고 싶습니다. 커뮤니케이션과 협동의 기회, 사라지는 일이 없이 책임감을 가지고 공존하는 기회를 창조하는 데 도움이 되고 싶어요.

> 혁신의 초석은 디자인, 기술, 사용 가능성, 노후이다. 성공의 판단 기준은 오직 하나뿐이다. 즉 '긍정적인 사회 가치를 창조하는 한편 사용자의 심리적 안녕을 증진시키는 일'이다. 혁신이 시대 풍조로 자리 잡으려면 산업 시대적인 사고 과정의 모든 잔재를 버려야 한다. 혁신의 지속적인 가치는 문화를 먼저 창조할 때만 가능한 일이며 문화는 주관적인 동시에 전후 상황에 좌우된다.
>
> 수닐 말호트라Sunil Malhotra,
> 아이디어팜스의 창조적인 문화Creative Culture at Ideafarms의 창립자 겸 대표

 Image Training

미래, 상호작용, 문제, 기회, 책임

구스타프 프레켈트 Gustav Praekelt

 구스타프 프레켈트는 프레켈트 그룹 Preakelt Group의 창립자 겸 CEO이다. 그는 모바일 플랫폼, 기술, 그리고 아프리카 15개국의 5천만 명에게 전달되는 다수 세계 이니셔티브를 위한 서비스와 해결책 분야의 선구적인 이론가이다.

프레켈트 재단을 설립한 동기는 무엇인가요?

그건 당신의 기본 질문으로 요약할 수 있겠군요. '혁신을 어떻게 정의하는가?' 실제로 한동안 나를 사로잡았던 질문이죠. 저는 혁신이란 사람들이 일상생활에서 직면하는 문제에 대한 해결책을 제시하는 것이라고 생각합니다. 이런 문제들을 해결하기 위해 우리가 할 수 있는 사소한 일이 있다면 실로 큰 영향을 미칠 수 있죠.

전 그것을 개인적인 신조로 삼고 있습니다. 단순하고 경제적인 최소한의 개입으로 대규모 변화를 일으키는 것이죠. 모바일 기술로 우리가 할 수 있는 간단한 일들이 있습니다. 비용이 많이 들지 않으면서 대규모로 할 수 있는 간단한 일들 말입니다. 그것이 분명 우리가 비영리 단체를 설립하는 이유를 설명할 수 있을 겁니다.

바로 그겁니다.

그것은 인류 역사상 가장 빠른 속도로 발전하는 기술입니다. 텔레비전, 라디오, 책, 인쇄기 등보다 더 빠르죠. 이동 전화를 소유한 사람이 0명에서 60억 명이 되기까지 20년이 걸렸습니다.

효과적인 비용으로 지구상에 사는 거의 모든 사람과 의사소통할 수 있는 기계를 소유한 것은 인류 역사상 처음입니다. 문제는 이겁니다. '우리가 받은 이 놀라운 도구로 무엇을 할 것인가?'

전 현재 남아프리카에 존재하는 모든 문제의 뿌리는 불평등…… 이 나라 사람들이 버는 수입의 큰 격차라고 생각합니다. 문제는 이겁니다. '어떻게 사람들의 삶을 향상시키고 부와 정보를 더욱 평등하게 분배할 것인가?'

혁신은 내게 이런 식으로 작용한다. 프로젝트에서 한 걸음 물러나 마치 한 번도 본 적이 없는 것인 양 바라보는 것이다. 혁신이란 한 공간에서 효과적인 것을 택해 다른 공간에 적용하는 일이다. 사고에도 그 접근 방식이 필요하다. 나는 문제를 살피고 이렇게 말할 것이다. "만일 다른 사람들이 하나같이 1번문에서부터 이 문제에 접근할 경우, 우리가 3번문부터 살필 경우 어떤 일이 일어날까?" 문제를 의도적으로 조각으로 나누어 여러분이 원하는 거의 모든 방식으로 재조립할 수 있다.

매기 폭스Maggie Fox, 소셜 미디어 그룹Social Media Group의 CEO 겸 최고 마케팅 책임자

아프리카와 다수 세계가 직면한 수많은 문제는 정보와 서비스를 전달함으로써 회복할 수 있습니다. 질병이 없다고 해서 그 질병을 치료했다는 의미는 아닙니다. 적절한 시기에 정확한 정보를 제공하면 많은 성과를 거둘 수 있죠. 설사는 현재 다수 세계 유아 사망의 가장 중대한 원인입니다. 그러니 사람들이 올바른 방법으로 손을 씻게 만들면 설사 발생률이 크게 줄어들고 그 결과 유아 사망률 또한 줄어들 거예요. HIV/AIDS 전염이나 어린이에게 전염되는 경로에 대한 정보도 마찬가집니다. 그런 정보는 대부분 전달되죠. 알다시피 거의 모든 사람이 장치를 가지고 있기 때문에 정보 전달이 가능합니다.

개발도상국의 모바일 연계성이 거의 유비쿼터스 수준에 이른다면 모바일 데이터 인프라스트럭처의 상태는 어떻게 변하며 당신은 그 발전을 어떤 식으로 이해하시겠습니까?

(모든) GSM 네트워크는 적어도 GPRS 기술 데이터를 보유하고 있고 그것은 대부분 3G 데이터입니다. 따라서 인프라스트럭처는 그다지 문제가 되지 않아요. 아프리카의 모바일 네트워크 인프라스트럭처의 가용성과 전기 인프라스트럭처의 가용성을 도면으로 나타낸다면 모바일의 가용성이 전기에 비해 약 서너 배 더 높습니다. 놀라운 사실이죠. 전 아프리카 대륙

인구의 90~95퍼센트 정도가 데이터 경로를 확보한 상태라고 봅니다. 그러니까 데이터 인프라스트럭처는 '확보되고 완료된' 셈이죠.

다음 단계는 그것을 적정한 가격으로 만드는 일인데 이는 두 가지 문제로 나눌 수 있습니다. 하나는 핸드세트의 가격입니다. 데이터 겸용 핸드세트는 여전히 비싸니까요. 스마트폰은 현재 50달러 정도로 사용할 수 있습니다. 제 생각에 하루에 2달러로 생활하는 가족이라 해도 한 가족이 "연결성과 데이터 구입 능력에서 발생할 이익을 고려하면 이 전화에 투자할 만한 가치가 있어"라고 말할 수 있는 매력적인 지점입니다. 그러니 그 문제는 거의 해결되었다고 합시다.

현재 예컨대 시골이나 빈민가를 살펴보면 주민들이 데이터를 이용할 수 있는 피처폰(저가의 휴대폰 — 옮긴이)을 가지고 있을 겁니다. 하지만 매일 데이터를 사용하고 있느냐고 물어보면 그들은 "오, 그렇지는 않아요"라고 말할 겁니다. 그들이 문맹이거나 데이터가 있다는 사실을 깨닫지 못해서가 아니에요. 한 세션 동안 정보를 사용하면 비용이 얼마나 들지 정확하게 계산하지 못하기 때문이죠.

그들은 SMS를 보내면 어떤 통화를 사용하든, 요금이 얼마이든 간에 정확히 1실링이나 5실링이 든다는 사실을 알고 있습니다. 문제는 지금 데이터를 사용하고 있는 사람들이 저개발 지역을 위한 고정 요금 데이터를 이용할 수 없다는 사실이에요. 그들은 데이터나 모바일 계정에 50~100실링 정도밖에 없어서 페이스북에 접속할 경우 계정이 바닥날 거라고 걱정합니다. 목숨이 달려 있는 정보를 전하기 위해 엄마나 아들에게 전화를 걸

수 있는 통화 시간조차 남지 않은 거죠.

이 문제를 해결하려면 우리도 네트워크 운영자와 서비스 제공자들만큼이나 해야 할 일이 많습니다. (일부 개발도상국에서 데이터 요금을 납부하지 않고 위키피디아에 접속할 수 있는) 위키피디아 제로 Wikipedia Zero나 O.facebook.com 같은 것에서 희망의 빛을 볼 수 있습니다. 그것이 한 가지 해결책입니다. 나머지 해결책은 네트워크 운영자들이 상한 정액제를 제시하는 거죠.

확실히 다수 세계에 권한을 부여하는 일에 대단히 초점을 맞추고 계시는군요. 다수 세계의 인구는 실로 어마어마합니다. 일단 권한이 부여되면 GDE에 미칠 영향이 엄청날 겁니다.

다수 세계는 세계 인구의 다수가 거주하고, 흥미로운 문제 가운데 다수가 존재하며, 잠재적으로 수익이 발생할 곳입니다. 우리는 다수 세계가 금세기에 가장 흥미로운 일이 일어날 곳이라고 생각합니다. 여기에는 분명 아프리카, 남아메리카, 라틴아메리카, 아시아 태평양 지역이 포함되죠.

서비스를 구축할 때 우리는 저개발 지역이 아니라 특정 지리학적 지역을 겨냥합니다. 이를테면 음악 서비스나 건강 서비스를 구축할 때면 가장 가난한 사람들이 아니라 아프리카의 모든 사람, 혹은 나이지리아나 케냐의 모든 사람을 겨냥하죠. 우리는 그것을 다수 세계 서비스라고 생각합니다. 아프리카의 GDP 성장률은 평균 6~7퍼센트인데 모든 증거로 판단하건대 제 생각에 금세기는 다수 세계의 세기가 될 겁니다.

하지만 전 순전히 개인적인 관점에서 사람들에게 권한을 부여하는 일에 관심이 있어요. 그것은 제 개인의 사명입니다. 비영리 단체로서 우리가 사람들을 연결해서 그들에게 모바일 기술을 통해 자신의 목표를 성취할 기회를 주면 정보, 서비스, 부가 폭발적으로 증가할 것이라고 생각합니다.

막대한 양의 자원이 있으면 혁신을 지상과제로 삼지 않을 수 있다는 말처럼 들리는군요.

저도 그렇게 확신합니다. 전 경제적인 엔지니어링이나 검소한 혁신의 신봉자죠.

제약이 혁신을 일으킵니다. 자원이 부족하면 사람들은 모든 제약을 극복하기 위한 흥미로운 해결책을 찾아 나설 겁니다. 모바일과 모바일 결제 분야에서 흥미로운 여러 가지 혁신이 아프리카에서 등장한 것은 바로 이 때문이죠.

시민 사회, 협력 정부, 개방 정보의 혁신이 폭발적으로 증가할 겁니다. 아프리카에서 수많은 일이 일어나 결실을 맺을 거예요. 우리에게는 극복해야 할 장애물이 있으니까요. 분명 아프리카에서 (e-) 건강과 관련된 여러 가지 혁신을 주도할 겁니다.

나는 전문 기술이 없는 사람들을 포함해 모든 사람들이 크라우드보이스 CrowdVoice를 이용하고 다른 목적에 맞게 바꾸어서 특정한 인권 문제에 대한 지식을 수집하고 확산시킬 방법을 개선함으로써 본인이 추구하는 사회 운동에 힘을 실을 수 있기를 바란다. 그것은 세계적으로 진행되는 사회 정의 운동에 관한 지식의 확산을 도모할 목적으로 정보를 점검하고 귀중한 데이터(증거 영상, 사진, 블로그, 뉴스 기사 등)를 크라우드소싱함으로써 전 세계적인 항의의 목소리를 추적하는 오픈소스 플랫폼이다. 이런 정보는 특히 검열이 엄격한 시대에 쉽게 접근하고 발견할 수 있어야 한다. 이는 시민 참여를 토대로 세계 공동체를 창조하는 과정에서 일보 전진한 결과라 할 수 있다.

에스라아 알 샤페이Esra'a al Shafei,
TED 선임연구원, 미드이스트 유스Mideast Youth와 crowdvoice.org의 창립자 겸 국장

OpenGov나 Gov 2.0이 아프리카에 미칠 수 있는 영향이 어머어마하군요!

믿을 수 없을 정도이지요. 당신에게 장담합니다! 정부란 무엇이며 어떤 모습이어야 하는지 생각해 본다면…… 우리가 왜 세금을 납부할까요? 안정된 환경을 원하기 때문이죠. 정부가 진정으로 국민을 대변하지 않는다면 물류 문제가 발생합니다. 모바일이 그런 문제를 제거할 수 있어요. 5~10년 후에 사람들이 정부에 직접적으로 영향을 미칠 수 있다는 사실을 깨달을 때 다수 세계에 무슨 일이 일어날지 지켜보면 무척 흥미로울 겁니다.

전 그 가운데 많은 혁신이 지역 정부에서 일어날 거라고 생각해요. 예를 들면 우리 지역 사회를 돌아다니다가 전화기로 어떤 다리를 가리키면 비용을 지불한 사람, 받은 뇌물, 책임자 등을 알아낼 수 있죠. 아니면 여러분이 사는 지역 사회에 고장 난 물건을 둘러보다가 웅덩이나 작동하지 않는 가로등을 발견하고…… 사진을 찍어서 지역 정부의 불만 처리 시스템으로 전송할 수 있죠.

반면 부의 분배 문제에 거대한 혁명이 일어날 겁니다. 다수 세계의 특징은 가난이 아니라 어떤 지역에는 특정한 형태의 자원이 지나치게 많은

반면, 다른 지역에는 자원이 부족하다는 사실이죠. 다수 세계의 여러 가지 문제는 절망적인 가난이 아니라 물류 문제와 정보의 흐름에 그 원인이 있습니다. 아프리카는 분명 자급자족할 능력이 있습니다. 허나 생산되는 식량은 충분한 반면 물류에 문제가 있어요. 따라서 혁신에서 진정으로 흥미로운 문제는 이겁니다. '어떻게 가치를 교환할 것인가?' '어떻게 부와 서비스가 좀 더 균등하게 분배될 수 있도록 중재할 것인가?' 아프리카는 분명 여러분이 살고 싶은 곳이 될 겁니다. 신 나는 변화가 일어날 테니까요.

6년 전 내가 공동으로 창립한 글로벌 미니멈Global Minimum이 최근 시에라리온 최초의 고등학교 혁신 프로젝트인 혁신 살로네Innovate Salone를 출범했다. 혁신 살로네 플랫폼은 청소년에게 지역 공동체에 영향을 미치고 이를 향상시켜 국가 발전을 도모할 수 있는 기회를 제공한다. 나는 이런 네트워크와 관계를 통해 시에라리온이 자국 사회를 변화시킬 새로운 실천가들의 물결을 선도할 것이라고 믿는다.

데이비드 모이니나 셍게David Moinina Sengeh, 대학원생, MIT(MIT 미디어 연구소MIT Media Lab) 박사과정 지원자, 글로벌 미니멈과 레본Lebone의 공동 창립자

 Image Training

구입 능력, 데이터, 분배, GDE, 영향

티아고 페이소토^{Tiago Peixoto}

티아고 페이소토는 온라인 참여 예산과 위키 입법을 전문으로 하는 디지털 민주주의 분야에서 세계적으로 이름난 전문가이다. 세계은행 연구소^{World Bank Institute}의 오픈 거버넌스^{Open Governance} 집단의 ICT4Gov 프로그램에서 개방 정부 전문가로 활약한 티아고는 OECD, UN, 브라질 정부와 영국 정부 같은 조직의 정책 고문으로 일했고 아프리카, 아시아, 유럽, 라틴아메리카, 카리브 해의 선구적인 e-Gov 이니셔티브에 참여했다.『2010 국제연합 e-정부 조사: 재정 및 경제 위기에서 e-정부 활용하기^{2010 United Nations e-Government Survey: Leveraging e-government at a time of financial and economic crisis}』의 공동 집필자이다. 취리히의 일렉트로닉 데모크라시^{Electronic Democracy}센터의 연구 코디네이터이다.

당신의 전문 분야 가운데 한 가지는 Gov 2.0입니다. 현재 어떤 구체적인 이니셔티브에 집중하고 있습니까?

첫 번째는 제가 '온라인에서 오프라인 혁신^{online-to offline innovation}'이라고 일컫는 것이고, 두 번째는 공공 분야의 크로스셀링^{cross-selling}과 업셀링^{up-selling}이라는 개념입니다.

온라인 Gov 2.0 세계는 무엇이든 오프라인 세계에서 진행되는 모든 일을 당연히 그대로 따라 합니다. 이를테면 사람들이 오프라인에서 투표를 하면 온라인 투표 방식을 떠올리게 되는 거죠. 따라서 우리는 일반적으로 오프라인에서 온라인 세계로 절차를 옮기는 혁신적인 방법을 강구하고 있습니다. 다시 말해 오프라인으로 청구서를 납입한다면 온라인 납부를 시작할 수 있죠.

이와 동시에 온라인 발명으로, 온라인에서 먼저 진행되는 여러 가지 일이 있습니다. 예를 들면 오픈 지식 재단Open Knowledge Foundation의 것과 같은 예산 데이터 시각화는 데이터를 시각화할 수 있는 쉬운 방법이죠. 사용자 친화적이어서 일반 시민이 접근할 수 있습니다. 이와 마찬가지로 오프라인 세계의 것을 취해 온라인 세계에서 반복하려고 노력하고 있어요. 오프라인에서도 시행하고 싶은 수많은 혁신이 현재 온라인에서 일어나고 있죠. 그래서 이를테면 현재 (원래 온라인에서 제시한) 예산 시각화가 길거리의 벽으로 옮겨지기 시작했습니다. 이 '역전 엔지니어링reversed engineering'은 앞으로 등장할 가장 유망한 혁신으로 손꼽히며 우리는 이제 막 그것의 표면을 더듬기 시작했습니다.

전 두 번째 아이디어를 '공공 분야의 크로스셀링'이라고 부릅니다. 이를 테면 당신이 아마존에 접속해 책 한 권을 산다면 아마존은 당신에게 다른 책도 팔기 위해 노력하죠. 그것이 전통적인 크로스셀링입니다. 당신에게 다른 제품을 제시하기 위해 당신의 행동방식에 대한 많은 정보를 얻어내려고 애를 쓰는 겁니다. 다른 예로 당신이 은행에 전화를 걸면 그들은 당신에게 여러분이 원하는 서비스를 제공하지만 그보다 앞서 보험이나 새로운 플랜을 판매하려고 노력하죠. 민간 분야는 수년 동안 이 일을 성공적으로 해왔지만 놀랍게도 공공 분야는 그러지 않았어요. 공공 분야에서 한 시민이 전화를 걸면 우리는 요구한 정보만 제공하거나 필요한 거래만 마친 후 전화를 끊습니다.

그런 한편 정부는 저 같은 사람들에게 다가와서 "크라우드소싱을 할 수 있는 플랫폼을 만들 수 있을까요?"라고 묻죠. 그래서 크라우드소싱 플랫폼을 만들고 나면 아무도 찾아오지 않습니다. 그러는 동안 정부는 시민들로부터 매일 100만 통의 전화를 받고 그들과 상호작용을 하죠(그전에는 유권자들과 접촉하기가 여간 어렵지 않았는데 말입니다). 하지만 이내 전화를 끊어버립니다.

> 나는 downtownproject.com을 포함해 라스베이거스 번화가를 부흥시키는 일에 집중하고 있다. 한 가지 목표는 라스베이거스를 세계에서 지역 사회에 가장 집중하는 대도시로 만드는 일이다. 그리고 또 다른 목표는 다른 도시들이 스스로를 부흥시키는 한 방법으로 지역 사회에 더 집중하도록 영감을 주는 일이다.
>
> 토니 셰이^{Tony Hsieh}, 베스트셀러 작가, 기업가, 혁신 선동자,
> 라스베이거스 다운타운 프로젝트^{Las Vegas Downtown Project}의 창시자

정부에 전화를 거는 사람이 많습니다. 사람들이 전화를 걸면 정부는 원하는 서비스를 제공하죠. 하지만 통화를 마칠 무렵에 이렇게 물으면 어떨까요? "어떻게 하면 당신이 사는 지역 정부를 개선할 수 있을까요?" "지난주에 정전이 몇 번 일어났습니까? 쓰레기는 매일 수거하나요?" 혹은

"지역의 부패에 대해서는 어떻게 생각하십니까?" 시민의 참여를 어느 정도 크로스셀링할 수 있어요.

정부와 상호작용하는 시민들로부터 데이터를 수집하는 상호작용 채널을 만들 수 있습니다. 기존의 상호작용 채널을 이용해 피드백을 수집하고 시민들이 제공하는 데이터를 확보할 수 있죠. 이 데이터로 의사 결정 과정에 도움이 되는 분석 자료와 놀라운 도구를 마련할 수 있습니다. 크로스셀링과 참여를 통해 말입니다.

다른 나라에 비해 더욱 개방적으로 e-Gov와 Gov 2.0을 수용하는 나라들이 있습니까?

e-Gov 문제에서 훌륭한 성과를 거두고 있는 몇몇 선진국을 살펴보죠. 예를 들면 인터넷 투표, 온라인 선거, 크라우드소싱 조직을 수행한 나라들이 있습니다. 스위스, 아이슬란드, 에스토니아, 노르웨이, 스웨덴 등지에서 여러 가지 이니셔티브를 실시하죠. 이들에게는 높은 연계성, 기관의 높은 신뢰도, 그리고 작은 나라라는 공통점이 있습니다.

며칠 전 나는 (구글 CEO) 에릭 슈미트^{Eric Schmidt}와 에스토니아 대통령 투마스 일베스^{Toomas Ilves}와 이야기를 나누었습니다. 두 사람과 따로 대화를 나누었지만 두 사람 모두 정부 문제의 온라인 혁신을 살펴볼 때 신원과 인증에 대해 언급하더군요. 이 문제를 제대로 이해한다면 혁신 문제를 해결하기가 무척 쉬울 겁니다.

예컨대 에스토니아와 스위스는 연계성이 높아서 온라인 인증 시스템을 실시하기가 더욱 용이한 작은 나라입니다. 연방과 주의 법이 다른 오스트레일리아나 미국의 상황과는 사뭇 다르죠. 작은 나라들이 온라인 인증 과정을 시작해서 온라인 민주주의 참여 분야에 더 많은 혁신을 일으킬 수 있을 겁니다.

또 다른 요소는 신생(최근의) 민주주의 국가의 민주주의가 절차의 문제가 아니라는 사실이에요. 일반적으로 새로운 헌법 구조를 마련하고 실험하는 경향이 더 클 겁니다. 예를 들면 독재 정권에서 벗어난 라틴아메리카 국가에서 민주주의 실험이 많이 진행되죠. 하지만 이는 당연한 일입니다. 이들 나라들은 무에서부터 민주주의를 수립해야 하니까요.

이와 동시에 '바깥' 세상의 사람들이 '다른 방법을 시도하면 어떨까?'를 생각하는 민주주의에 대한 막연한 불안이 존재합니다. 이 가운데 어떤 실험은 실패하고 어떤 실험은 성공하겠죠. 이는 민주주의 혁신이 진화하는 방식입니다. 사람들이 원하는 업무 방식을 백지 상태에서 스스로 결정할 수 있는 신흥 민주주의 국가에 이 진화적인 접근 방식이 존재할 확률이 높지요.

일반적인 혁신이나 혁신 도구와 특정한 e-Gov가 유럽 연합이 현재의 불안 상태에서 벗어나 전진하는 과정에 어떤 식으로 도움이 될지에 대해서는 의견이 있으신지요?

질문에 답하기 전에 확실히 짚고 넘어가죠. 제가 기술을 가지고 일하는 사람이긴 하지만 우리가 피해야 할 부류의 기술이 존재합니다.

짧은 이야기를 하나 해드리죠. 프랑스 혁명 직후에 일명 나폴레옹 전신 Napoleonic telegraph이라는 광 전신이 발명되었습니다. 도시끼리 주고받는 빛을 통해 메시지를 보내는 전신이었죠. 이때 사람들은 민주주의와 제도가 실시되는 방식에 거대한 혁명이 일어날 것이라고 예측했습니다. 지금과 마찬가지로 수많은 지식인들이 이 문제에 대해 지금 우리가 하는 말과 비슷한 글을 남겼죠. 그런데 그 가운데 실제로 일어난 일은 전혀 없었습니다. 정부가 변화해야 제도가 변화하니까요. 기술은 그저 뒤를 따를 뿐입니다. 정부(공공 분야)의 업무 방식에서 기술은 민간 분야에서만큼 파괴적이지 않아요.

그래서 저는 유럽 연합을 생각하게 되었습니다. 유럽 연합은 기술에 열광적입니다. 매년 유럽 연합의 자금 가운데 상당 부분이 기술에 투자되죠. (유럽 연합뿐만 아니라 정부의 기술 공간 전반에 나타나는) 문제는 새로운 유행어가 등장할 때마다 이미 배우고 실행했던 모든 것을 깡그리 잊는다는 겁니다. 효과적으로 혁신을 이룩할 수 있는 첫 번째 방법은 기술이 축적되며 따라서 같은 실수를 반복하지 않을 수 있다는 사실을 기억하는 일이죠.

그렇다 해도 유럽 연합에는 이를테면 미국이나 오스트레일리아와 사뭇 다른 매우 흥미로운 사실이 한 가지 있습니다. 유럽 연합 국가들의 정부 제도는 완전히 다르죠. 일부 정부는 중앙집권제인 반면, 연방제인 정부도 있습니다. 일부 나라에서는 총리가 거의 모든 통제권을 가지고 있는 반면, 더욱 협력적인 정부도 있습니다. 제도와 조직의 운명 방식이 매우 다양해서 유럽 연합은 살아 있는 실험실이라고 할 수 있어요. 그렇기 때문에 시행착오가 훨씬 더 많이 일어나는데 이것이 혁신의 원천이 되죠.

유럽 연합에 대한 당신의 묘사를 들으니 여러모로 카리콤^{CARICOM}, 즉 CSME^{Caribbean} Single Market and Economy(카리브 공동체, 카리브 해 연안 국가들의 지역 공동체—옮긴이)가 생각나네요. 카리브 해는 세계에서 흥미진진한 한 지역으로 손꼽힙니다. 다양한 국적을 가진 사람들의 교육 수준이 전반적으로 매우 높아요. 그들은 기술적으로 최대한 발전하기 위해 최선을 다하고 있으며 정도는 다르지만 남아메리카, 영국, 미국의 영향을 받고 있죠. 제 생각에는 이곳 역시 살아 있는 연구소입니다.

사실 흥미로운 말입니다. 작은 나라에서는 실험을 실시하고 활용하기가 한층 쉽습니다. 통제가 가능하고 비용이 저렴한 한편, 조절이 가능하고 실행 비용이 더 적게 들기 때문이죠. 상대적으로 비용이 많이 든다 해도 다른 곳과는 다릅니다.

아울러 제도 변화의 정도가 상당히 높습니다. 과달루페 같은 울트라마^{Ultramar} 지역의 일부 정부는 프랑스 행정 방식에 따라 운영되죠. 바베이도스처럼 앵글로색슨 정부에 가까운 나라도 있습니다. 그런가 하면 아루바는 네덜란드 방식, 도미니크 공화국 같은 나라는 혼합형에 가깝습니다. (만연한 부패와 같은) 통치 문제는 접어두고 이 지역의 가장 큰 문제는 연계성입니다. 하지만 현재 연계성이 증가하고 있으므로 이 지역을 눈여겨보아야 합니다. 카리콤을 '소유럽'이라고 생각할 만한 하죠. 물론 특히 문화적으로 다양성이 훨씬 크지만 말입니다.

그곳은 매력적인 소우주입니다. 문제는 이겁니다. '이 지역, 그리고 이 지역의 지도자들의 혁신 경향은 어느 정도일까?' 혁신은 어디에서나 일어나겠지만 흥미로운 점은 혁신으로 이어지는 '시행착오'를 지켜보는 일이죠. 카리브 해에서 이 실험을 어느 정도까지 허용할지 궁금합니다.

혁신은 사회 발전을 위한 창의력과 기술, 협동의 축적이며 정부와 기업을 위한 매개체이다.

댄 매티슨Dan Mathieson, 캐나다 온타리오 주 '스마트 도시' 스트랫퍼드Stratford 시장

최종 고찰

혁신은 몇 년 전만 해도 상상할 수 없었던 정도로 여러 나라를 변화시키고 있다. 자국과 국민들에게 힘을 부여할 명확한 전략이 있는 지도자들에게는 밝은 미래가 기다리고 있다. 변화에 적응하지 못한 사람들은 수년 전부터 뿌리 내린 혁신적인 도구와 테크닉, 기술로 더욱 확대된 세계화에 이리저리 휘둘릴 것이다.

나는 2010년 시작되어 지금까지 계속되고 있는 '아랍의 봄Arab Spring'에서 얻은 수많은 교훈 가운데 두 가지에 주목한다. 첫째, 열강들이 국민들로부터 비난을 받을까 두려워서 커뮤니케이션 인프라스트럭처를 폐쇄한다면 국민들이 거리를 점령하고 자신의 목소리를 드높일 것이다. 둘째, 사람들이 열강들을 무력하게 만든 빠른 속도로 체계를 갖추고 자신의 의견을 명확히 밝히며 행동하도록 힘을 부여한 것은 소셜 미디어였다.

이런 혁신의 위력에 영향을 받는 것은 비단 독재자와 폭군만이 아니다. OpenGov와 Gov 2.0 기술과 테크닉을 통해 투명성이 점점 증가하면서 수

많은 국가의 국민들이 널리 알려진 '포크 배럴pork barrel'(특정 선거구나 의원만을 이롭게 하는 정부 사업이나 보조금 — 옮긴이)에 대해 그들이 선출한 의원들에게 책임을 묻고 과거 어느 때보다 정치, 정책, 서비스에 더 큰 영향력을 발휘할 기회를 요구하고 있다.

점을 연결하는
수평 세계 항해자들

---

keyword

예술, 능력,
결합, 협력, 표현,
아이디어, 재즈, 음악,
파트너, 사람들, 자원,
안정, 스토리텔링

합작 투자, 기업 전략, 직원 조화는 이제 지역의 제한을 받지 않는다. 이동성과 민첩성이 향상된 혁신 기술이 온라인에 등장해 크던 작던 상관없이 세계 모든 지역의 기업을 통상 무대에서 동등한 경쟁자로 만드는 한편, 소셜 미디어 같은 혁신적인 도구를 통해 비즈니스가 이미 진행되고 있다. 기업이 사실상 언제든 어디서든 무엇(누구)에든 접근할 수 있으므로 시드니, 샌프란시스코, 상하이, 상파울로 등 어떤 일상용품이 어디에 존재하는지는 이제 그리 문제가 되지 않는다.

비즈니스는 이제 '출정해서 정복하기 위해 군대를 동원하는' 판매 담당 이사들과는 점점 무관해지고 있다. 대신 역동적인 관계를 맺고 유지하는 데 뛰어난 사람들('연결자와 협력자'), 내가 수평 세계 항해자FWNs; Flat World Navigators라고 일컫는 사람들이 혁신적인 도구와 테크닉, 기술을 이용해 GDE 전역에서 사업 성공의 기치를 내걸고 있다.

퓰리처 상 수상자이자 《뉴욕 타임스》 칼럼니스트인 토머스 프리드먼Thomas Friedman의 말을 바꿔 표현하자면 21세기가 시작되면서 세계의 수평화가 일어났다. 이는 국가, 기업, 지역 사회, 정부와 개인이 적응할 수 있고 또 적응해야 할 현실이다. 상업적인 면에서 우리는 치열한 국가주의적 경계와 제국, 동질적인 기업에서 벗어나 전진하고 있다. 세계적으로 문화를 초월해 관계를 맺을 수 있는 능력은 번영하기를 원하는 기업과 개인이 반드시 갖추어야 할 요건이며 앞으로는 더욱 그럴 것이다.

관계의 질과 양에서 일어나는 이런 변화의 한 가지 진리는 이제 소규모 '플레이어'들이 과거 현상을 주도하는 지도자들이 누리고 기대했던 여러 가지 경쟁 우위를 독점적으로 이용할 수 없을 것이라는 사실이다. 국가와 기업이 경쟁력을 계속 유지하려면 반드시 대처해야 할 이 변화는 동등한 기회를 제공하는 수평 세계의 한 요소이다. 수평 세계를 인정하는 것이 필수조건이 되고 비즈니스계의 리더들이 혁신적인 커뮤니케이션 기술을 능숙하게 이용할 때 수반되는 전례가 없는 잠재력을 더욱 완벽하게 이해하고 받아들임에 따라 수평 세계 항해와 항해자들의 중요성도 더불어 확인되고 수용되었다.

거의 모든 사람이 수평 세계의 성공적인 항해에 내재된 기회를 이용할 수 있다. FWN이 되는 직접적인 방법이나 여러분의 조직에 있는 FWN의 기술을 활용하거나 높이 평가하는 간접적인 방법으로 이 기회를 이용할 수 있다. FWN은 새로운 GDE에서 활약하면서 전통적인 웹 기반 기술(클라우드 컴퓨팅, 소셜 미디어, 웹 3.0, 시맨틱 웹 등)을 결합하고 활용하면서 세계를 무대로 의사소통하고 협력하며 협동한다. 그들은 흔히 남다른 링크드인 네트워크를 갖춘 최고의 '트위터들'이며 독자들이 즐겨 찾는 개인 블로그를 가지고 있다. FWN은 자기만의 의견이 있으며 그것을 전달할 매력적인 방법을 찾았다. 유능한 FWN은 대개 현재의 시대정신을 훌륭하게 파악한다. 직접 선두에 나서지 못하는 경우라도 (개인적으로 혹은 네트워크나 지역 사회를 통해) 자신에게 최신 정보를 알려줄 수 있는 사람들과 관계를 맺고 있다.

판매와 마케팅에 종사하는 사람들에게 수평 세계 항해란 대개 과거의 판매와 마케팅과 연관된 '스핀'에 의존하지 않고 고객이나 의뢰인과 의사소통하는 것을 의미한다. 수평 세계의 고객은 너무 똑똑해서 '강매'에 넘어가지 않는다. 수평 세계가 깊고 넓은 까닭에 FWN은 흔히 문화적 배경이 다양한 팀의 일원이 된다. 따라서 이들은 대개 구체적이고 다양한 문화, 기업, 국가의 환경에 대처할 방법을 마련하는 것은 물론이고 문화적 문제를 인식해야 한다.

커뮤니케이션 도구와 테크닉이 최종 사용자·고객의 위력을 변화시킨 덕분에 GDE의 핵심 토대를 구성하는 데이터 소유와 주목 경제가 가능해졌다. 뿐만 아니라 점점 다양한 형태의 매체가 주목 경제에 쏟아지면서 냉철하고 엄연한 현실이 등장했다. 사람들이 주목하지 않는다면 여러분의 아이디어나 제품이 얼마나 훌륭한지는 중요하지 않다.

FWN은 이런 혁신을 현명하게 활용함으로써 아이디어, 제품, 서비스에 주목하도록 만드는 인플루엔서이다. 그렇기 때문에 그들의 역할이 절대적으로 중요하다. 그들은 기업의 정직한 아바타로 구현되는 판매와 마케팅의 발전이다. 간단히 말해 소비자와 기업을 연결하는 실세계 대화 통로이다.

1장에서 ROI를 언급했는데 FWN들은 특히 이 분야에 탁월함을 발휘한다. 규모나 상황에 관계없이 영리 단체든 비영리 단체든 모든 조직은 FWN의 기술을 활용해야 하는 반면, 이들은 다시 전통적이고 혁신적인 도구와 테크닉을 이용한다. 이 과정이 얼마나 효과적인가가 핵심적인 차별화 요소이며, 그렇기 때문에 모든 조직의 성공적인 전략에 포함되어야 한다.

또 다른 핵심 차별화 요소는 세계가 매일 점점 수평화되고 있을 뿐만 아니라 이와 동시에 인구통계학적인 면에서 대대적인 변화가 일어나고 있다는 사실을 인정하고 이를 토대로 행동하는 것이다. 다시 말해 기존 인프라스트럭처와 여기에 수반되는 가정의 유산은 이제 적용할 수 없다. 서구 세계의 소비자와 X세대를 중심으로 사업 결정을 내리기보다는 주요 시장 부문으로 진지하게 고려해야 할 다수 세계로 초점을 옮겨야 한다. 새천년 세대, 즉 Y세대에도 또한 초점을 맞추어야 한다. '왜 Y세대에 초점을 맞추는가?'에 대한 해답은 상당히 단순하다. 그들은 수적으로 엄청나고 관심사가 다양하며 기대에 부응할 것을 요구하고 자신들이 자율적이고 참여적이며 능력 있는 최종 사용자라는 사실을 확실히 인식하고 그렇게 대접받기를 기대하기 때문이다.

잠시 비즈니스는 접어두고 부모들이 전화나 텔레비전을 접하는 만큼이나 자연스럽게 혁신적인 커뮤니케이션 도구를 접하는 젊은이들에 대해 생각해보자. 많은 젊은이가 부모들이 같은 나이였을 때는 상상도 하지 못할 만큼 더 넓은 (더 수평적인) 세상에서 온라인으로 친구를 사귀는 능력과 성향을 가지고 성장한다. 그 결과 그들의 세계관이 더 넓어졌고 다른 방식의 삶을 인식하고 수용하는 깊이가 더 깊어졌으며 차이를 못마땅하게 여기는 경향은 줄어들었다. 내가 생각하기에 이 타고난 협력자들(수평 세계의 항해자들)이 그들의 거주지나 종교와는 상관없이 페이스북 친구들과 전쟁을 시작할 가능성은 훨씬 적을 것이다.

로즈 새비지^{Roz Savage}

작가, 모험가, 환경 운동가, 해양 조정 부문 세계 기록 보유자

사진 제공: 엘레나 주코바^{Elena Zhukova}

나는 말한 것을 실천해야 한다고 믿는다. 어떤 행동에 영향을 미치고 싶다면 몸소 모범을 보이고 자신의 삶에서 그 행동에 따르는 혜택을 입증하는 것이 최선의 방법이다. 환경을 보호하면서 즐기는 것이 가능하다는 사실을 직접 보여주어라. 삶을 단순화하고 그 덕분에 더 행복해질 수 있다는 사실을 보여주어라. 과대광고와 스핀이 난무하는 이 시대에 사람들은 진실한 메신저를 원한다.

조나단 커즌스 Jonathan Cousins

조나단 커즌스는 커즌스 앤드 시어스 크리에이티브 테크놀로지스츠 Cousins & Sears Creative Technologists의 공동 창립자이다. 그는 데이터 시각화, 대규모 전산 예술, 창의적 디지털 작업 흐름과 일반 소프트웨어 어플리케이션 전문의 설계자, 프로그래머, 기업가이다. 선댄스 영화제 Sundance Film Festival과 같은 다양한 회의와 축제에서 그의 혁신적인 작품이 소개되었다.

당신의 업무에 공동 작업이 얼마나 중요한가요?

매우, 매우 중요합니다. 닉 시어스 Nick Sears와 맺은 창의적인 파트너십이 무척 중요하죠. 공동 작업의 역학(신뢰, 정직, 관용 등)은 사고를 확대시키기 때문에 전 공동 작업을 상당히 소중하게 생각합니다. 관계는 진정한 지적 성취와 전문적인 선물이죠.

닉과 전 다양한 분야에 관심이 무척 많습니다. 그 가운데 한 가지는 매우 단순하죠. 우리는 이미지를 형성하는 물리적인 요소들을 설계하고 계획하고 구축하는 일을 무척 좋아합니다. 〈더 오브 The Orb〉에 대해 쓴 닉의 NYU 논문과 〈아바쿠스 ABACUS〉(선댄스에 출품한 작품)와 같은 작품에서 수행하는 대형 스크린 작업을 기반으로 삼아 우리는 맞춤 스크린을 위한 콘텐츠와 스크린 자체를 개발하고 설계하는 분야에서 명성을 쌓았죠. 맨손으로는 발명할 수 없는 사업 방향이었기 때문에 (전기 공학부터 그림에 이르기까지) 기술과 예술 분야에서 공식적·학문적으로 추구했던 모든 것을 결합해야 합니다. 올해 우리는 몇 가지 프로젝트를 맡았는데 한 프로젝트에서는 사업 설치물로서 훨씬 크고 정교한 더 오브의 버전을 만들고 다른 프로젝트에서는 상호작용성과 시각화 등 우리의 다른 관심사를 소개합니다.

폴 아바쿠스^{Paul Abacus}나 얼리 모닝 오페라^{Early Morning Opera} 같은 창의적인 예술가들과 협력한 과정은 어땠나요?

형식에 제약이 없었습니다. 우리가 힘을 합쳐 예술가 거주지를 형성한다는 개념이었죠. 우리는 많은 디자인 공학 기술을 동원했고 (닉은 심지어 맞춤형 사운드 공간화 소프트웨어를 개발해 사운드 예술가인 네이선 루일^{Nathan Ruyle}과 함께 데이터 반응 사운드를 만들기도 했죠) 저는 대학에서 역사를 공부한 경험을 동원했어요. 학부 시절 제 전공은 미술이었습니다.

우리의 임무는 다양한 개념을 시각화한 기술적 스토리텔링 요소를 만드는 일이었죠. 중대한 한 가지 문제는 열렬한 환경 운동에서 주장을 펼치는 방식을 이해하는 방향으로 전환하는 것이었습니다. 우리는 이와 관련된 데이터를 찾고 순수 예술 공간에 적합하도록 설계해야 했습니다.

그래야만 '이봐요, 당신네들은 이 일에 제격이군요. 당신들 마음껏 스토리를 창조하세요'라는 의미를 전달할 수 있었어요. 데이터와 시각 자료로 스토리를 전달할 방법을 창조하고 '설명해야' 했습니다. 그러면 나머지 집단(프로젝트에 참여한 작가와 감독)이 그 개요를 토대로 대화를 쓰고 더 큰 이야기로 엮었죠.

> **혁신은 삶이다. 아니 공존과 참여이다. 아무리 단순한 행동이라도, 심지어 침묵조차도 모든 행동은 어쩔 수 없이 다른 행동을 야기하거나 초래한다. 헤라클리테스Heraclites는 모든 것이 흐른다고 말했다. 따라서 움직이지 않는 것은 죽음을 의미한다.**
>
> 롭 반 크라넨부르크Rob van Kranenburg, '사물의 인터넷The Internet of Things'의 작가,
> 브리코랩스bricolabs의 공동 창립자, 카운슬Council의 창립자

불과 얼마 전에 (책과 영화로 발표된) 『2001』을 아서 C. 클라크Arther C. Clarke와 스탠리 쿠브릭Stanley Kubrick이 온라인에서 공동으로 작업해서 책과 각본을 별도로 발표했다는 사실을 알았습니다. 제가 구상하던 프로세스의 효과를 입증한 거죠. 형식에 제약이 없고 광범위한 방식을 택하고 그것을 표현할 방법을 찾아내서…… 당신이 작업 방식을 알고 있는 모든 것을 토대로 개요를 세우고 다른 사람이 취해서 구체화할 수 있는 '무언가'로 만드는 프로세스 말입니다.

기본 지식의 토대가 탄탄한 프리 재즈처럼 들리는군요. 기본을 바탕으로 삼아 그야말로 다른 사람들이 장엄한 무언가를 창조하도록 연주할 수 있는 재즈 말입니다.

정말 그랬어요. 그 일에 참여한 걸 큰 행운이라고 느꼈습니다.

지금 전 'xyz를 할 수 있는 사람을 고용하고 싶다'가 아니라 사람들과 어느 정도 특별한 관계를 맺을 수 있는지 파악하는 적극적인 과정에 참여하고 있습니다.

재즈에 빗대어 말하자면 작품을 통해 의미 있는 관계를 맺으려고 노력할 때 다른 창의적인 사람들과 대단한 다차원적 관계를 맺고 그 결과 우리가 만들려는 '음악'이 지금껏 가본 적이 없는 곳에 도달할 거라고 느끼는 거죠. 우리가 추구하는 인간관계는 바로 그런 겁니다.

토양을 비옥하게 만들수록 더 많은 것을 키울 수 있다는 점에서 원예와도 비슷하게 들리네요.

맞습니다.

NYU에서 공부하셨는데 제가 생각하기론 뉴욕처럼 아이디어와 고무적인 사람들, 프로젝트가 풍부한 곳이죠. '이게 바로 내가 할 일이야'라고 깨닫게 된 어떤 계기가 있었나요?

예. 전 컴퓨터 프로그래밍을 배웠죠. 미술과 역사 학위를 받았는데 대학에서 미적분 수업을 몇 번 들은 것을 빼면 컴퓨터와 관련된 전문적인 경험은 전혀 없었습니다. 아버지께서 과학자셨지만 과학은 저와는 상관없었습니다. 연극과 음악 순회 공연단에 입단했죠. 수십 년 동안 음악을 연주하고 밴드 활동을 했습니다…… 안 해본 일이 없습니다.

순전히 프로그래밍을 위해 컴퓨터 프로그램을 배우지는 않았습니다.

그건 여덟 살짜리나 할 일이죠. 나쁜 뜻으로 한 말은 아닙니다(항상 그런 것도 아니고요). 하지만 공학을 전공하는 제 친구들은 대부분 "그래, 열아홉 살 무렵에 프로그래밍을 시작해서 컴퓨터를 운용하는 일에만 몰두했다"라는 식으로 말하죠. 전 그런 아이가 아니었습니다.

그런데 1990년대 초반 대학에서 여러 밴드를 전전할 무렵에 데모 테이프를 만들고 싶었습니다. 제가 택할 수 있는 최고의 방법은 컴퓨터 이용 시퀀싱을 이용해 매력적인 드럼 트랙을 만드는 일이었습니다. 그러려면 컴퓨터 사용법을 충분히 배워야 했죠. 윈도우Windows가 나오기 전이었습니다. 잔향 효과를 변화시키려면 16진법 코드를 리셋하는 법을 배워야 했어요. 실제로 가장 먼저 소프트웨어 회사에 다니는 사람에게 전화를 걸어 16진법 코드가 뭔지 물었습니다. 제가 하고 싶은 일과는 거리가 멀었지만 잔향 효과를 넣어서 더 훌륭한 데모 테이프를 만들고 싶었으니까요. 어떤 목적에는 반드시 수단이 있기 마련이죠. 나중에는 미술을 공부했습니다. 포토샵과 같은 디지털 예술과 기계를 이용해 콘텐츠를 창조하는 다른 방법을 배웠습니다. 이 기술을 개발해야 했죠. 디지털 요소와 컴퓨터는 목적을 위한 수단이었어요.

대학원에서는 인프라스트럭처 설계를 배웠으나 제가 진정으로 원하는 설계를 하고 경험을 얻으려면 프로그래밍을 배워야 했습니다. 지금은 십여 가지 언어로 프로그래밍을 하지만 여전히 컴퓨터와 기술을 목적을 위한 수단이라고 생각합니다. 다른 무언가를 하는 수단 말이에요.

프로그래밍을 위한 프로그래밍은 좋아하지 않아요. 프로그래밍으로

할 수 있는 일이 있기 때문에 프로그래밍을 좋아합니다. 데이터 시각화를 할 수 있죠. 독특한 LED 디스플레이를 만들 수 있습니다. 프로그래밍이 없다면 할 수 없는 경험을 사람들에게 선사할 수 있죠. 회로나 프로그래밍, 랩톱이나 아이팟 등 어떤 것을 사용하는지는 중요하지 않습니다. 중요한 것은 '그것'을 생산하는 최선의 방법이에요. 과거 컴퓨터로 작업을 했던 사람들과 내가 다른 점은 바로 그겁니다.

IT가 바람직한 방향으로 성장하는 과정에 참여하고 계시군요.
멋진 표현이네요.

더 많은 점을 볼수록 더 많은 관계를 맺을 수 있다. 호기심과 발견 능력은 혁신의 핵심적인 두 전제 조건이다. 호기심 많은 사람이 다양한 아이디어와 문화, 관점을 실험할 기회를 얻는다면 당연히 새로운 것을 생각하게 된다. 혁신이 성공하려면 비록 규모는 작더라도 결과를 보여야 한다. 그렇지 않으면 그것은 예술에 불과하다.

대규모 조직에서 나타나는 '여기서 개발한 것이 아니다not invented here(조직 내부의 역량만 받아들이는 배타적 태도 현상을 일컫는 말 — 옮긴이)' 증후군은 혁신을 죽이는 주요 요인이며 실패에 대한 두려움이 그다음 요인으로 손꼽힌다. 지금껏 여기에서 개발되지 않은 새로운 접근 방식에 위협을 느끼는 관리자들은 흔히 그것을 억압하기 위해 노력한다. 책임성의 부재 또한 혁신을 방해한다.

피에르 길롬 Pierre Guillaume Wielezynski,
세계 식품 프로그램World Food Programme의 부회장 겸 CIO

예술, 표현, 파트너, 안정, 스토리텔링

제프 라이트너 Jeff Leitner

제프 라이트너는 인사이트 랩스 Insight Labs 의 설립자 겸 대표이다. 이 재단은 선구적인 사상가들을 모아 까다로운 국제 문제를 해결함으로써 공익에 이바지한다. 공공 문제, 저널리즘, 사회사업 분야에서 연사, 작가, 자문 위원으로 활약한 경력이 있다.

인사이트 랩스를 설립하겠다고 목표를 세운 '깨달음의 순간 aha moment'은 언제였습니까?

인사이트 랩스는 제 자산과 부채가 독특하게 결합된 혼합체입니다. 어떤 조직을 설립하는 사람이라면 누구나 그렇다고 생각하지만 모든 사람이 저처럼 이 사실을 정확히 깨닫고 있는지는 모르겠군요. 제가 생각하기에 자신이 하는 일에서 어떤 식으로든 성공을 거둔 사람이라면 잘 못하는 일과는 거리를 둘 방법을 스스로 찾아냈을 겁니다. 전 이것이 그 방법이라고 생각합니다.

최근에 '왜 나는 기업가들, 특히 기술 기업가들과 어울리나?'라는 의문이 떠올랐습니다. 대담한 일, 아무도 이해하지 못하는 일을 할 때 다른 사람들로부터 '이리 와서 우리 곁에 앉자'라는 말을 듣는다면 힘이 됩니다. 기업가들, 특히 기술 기업가들은 가장 먼저 제가 그렇게 말해준 사람들이었습니다. 그들이 제가 하는 일을 이해한 것은 아니지만 대담하고 터무니없는 일이라고 생각했고 그들이 하려고 애쓰는 일도 대담하고 터무니없는 일이었으니까요.

그러니까 사람들에게 '이리 와서 내 곁에 앉자'라고 말할 수 있는 공간을 창조하셨군요.

그게 바로 제가 잘 하는 한 가지 일이죠. 다른 사람들이 곁에 앉아 의견을 말하고 자신의 능력을 최대한 발휘하며 생각할 수 있다고 믿을 만한 환경을 조성하는 일 말입니다. 저는 가장 똑똑한 사람들을 초대할 수 있어요. 제가 그들을 머물게 만들 수 있는 이유는 그들이 능력을 최대한 발휘하며 일하고 그들에게 도전을 제시할 사람들과 함께 생각할 기회를 발견할 수 있기 때문입니다.

당신에게는 뛰어난 혁신자와 선구적인 사상가들로 구성된 인명부가 있습니다. '최정상급'인 사람들로 둘러싸여 있으면 넘치는 활력을 얻을 수 있을 거 같은데요. 당신은 어떤 식으로 랩스에 누구를 초대할지를 결정하나요?

당신과 같은 방법으로 결정하죠.

예. 전 이렇게 자문합니다. '어떤 사람과 함께 생각하면 신이 날까?' 어떻게 해야 그들을 초대할 수 있을지는 별개의 문제죠. 기본적으로 간단하게 이렇게 말합니다. "당신의 두뇌를 빌리고 싶습니다." 그런 다음 한 방에 사람들을 모아놓고 세 시간 만에 지루하고 복잡한 문제를 해결합니다. 그러면 거의 모든 사람이 "예"라고 말하죠. 그들은 여행을 하는 중이며 그래서 거의 언제나 거부하지 않는 사람들입니다. 그 일에 흥미를 느끼지 않는 사람은 아무도 없어요.

저와 당신의 요청 방식에는 한 가지 차이가 있습니다. 당신은 "이리 와서 당신의 지혜를 나와 함께 공유하고 다른 사람들을 도웁시다"라고 요청하시죠. 전 그것이 공정한 요구라고 생각합니다. 그런데 전 대신 이렇게 요청합니다. "이리 와서 당신의 지혜를 공유해서 내가 불가능한 문제를 풀 수 있도록 도와주세요. 당신은 지금껏 생각해보지 않은 무언가를 생각해낼 테니까요."

> **'불가능'이라는 개념을 거부하라. 누군가 이 말을 쓸 때 내 입꼬리는 웃음 지으며 살짝 올라간다. 그리고 나는 본능적으로 그들이 그런 사고방식을 극복하도록 돕고 싶어진다.**
>
> 제프 파워Jeff Power, 전략적 혁신자

우리와 파트너십을 맺은 조직과 함께 선택합니다. 그래서 우리에게 도움을 청하는 많은 사람들 가운데 적절한 집단과 파트너십을 맺는 것이 중요하죠. 이때 우리는 세 가지 기준을 이용합니다. 첫째, (반드시 참여해야 하는) 리더들이 현재 모형과 관련된 도전에 직면해 있음을 이해한다. 둘째, 조직에 우리가 함께 무언가를 개발할 수 있는 자원과 수단이 있어야 한다. 셋째, 문제가 흥미로워야 한다. 우리에게 다가와 도움을 청하는 조직이 많습니다. 우리는 그 가운데 손으로 꼽을 만큼 소수만 선택하죠.

흥미라는 말이 나왔으니 혁신으로 넘어가고 싶군요. 어쨌든 지금 저의 가장 큰 관심사이고 이 책의 요점이니까요. 혁신을 어떻게 정의하십니까?

중요한 질문이군요. 우리는 그런 질문을 제시하기에는 위험한 시대에 살고 있습니다. 모든 사람의 목숨을 위협하는 질문이어서가 아니라 혁신과 중대한 아이디어에 대한 이야기가 난무하면 혁신이 제시하는 실제 가치가 위태로워지기 때문이죠.

(대학교, 기업, 우리가 떠올릴 수 있는 거의 모든 사회적 모임에서 오가는) 혁신에 대한 온갖 이야기 탓에 우리는 획기적인 아이디어와 제품, 그리고 서비스의 진정한 잠재력을 깨닫지 못합니다. 페이스북이 '친구'라는 단어에 어떤 영향을 미쳤는지 생각해보세요. '혁신'이라는 단어도 이와 똑같이 어디에나 난무합니다.

그렇기는 해도…… 우리는 그 단어의 가치를 제한하는 동시에 높이는 무모한 아이디어를 가지고 놀고 있죠. 혁신은 진화의 비슷한 말이거나 그래야 한다는 개념을 실험하고 있습니다. 다윈이 우리에게 제시했듯이 진화란 어떤 종이 생존하기에 더 효과적인 장치를 제시하거나 혹은 생존에 실패할 운명을 정하는 일련의 유전학적인 일탈이죠. 핵심은 유전학적인 일탈(혹은 혁신)이 그 자체로 혹은 저절로 가치가 있는 게 아니라 삶의 질이라는 맥락에서 가치가 있다는 사실입니다. 과연 혁신이 삶의 질을 높일까요? 아니면 낮출까요?

그래서 우리는 적어도 지금은 혁신을 진화라고 정의합니다. 적어도 우리에게 중요한 사실은 그것이 우리를 이렇게 자문하게 만든다는 점입니다. '물론 혁신은 흥미롭고 멋지다. 하지만 그것이 우리 삶의 질을 향상시킬 것인가? 그것이 우리가 생존하기에 더 효과적인 장치를 제시하는가?'

> **나는 (휴대폰, 랩톱, 태블릿 등) 작은 태양 전지에서 동력을 얻는 장치들을 만든다. 태양 전지를 혁신하기보다는 장치의 동력 소비량을 10~100배 줄여서 기존의 첨단 태양 전지에서 동력을 얻기 위해 노력한다. 그러면 개발도상국(지속적인 동력을 제공받지 못하는 수십억의 사람들)이 정보에 접근하는 방식이 변할 것이다. 이는 이제 더 이상 배터리가 소진될까 봐 걱정하지 않을 선진국에게도 상당히 흥미로운 일이다.**

> 메리 루 옌센Mary Lou Jepsen , 픽셀 퀴Pixel Qi의 창립자 겸 CEO

그건 중대한 문제들이죠. 그렇다면 국가 차원에서 혁신을 발전시키기 위한 '큰 정부' 자금 조성의 필요성에 대해서는 어떻게 생각하십니까?

우리는 미국 정부가 커야 하는지 작아야 하는지에 대해 진지하게 논의하지 않습니다. 그건 착시 논의와도 같죠. 미국에서는 모든 사람들이 큰 정부를 원합니다. 이유는 제각기 달라요. 더 작은 정부의 신봉자라고 자처하는 공화당원은 목표를 설명하지 않은 채 앞으로 5년 동안 방어 태세를 자동적으로 증강시킬 것을 요구했죠. 그것은 큰 정부로 향하는 조치입니다. 현실적으로 만일 정당의 플랫폼을 해체한다면 모든 사람이 어마어마한 액수의 정부 지출을 확보하기를 원할 겁니다. 코에 걸면 코걸이 귀에 걸면 귀걸이인 거죠.

큰 정부든 작은 정부든 상관없이 당면 과제는 이겁니다. '혁신 자금을 제공하는 과정에 정부는 어떤 역할을 담당해야 하는가?' 간단히 말하면 전 정부든 다른 주체든 상관없이 혁신에 자금을 제공한다는 개념을 전반적으로 경계합니다.

전 정부의 역할은 환경을 지원하는 데 있다고 생각해요. 코알라가 짝짓기를 할 수 있는 자연 환경이든 사람들이 건강하고 지속 가능한 삶을 영위할 수 있는 인간 환경이든 상관없이 환경을 지원하는 것이 정부의 적절한 역할이라고 생각합니다. 혁신에 유리한 환경이 있는데 제 생각에는 그것이 지금 우리의 주제인 것 같군요.

정부가 혁신에 직접적으로 투자해야 할까요? 그건 민감한 문제입니다. 정부에서 승리자와 실패자를 고를 테니까요. 미국에서 그건 자유 시장 문제와 직결됩니다. 전 우리가 제대로 이해하지 못하는 대상에 대한 정부 투자는 경계합니다. 하지만 우리는 환경을 이해하죠. 좋은 학교와 교통수단, 주택과 공원이 필요합니다. 그것이 정부가 현명하게 투자하는 방식이라고 생각해요. 정부 출연 인큐베이터에 대해서는 아는 게 없습니다. 누군가에게 저를 설득할 수도 있지만 저는 조심스럽습니다.

크라우드소싱도 경계한다고 말씀하셨죠. 이유가 뭔가요?

아, 그럴 때 제 속물근성이 드러나죠. 모든 선택 방안이 똑같이 효과적이라고 믿지 않습니다. 미국은 집요할 정도로 실력주의 사회이죠. 그리고 전 실력주의의 열렬 신봉자입니다.

저는 무언가에 더 능숙한 사람들이 특정한 분야의 정상에 올라야 한다고 굳게 믿습니다. 더 똑똑한 사람들이 대화에서 주도권을 가져야 한다고 생각해요. '모든 사람에게 의견이 있으니 모든 사람에게 귀를 기울여야 한다'와는 상반되는 생각이죠.

전 어떤 의견보다 더 타당한 의견이 있다고 생각합니다. 다시 정치를 예로 들자면(분명 불쾌하게 받아들일 사람이 있겠지만) 대통령이 연두 교시를 하면 어떤 사람이든 사무실이나 칵테일파티에 모여 연설에 대한 의견을 나누죠. 누구에게나 의견을 제시할 자격이 있지만 그 가운데 더 중요하게 여겨야 할 의견이 있습니다. 당면 문제를 더욱 깊이 이해하는 사람이 있고 대통령이 성취하려는 목표의 내부 사정을 더 자세히 아는 사람도 있겠지만 그런 결정을 내려야 할 환경을 이해하는 사람도 있어요.

미국에서는 언제나 실력주의와 모든 사람을 위한 경쟁의 장이 팽팽하게 맞섰습니다. 이는 위대한 미국의 실험Great American Experiment과 관련된 가장 흥미로운 문제로 손꼽히죠. 가장 훌륭하고 똑똑한 사람들을 선출하는 한편, 자신이 하는 말을 제대로 이해하지 못한 사람을 찬양한 역사가

200년이 넘으니 말입니다.

우리 세 사람 모두 언론인이었습니다. 전 정부와 정치 담당이었고 동료인 하웰Howell, J Malham Jr.은 예술과 문화를 취재했으며 앤드루Andrew, Benedict-Nelson는 책의 서평을 썼죠. 제가 상원을 이해하려고 애쓰는 동안 하웰은 롤링 스톤스Rolling Stones를 쫓아다녔으니 그의 일이 확실히 나보다 좋았던 셈이네요.

어쨌든 그런 경험이 우리에게 어떤 영향을 미쳤는지 말씀드리지요. 언론인은 현장에 들어갈 수 있습니다. 현장에서 무슨 일이 일어나는지 전혀 몰랐다가 한두 시간 지나면 다른 모든 사람에게 설명할 수 있을 만큼 이해하게 됩니다. 생각해보면 대단히 신기한 일이죠. 그래서 우리는 의료 보험과 예술, 시정 연구, 자선 사업에 대해 조사할 수 있습니다. 정말 빨리 이해하죠. 그것이 핵심입니다.

혁신이 성공하려면 다음 다섯 가지 지도 원리를 따라야 한다.

재능을 다양화하라. 흔히 조직에서는 주로 '창의적인 사람들'로 혁신 부서를 구성한다. 이런 유형의 사람들이 새로운 개척지를 탐험하는 과정에 수반되는 모호성을 편안하게 여기고 수용할 가능성이 높다고 믿기 때문이다. 문제는 더 '창의적인' 자원이 프로젝트를 완성하고 시행할 준비를 할 수 있는 비법이나 사고방식을 갖춘 경우는 드물다는 사실이다. 혁신이 영향력을 발휘하려면 '창의적인 사람'과 '시행자'가 모두 필요하다.

고객의 욕구와 기업의 우선순위나 능력에 맞추어라. **기업과 다른 조직은 흔히 기술 발전과 기업 프로세스의 최적화를 통해 혁신하려고 노력한다. 고객과 주주 중심적인 혁신 방식은 지도자들에게 다른 세계에 대한 관점을 제시함으로써 조직이 가치를 창조할 수 있는 새로운 방식을 수용하도록 이끈다.**

시스템에 따라 움직여라. **혁신이라는 용어에는 현상에 대한 도전이라는 의미가 담겨 있다. 이런 접근 방식은 대개 팀원과 다른 이해관계자들을 방어적으로 만드는데 이는 안타까운 일이다. 어떤 사람들은 협력하기보다는 혁신을 방해할 수 있다. 우리는 언제나 함께 일하는 모든 사람들을 혁신의 발전 과정에 동참시킨다. 일단 이 과정에 참여하면 개인이 혁신이 일어나도록 싸울 확률이 커진다.**

시작하기 전에 성공 공식을 정의하라. **수익을 거두기까지 시간이 걸리는 새로운 제품과 서비스는 이 공식으로만 평가한다면 빛을 발할 기회를 얻을 수 없을지 모른다. 좀 더 폭넓은 성공 평가 방식을 택하면 조직이 고객에게 가치를 창조하는 과정의 효과와 조직의 장기적인 발전을 평가할 수 있을 것이다.**

기업의 우선순위를 항상 명심하라. **기업이나 기관 환경의 우선순위는 단기간에 바뀔 수 있다. 하지만 혁신 작업의 적절성과 부가가치 잠재력은 현재의 우선순위와 얼마나 조화를 이루는지에 따라 달라진다. 의뢰인 조직과 맺을 전반적인 관계에 투자하고 새로운 아이디어를 소개할 시기를 파악하며 적응 능력을 갖추는 일은 혁신 팀에 필수적으로 필요한 소프트 스킬들이다.**

브리아나 실버Brianna Sylver, 실버 컨설팅Sylver Consulting, LLC의 창립자 겸 대표

 Image Training

능력, 크라우드-소스, 아이디어, 사람, 자원

최종 고찰

수치 면에서 온라인 진출과 관계가 증가하고 '거리의 불리함'이 줄어들면서 온라인 커뮤니티 네트워크를 확실하게 수립하고 확대하는 사람들이 조직의 진정한 브랜드의 소중한 조정자가 될 것이다. 이들 FWN은 혁신적인 도구와 기술의 도움을 받아 그들의 매우 소중한 하이터치 네트워크가 순전히 개인적인 선호와 욕구와 필요에 초점을 맞춘 메시지로서 의미 있게 다루어질 것이라고 기대한다.

최근까지 기업은 가치의 척도로서 경제 지표가 없이도 운영될 수 있었다. 하지만 사회가 점점 세계화되고 소비자의 선택이 다양해짐에 따라 이는 본질적으로 시대에 뒤진 편협한 회계 지표로 전락했다. 연계성이 높고 경쟁이 치열한 GDE에서 번성하려면 기업은 전략을 수정해야 한다. 또한 ROI란 이제 고객에 초점을 맞춘 외적 지표, 즉 '관계 수익률'을 뜻한다는 사실도 인식해야 한다.

04

me-헬스

의료 보험 사업의 핵심에 있는 단호하고 헌신적인 이해관계자

keyword

접근, 주목,
통제, 융통성,
유산, 지역, 걸림돌,
서비스, 이해관계자,
해결책, 건강, 3D

의학의 미래가 여기 있다. '600만 달러의 사나이Six Million Dollar Man'는 잊어라. 이제 더 이상 텔레비전의 황당한 이야기에 등장하는 장치가 아니다. 우리는 그를 다시 만드는 것은 물론이고 3차원으로 인쇄할 기술을 가지고 있다…… 음, 어쩌면 그의 전부는 아닐지 모른다. 하지만 분명 대부분은 주문 제작이 가능할 것이다.

의료 보험과 건강관리의 문제가 중대하다는 사실에는 의심의 여지가 없다. 특히 급등하는 비용과 급속도로 노화하는 인구가 중대한 문제로 떠올랐다. 항생제와 예방주사처럼 오랫동안 당연시되었던 많은 것들이 시간이 갈수록 효과가 떨어지거나 구식이 되거나 혹은 경제적으로 실행가능성이 줄어듦으로써 더 이상 그들에게 의존할 수 없을 것이다.

건강과 의학을 둘러싼 무수한 문제, 다시 말해 육체적이든 감정적이든 경제적이든 혹은 이 모든 요소를 결합한 면에서든 모든 사람에게 영향을 미칠 수 있는 문제를 해결할 유일한 열쇠는 혁신뿐이다. 의료 보험과 건강관리는 (공공 분야든 민간 분야든 할 것 없이) 세계, 국가, 지역, 개인의 관점에서 고려해야 할 문제들이며 이들에게는 저마다 자기만의 문제와 책임, 혁신의 기회가 있다. 의료 혁신은 삶의 질, 개인 건강 역량 증진, 자기 관리, 공급 비용 같은 문제를 다룬다. 역사를 돌아보면 의학 혁신을 통해 이루 헤아릴 수 없는 수백만 명의 죽음을 예방할 수 있었으며 혁신은 지금 그리고 앞으로 계속해서 생명을 구할 것이다.

필요에 따라 의료 혁신의 역사를 계속 써온 나라가 많다. 이를테면 오스트레일리아는 대륙의 지리학적인 장벽과 남다른 고립성에 적합하도록 의료 보험을 혁신하는 자랑스러운 전통이 있다. 1928년 세계적으로 유명한 로열 플라잉 닥터스 서비스Royal Flying Doctors Services가 당시 새롭게 등장한 비행기와 무전 기술을 이용해 시골 지역과 외지, 지방에 서비스를 제공했다. 이 같은 혁신들을 통해 그들은 거주 지역과 상관없이 모든 오스트레일리아 국민에게 높은 수준의 의료 서비스를 제공할 수 있었다. 오늘날에도 세계와 건강관리 분야에 이와 똑같은 혁신적인 사고와 전략 계획이 필요하다.

(특히 파격적으로 생각되는) 모든 새로운 의료 보험과 건강관리 시스템은 혁신적, 통합적, 개인적, 효율적, 경제적이라는 다섯 가지 기준을 충족시켜야 한다. 현재 상태는 더 이상 용납할 수 없다. 파벌 정치인과 정치와 정책 지도자들이 건강 문제를 물건꾸러미처럼 돌려대는 상황을 대중이 묵묵히 받아들이던 시절은 이제 끝났다. 혁신적인 의학 연구를 우선순위로 삼아 정책, 투자, 연구에 관해 현명한 결정을 내리고 이를 지원해야 한다. 혁신의 범위는 이 광범위한 영역을 선도하는 헌신적인 성인 남녀(앞으로 발견하겠지만 이 장에서는 소년과 소녀라고도 표현한다)만큼이나 인상적이다.

'특정한 시대'에 속한 우리는 생체공학이나 생체의학이라는 말을 들으면 '600만 달러의 사나이'를 떠올린다. 하지만 이처럼 삶을 바꾸는 혁신들은 이제 가상이 아니라 현실이 되었으며 적층 바이오배양[3D의 의학적 응용(적층 가공)]과 마찬가지로 당뇨병과 간질처럼 많은 사람들이 접하는 건강 문제에 지대한 영향을 미치고 있다. 팔다리와 관절을 프린트해서 이용할 수 있기 때문이다. 전선관과 병원체를 포함한 약품과 함께 환자들에게 간질 발작이 일어날 것이라고 경고하는 것은 물론, 발작을 완전히 막을 수는 없을지언정 약화시키는 데 필요한 약품을 방출할 수 있는 이식 조직도 영향력이 크다.

상처를 봉하는 데 사용하는 분무식 자가 치유 합성 물질 개발, 로봇 수술, 그리고 C형 간염 바이러스를 박멸하기 위해 나노입자를 사용하는 등 질병 통제 분야가 괄목할 만한 성장세를 보이고 있다. 하지만 이 모든 프로그램에는 몇 년에 걸친 개발 기간과 막대한 예산이 필요하다.

비용이 꾸준히 상승하는 실정에서 시행 기간과 비용이 거의 들지 않는 혁신이 존재한다는 사실에 주목하면 흥미로울 것이다. 예를 들면 15세 소년 잭 앤드라카Jack Andraka가 개발한 췌장암 시험(되풀이해서 사용할 수 있는데다 한 회당 드는 비용이 3달러도 되지 않는다), 데이비드 샤프란David Schafran이 개발한 것으로 사용자들이 편하고 저렴하게 시력 검사를 할 수 있는 아이네트라EyeNetra.com의 이동 전화 추가 장치 등이 있다. 이런 최초의 혁신들은 수많은 생명을 구할 것이고 두 번째 혁신은 분명 이를 바꿀 것이다.

안경의 구입 능력 확산과 같은 단순한 일에도 더 많은 사람들이 더 오랫동안 생산적으로 일할 기회를 제공함으로써 경제를 바꿀 잠재력이 있다. 그러면 나쁜 시력 때문에 일어난 실수에서 비롯되는 낭비를 줄이는 한편, 기업과 나아가 국가의 GDP에 확실히 긍정적인 영향을 미칠 것이다. 브라이언 홀든 비전 연구소Brien Holden Vision Institute와 존스 홉킨스 대학교Johns Hopkins University는 합동 연구를 실시한 결과 280억 달러를 투자하면 첫해에만 1천740억 달러를 절약하고 이후로 연간 2천20억 달러를 절약할 수 있다고 밝혔다.

의료 보험비가 절약될 것이라는 사실은 의심의 여지가 없다. 예산과 행정 비용이 모두 줄어들겠지만 그렇다고 현재 받고 있는 치료와 감독, 의료 보험 혜택이 줄어들지는 않을 것이다. 앨런 컨설팅 그룹Allen Consulting Group은 오스트레일리아가 성공적으로 e-헬스로 전환하면 의료비가 매년 50억 오스트레일리아 달러 이상 줄어들고 (2천200만 명에 불과한 인구의) GDP가 거의 90억 오스트레일리아 달러 정도 증가할 잠재력이 있다고 추정했다.

인구가 훨씬 많은 국가들(6천370만 명이 넘는 영국, 3억 1천800만 명이 넘는 미국, 14억 명에 육박하는 중국, 12억 명으로 중국의 뒤를 바짝 따르고 있는 인도)의 수치(잠재적인 절감 비용)는 믿기 어려울 정도이다. 이들 국가는 분명 어마어마한 소비자와 의료인들을 지원해야 함으로 의료 분야를 지원할 자금을 찾기보다는 혁신적인 기술과 테크닉, 사고로 낭비된 자금을 회복하고 재분배해야 할 것이다.

재분배를 결정할 수는 있지만 그러려면 모든 이해관계자(소비자, 의료 기관, 컨설턴트, 관리자)가 혁신적인 해결책이 의료 분야의 고유한 경제적 문제에 미칠 영향을 이해하기 위해 헌신적으로 노력해야 한다. 의료 보험과 건강관리의 상당 부분이 혁신 기술을 통해 온라인으로 이동해 e-헬스의 발전을 도모하고 있다. 내가 '개인의 혁신'을 문제의 핵심으로 보고 e-헬스를 me-헬스로 전환하게 된 것은 단호하고 책임감 있는 이해관계자들의 잠재력 때문이다.

개인이나 그들에게 맞춘 치료법을 위해 계획된 개별적인 약물치료에 대해 말하는 것이 아니다. 이런 것들은 머지않아 구입 능력이 있는 사람들이 쉽게 이용할 수 있을 것이다. 그렇다고 개인의 건강관리를 더 쉽게 만들 수 있는 편리한 어플리케이션을 설명하는 것도 아니다. 나는 me-헬스 이해관계자들이 지리학적 지역과 건강 분야에서 보건 시스템과 상호 작용할 수 있는 혁신적이고 단순하며 안전한 도구를 요구해야 한다고 주장한다. 구체적으로 '단순한'이라고 언급한 것은 만일 반직관적이고 성가신 시스템을 온라인으로 옮기면 서비스 비율은 지극히 미미한 수준에 머물 것이기 때문이다[(이 글을 쓰는 시점에 전국적으로 사용자가 50만 명 미만인) 오스트레일리아의 개인 주도 전기 건강 기록Personally Controlled Electric Health Record을 보면 이 사실을 확인할 수 있다].

이해관계자들은 인터넷과 인터넷 관련 커뮤니케이션 기술을 이용해 행정적인 중복과 실수, 비용을 줄이는 한편 건강관리 체계, 공동 작업, 진단과 치료를 개선하고 감히 말하건대 이용하기 쉽고 가격이 적절하며 효과적인 건강관리 체계를 모든 사람에게 제공하기 위해 협력할 수 있다. 물론 공급 문제와 더불어 지역, 국가, 세계적으로 보건 산업에 가해지는 예산과 인구와 관련된 압력이 급속도로 증가하고 있다. 하지만 혁신적인 기술이 매우 중요하고 유용한 분야는 정확히 이 분야이다.

올바른 혁신 기술과 도구를 통해 건강관리 분야와 이 분야의 이해관계자가 효과적으로 조화를 이루는 시스템으로 활동할 역량을 증진시킬 수 있다. 따라서 이들은 건강관리 체계와 서비스 통합, 단일 접점, 자가 서비스와 자기 구제, 서로 관계를 맺고 통합하는 다양한 일반 IT 시스템과 프로세스를 제공해야 한다. 뿐만 아니라 의료 기록과 서비스를 통합하고 중복되는 의료 활동을 줄임으로써 낭비되는 경비를 크게 낮추어서 결국 수백만 달러를 절약하고 수백만 명의 생명을 구해야 한다.

젝 앤드라카 Jack Andraka

2012년 국제 과학 박람회 우승자

현재 나는 퀄콤 트리코더 X 상Qualcomm Tricorder X Prize에 출품할 작품을 만들기 시작했다. 사흘 만에 소비자 서른 명의 질병을 정확하게 진단하는 모바일 플랫폼을 개발하는 팀에게 10만 달러의 최고 상금이 수여된다. 혈압, 호흡, 체온 같은 실시간 정보를 포착하는 흥미로운 소비자의 경험을 통해 진단을 내리는 해결책을 제시해야 한다. 아울러 모든 곳의 소비자들이 빠르고 효과적으로 건강 상태를 평가하고 전문적인 도움이 필요한지 여부를 판단하며 다음 질문에 답할 수 있어야 한다. '다음 단계는 무엇인가?'

나는 고등학교 학생으로 구성된 팀과 협력해 브레인스토밍을 하고 이 신기술을 개발하기 위해 노력하고 있다. 그런 놀라운 친구들과 이 흥미롭고 도전적인 여행을 떠나서 흥미진진하다.

데이비드 샤프란David Schafran

데이비드 샤프란은 아이네트라 닷컴의 공동 창립자 겸 CEO이며 창의적인 기업가이다. 그는 혁신적인 이니셔티브로 전 세계 수십억 인구의 건강과 복지에 긍정적인 영향을 미치기 위해 노력한다.

많은 사람들이 혁신자들은 배타적이고 독점적이라고 생각합니다. 그래서 혁신자들이 개별적인 접근 방식보다는 다학문적 접근 방식을 수용한다는 개념을 의외라고 생각하는 사람이 많습니다.

아이네트라는 의료 분야에서 많은 다양한 기술과 사회 운동을 융합하고 있습니다. 이런 영역에서 전문가가 되려면 많은 시간과 에너지가 필요한데 이는 수치로 나타낼 수 없죠.

　그것은 조직을 건설하는 일과 비슷합니다. 만일 제가 CEO로서 혼자 모든 일을 처리하려고 애쓴다면 이내 실패하겠죠. 혁신 과정도 같은 개념입니다. 조직을 건설할 때 혼자서 씨름하거나 다른 사람들을 영입할 수 있죠. 문제는 어떻게 올바른 방식으로 사람들을 참여시킬까라는 겁니다.

사람들이 소유한 기술과 경험을 인정하고 적절한 시기에 그들을 과정에 합류시켜야 해요…… 혁신은 한 사람을 통해 일어나지 않습니다. 각기 다른 배경의 다양한 사람과 다양한 아이디어가 결합해서 어떤 결과를 얻을 때 집단이 발전하죠.

모든 사람이 열린 마음으로 아이디어를 채택하고 익숙하지 않은 방식으로 공헌해야 하죠. '정상적인' 직장 환경은 '혁신적인' 일을 진행하기에 적합하지 않습니다. 사람들이 혁신하는 공간을 조성할 때는 사람들이 경계를 늦추고 평소와는 다른 방식으로 마음을 열 수 있는 프로세스를 설계해야 합니다.

이를 위한 한 방법으로 혁신을 위한 게임 캠프를 열 수 있습니다. 사람들이 마음을 열고 즐기려는 태도로 실시간에 실질적인 해결책을 함께 창조할 수 있는 경이로운 방식이죠. 여러분을 대표하는 아바타가 있기 때문에 자아가 개입하지 않아요. '내 역할, 내 직함부터 찾고 일하는 문제에 대해서는 나중에 이야기합시다'가 아니라 '어이, 나는 이 대의명분에 열정이 생겼으니 지금 당장 일합시다'는 식으로 행동하는 겁니다.

아이네트라는 권한과 능력을 최대한 많이 부여하는 프로젝트이며 보기에도 당신의 열정을 불러일으키는 일입니다. 건강관리 시스템의 이해관계자들이 참여하는 비율은 얼마나 됩니까?

전 세계 의사들이 서비스를 충분히 받지 못하는 수백만 명에게 더욱 가깝게 다가가는 우리의 해결책 때문에 들떠 있어요. 하지만 이와 동시에 그들의 역할을 크게 바꿀 수 있는 잠재력이 있는 해결책이라 두려워하기도 합니다. 전 가까운 미래에 IT 혁명이 실제로 의사들을 대체하기보다는 의사들의 역할을 보건과 건강 코치나 진단 전문가로 바꿀 것이라고 내다보고 있어요. 우리는 아이네트라의 장치가 모바일 어플리케이션을 통해 건강관리와 연결된다는 점을 제외하면 체온계나 임신 테스트와 비슷한 일반적인 기술을 모방하고 싶습니다.

제가 이해한 바로는 아이네트라를 이용하면 사람들이 직접 자신의 시력을 검사할 수 있죠. 그것은 스마트폰에서 작동하는 다운로드가 가능한 어플리케이션으로 플라스틱 렌즈 두 개만 부착하면 작동합니다. 인터넷에 연결해야 작동하는 건가요?

아니오. 그렇지 않습니다. 전체 테스트가 로컬(통신회선을 통하지 않고 직접 채널을 통하여 컴퓨터와 접속된 상태 — 옮긴이)로 진행되며 전화로 모든 전산 작업이 수행됩니다. 따라서 시각적인 요소는 사실 수동적이죠. 여기에 '스마트'한 부분은 전혀 없습니다.

예를 들어 방글라데시의 어떤 마을에 사는 사람이 스마트폰을 가지고 있을 필요가 없다는 거죠? 진단 전문가가 장치를 가져오니까요.

개발도상국을 위해 우리가 개발하는 방식은 그렇습니다. 앞으로 원하는 결과는 분명히 자가 검사이지만 여러 가지 이유 때문에 개발도상국에서는 기술자가 검사를 실시하는 편이 가장 적합합니다. 안경을 팔고 싶어 하는 사람이면 누구나 기술자가 될 수 있죠. 모든 소규모 창업자가 기술자일 수 있습니다. 약사일 수도 있고 국영 보건 센터나 일반 안경점일 수도 있습니다. 본질적으로 우리가 하고 있는 일은 사람들이 검사를 받게

하고 눈에 대한 수요를 클라우드 네트워크를 통해 제품이나 서비스에 연결시키는 겁니다.

나는 현재 내가 '셔티 계산기Shirty Calculator'라고 부르는 일을 하고 있다. 이는 자외선 노출 정도를 정확히 측정하는 프로그램이다. 햇빛 속에서 활동하는 시간을 완벽하게 활용해 피부 유형에 따라 적정 수준의 비타민 D를 합성하도록 도울 수 있다. 나는 이 프로그램을 통해 사람들이 자외선과 관련된 습관과 태도를 바꿀 수 있기를 바란다.

이선 벗슨Ethan Butson ,
국제 과학상을 수상한 그래머스쿨 재학생

 Image Training

로컬, 서비스, 해결책, 이해관계자, 건강

고팔 초프라 박사Dr Gopal Chopra

초프라 박사는 핑엠디 사pingmd Inc.의 공동 창립자이고 대표이며 CEO이다. 핑엠디 사는 뉴욕 시에 본사를 두고 있는 건강관리 해결책 전문 기업으로 환자와 의사 사이의 관계를 조정하고 회복하는 일을 목표로 삼는다. 회사를 설립하기 직전에 초프라 박사는 라자드 프레레스Lazard Frères 건강관리 재단의 선임 투자 은행가로 일했다. 오스트레일리아, 인도, 캐나다, 미국에서 신경 외과의로 활약하며 스탠퍼드 대학교와 멜버른 대학교University of Melbourne의 교직원으로 임명되었다. 후쿠아 경영 대학원Fuqua School of Business의 부교수로 MBA 건강 부문 관리MBA Health Sector Management 프로그램을 가르친다. 초프라 박사는 듀크 대학교의 소비자와 무선 건강관리 회의의 창설자이자 진행자이다.

신경외과의, 혁신적인 의료 장치 기업, 한 인간, 가족의 일원으로서 당신은 건강관리 서비스를 제공하는 분야에 대한 360도 관점이라고 인정받을 만한 관점을 제시하고 있습니다.

그래도 전 항상 사람들에게 건강관리 문제에 관해서는 저 역시 그들만큼이나 혼란스럽다고 말한답니다. 제 학위는 내 보험, 접근권한, 규칙 등을 이해하는 데 도움이 되지 않아요. 건강관리 분야에서는 소비하고 길을 찾는 일이 중대한 문제입니다.

혁신은 두 가지로 해석될 수 있다. 순수한 형태의 혁신은 새로운 아이디어를 설계하고 창조하며 시행하는 일을 의미할 수 있다. 하지만 나는 우리가 가장 흔히 보는 혁신은 이미 존재하는 개념들을 새로운 시스템에 다시 제안하는 일이라고 생각한다. 무에서 시작해 위대한 새로운 혁신안들을 제시하는 극도로 예민한 혁신자가 되거나 아니면 좀 더 현실적인 혁신자가 될 수 있다. 후자의 경우 당신은 세상을 더 좋거나 편안한 곳으로 만들기 위해 결합할 수 있는 요소

를 찾는다.

도미니크 귀나드^{Dominique Guinard},
에브리싱^{Everythng}과 Web of Things.org의 공동 창립자 겸 CTO

의료 기업가 겸 정신과 외과의라는 당신의 현재 상황이 편안하게 어우러지나요?

많은 사람들이 다양한 학교에 진학하거나 다양한 산업에 진출하고 직업을 바꾸죠. 기업가가 되는 일은 자기 발전입니다. 의사라는 허물을 벗는 것은 내게 고통이었습니다. 우리는 매우 엄격한 명령과 통제 패러다임 속에서 배웠으니까요. 내게 무척 중대한 변화였습니다…… 융통성과 겸손을 배우는 일 말입니다.

겸손을 의학계에서 흔히 볼 수 있는 특성이라고 말하기는 어렵죠.

전 지금도 이게 변명이라고 생각합니다만 사람들의 변명은 이렇습니다. "오, 하지만 외과의들은 전투기 조종사와 비슷합니다. 그런 식으로 생각해야 하죠. 그런 식으로 훈련을 받아야 최고의 성과를 거둘 수 있습니다." 이런 변명에 반박하고 싶군요. 오만 요인을 누그러뜨려야 합니다. 우리는 팀으로 일할뿐더러 단순히 한 가지 절차만 처리하는 게 아니니까요.

전투기 조종사 비유를 계속 이용하자면 비행기를 공중에 띄우기 위해서는 분명 아이디어의 교차 수정, 영감과 열정과 더불어 수많은 사람과 프로세스가 필요했습니다. 건강관리 분야의 혁신이 발전하는 과정에도 똑같은 비유가 적용될 겁니다.

모든 안전 문제를 고려할 때 외과의가 소유할 수 있는 최고의 기술은 주

146

저하지 않는 자세이죠. 안타깝게도 우리는 이를 오만이라고 생각합니다. 하지만 핵심은 이렇습니다. 시속 100마일(시속 약 160킬로미터)로 오토바이를 타고 있는 경우라면 제가 저지를 수 있는 최악의 실수는 망설이는 것이겠죠. 고도의 기술을 요하는 직업에서 망설임은 프로세스의 죽음을 의미합니다. 기업가는 정확히 똑같은 배를 타고 있습니다. 망설이지 마세요. 당신의 목표에 열정을 다하십시오.

이런 인터뷰에는 항상 용기라는 공통분모가 등장합니다. 무언가 잘못될 수 있다는 사실을 알지만 어쨌든 하는 거죠. 제 생각에 용기는 외과의로서도 당신에게 필요한 특성입니다.

망설임에서 확신으로 발돋움하려면 그것이 적절한 프로세스이고 그것을 완수할 것이며 어떻게 성취할 것인지 미리 계획하고 아무것도 당신을 방해할 수 없다고 확신해야 하죠. 설령 방해물이 나타난다 하더라도 당신을 단념시킬 수 없고 그것을 통제할 방법을 찾아 전진할 거라는 확신이 필요합니다. 그건 바로 걸림돌을 극복하고 계속 전진하는 능력이지요.

건강관리 분야의 혁신의 중요성과 필요성을 인정받으려면 어떤 정치가나 정당이 정권을 잡고 있는지가 중요하다고 생각하십니까?

서비스 전달과 산업계의 반응에 미치는 영향을 고려하면 관련이 있다고 생각합니다. 만일 어떤 식으로든 혁신을 막는다면 프로세스 변화와 영향을 미치는 기술을 허용하거나 시행할 수 없겠죠. 그러면 문제 해결의 핵심인 창의적인 환경은 사장됩니다.

건강관리에는 그리 큰 영향을 미치지는 않지만 도구를 만들 수가 없어요. 아무도 그것과 관련된 사업을 하거나 해결책을 보존하거나 대규모 프랜차이즈의 해결책을 제외한 어떤 방안의 시행을 지지하지 않을 테니까요. 애석하게도 통제권을 쥐고 있는 대기업에게는 유산 시스템이 있습니다. 이런 원칙은 10~15년 전에 정해진 겁니다. 아이폰은 3년 전에 등장했으니 서로 어울리지 않죠. 혁신이 확산되도록 허용할 수 있는 환경을 조성해야 합니다. 미국은 지금껏 이 환경을 토대로 발전했고 앞으로도 계속 그럴 겁니다.

정치적인 수단이 혁신을 억제할 수 있습니다. 규제 기관이 디지털 건강관리 시행을 위한 자금을 이용하고 감독하고 있죠. 그것은 대기업에까지 영향을 미치고 기업가 정신을 억제하는 일이죠. 건강관리 분야는 보수적이고 통제된 환경이며 혁신에 박차를 가하고 패러다임을 변화시킬 새로운 산업을 창조하는 것은 의료 서비스와 접근 권한 향상을 위한 소비자와 의료 서비스에 참여한 사람들의 노력입니다.

혁신은 꿈이 현실이 되는 과정이다.

에브라힘 헤마트니아Ebrahim Hemmatnia, 국경 없는 사회World With No Borders의
창립자 겸 회장, 윌파워드 재단WillPowered Foundation의 창립자

 Image Training

주목, 통제, 융통성, 유산, 걸림돌

고든 월리스 교수Professor Gordon Wallace

오스트레일리아 로리트 특별회원Australian Laureate Fellow, ARC 전기재료 과학 기관ACES; ARC Centre of Excellence for Electromaterials Science 연구 책임자, 울릉공 대학교University of Wollongong 산하 인텔리전트 고분자 연구소Intelligent Polymer Research Institute 소장인 고든 월리스 교수(오스트레일리아/아일랜드)는 전기재료와 인텔리전트 고분자 분야에서 여러 차례 상을 받은 선구적인 사상가이다. 유기 도체, 나노소재, 적층 조형 제도, 전기화학 분석 조사 방식과 이를 인텔리전트 고분자 시스템의 발전에 이용하는 일이 그의 전문 분야이다. 그는 이런 도구와 소재를 바이오커뮤니케이션에 적용해서 의학적 생체 공학을 통해 인간의 성과를 향상시키는 일에 주력한다.

당신이 참여한 수많은 연구 활동을 고려할 때 당신의 일에서 혁신이 얼마나 중요한가요?

연구의 혁신이 없다면 단지 점진적인 발전만 가능할 겁니다. 연구라는 폭넓은 분야에서 중대한 문제를 해결하려면 사고의 중대한 변화가 필요하며 재정적인 보상을 제공할 발전을 도모하는 것이 이 주기의 한 요소이지요. 아울러 진정한 혁신에 성공하려면 창의적인 방식으로 사람들을 모으고 통합된 팀으로 협력해야 합니다.

울릉공 대학교에 연구원들과 연구 집단 그리고 다양한 이해관계자들을 통합해서 프로젝트를 진행하는 과정에 당신이 구심점 역할을 하셨죠.

특히 과학 연구의 장기적인 틀에 대해 말씀하시는 것 같군요. 오스트레일리아와 세계에서 연구 네트워크를 구축하기까지 25년이 걸렸습니다. 이 사람들을 통합하고 팀을 유지하며 연구 과정에 지속적으로 참여시키는 것은 우리에게 지극히 흥미진진한 도전이었죠. 이 연구 분야에서 울릉공이 국제적으로 인정받는 중심지로 부상하는 모습을 보면 가슴이 벅차지만 그것은 우리가 국내외적으로 맺은 그런 관계가 있었기에 가능한 일이었습니다.

혁신에 관한 여러 인터뷰에서 팀워크의 중요성이 꾸준히 등장합니다. 제 생각에는 축구장에서 보여주는 당신의 실력에서도 그런 것 같군요. 이런 환경에서는 운동장에서 특정한 결과에 도달하기 위해, 즉 골을 넣기 위해 다른 선수들과 협력할 능력은 물론이고 자신만의 기술 세트를 갖추어야 하죠.

지당한 말입니다. 전 지난 12년 동안 축구를 지도했는데 직장과 축구장에서 배우고 있는 젊은이들에게 전달해야 할 한 가지 메시지는 바로 그겁니다. 특히 오늘날 과학 분야에서는 호나우두나 메시 같은 선수처럼 완전히 개인주의적인 방식을 통해 단기간에 고소득을 거둘 수 있습니다. 하지만 진정한 공헌을 하고 싶다면 기능적이고 통합적이며 매우 효과적인 팀의 소중한 일원이 될 수 있는 개인 기술을 개발해야 하죠. 물론 그런 팀을 찾는 것이 우선과제입니다.

특히 젊은이들 사이에는 과학과 기술이 개인과 사회적인 면에서 우리의 삶에 없어서는 안 될 요소로 인정받아야 한다는 사실은 말할 것도 없고 실로 '섹시'할 수 있다는 인식이 부족한 듯합니다.

ACES에는 모든 연령의 아이들을 대상으로 상당히 적극적인 외부 프로그램이 있습니다. 우리는 지역 사회의 모든 단계에 적극적으로 참여하죠. 부모들과 접촉해서 그들의 내면에 과학과 기술에 대한 열정을 불러일으키면 그것이 젊은 세대에게 전달될 테니 말입니다.

하지만 전 당신 말이 옳다고 생각합니다. 학생들과 연구소의 열정 사이에는 엄청난 격차가 있습니다. 지금껏 그 격차가 점점 벌어져왔고 바야흐로 특히 오스트레일리아가 그 문제에 대처해야 할 때가 되었죠. 일상생활에서 과학과 기술이 어떤 관계가 있는지 모르는 아이들이 태반이라는 사실이 놀라울 따름입니다.

제가 가장 먼저 발견한 것은 아니지만 이 사실과 요리 사이에는 간단한 상관관계가 존재합니다. 음식이 '이미 만들어진' 것이 아니며 음식을 만들려면 여러 가지 재료를 혼합해야 한다는 사실을 알지 못하는 아이들이 젊은 '마스터 셰프'보다는 열 배나 많습니다.

특히 아이들에 관한 이야기에서 요리를 비유로 드시다니 마음에 드네요. 그건 모든 것을 미리 포장해서 아이들에게 주는 사람들의 탓이 큽니다. 오스트레일리아 교육 제도의 문제는 이미 포장된 상태라 아이들이 어떻게 포장이 탄생했는지 당연히 이해하지 못합니다. 교육에는 그편이 편리하죠.

현재 나는 환자들에게 약을 정확하게 전달하기 위한 새로운 발명품인 '스푼지 SPOONGE'를 개발하고 있다. 그것은 가장 훌륭한 수저의 전달 방법과 양을 측정하는 주사기의 정확성을 결합해 스푼지를 만들어낸다. 나는 '스푼지'가 앞으로 아이들에게 좀 더 정확하게 약을 제공하는 데 도움이 되기를 바란다.

매킨리 벗슨Macinley Buston, 국제적으로 유명한 과학상을 받은 초등학생

교육 행정관들에게 편리하게 만들기 위해서 그랬겠지요.

대학교에서 똑같은 현상이 일어나고 있고 안타깝게도 연구 분야도 점점 그런 추세입니다. 수치를 기록함으로써 연구를 '측정이 가능하게' 만들수록 연구원들을 평가하기 위해 더 노력하게 되고 그러면 어쩔 수 없이 교육 제도와 연구 시스템이 점점 보수적으로 변하죠. 사람들이 모험할 가능성은 점점 줄어듭니다. 수치를 충족시킬 수 없으니 말입니다. 당신을 틀에 가두는 것은 바로 수치입니다.

지난 10년 동안 오스트레일리아 연구 분야에서 연구를 둘러싼 관료주의가 더욱 증가하고 보수적으로 변했습니다. 그 결과 20~30년 전에 가능했던 혁신적인 약진이 일어날 가능성이 줄어들었고요.

'실패에 대한 두려움' 문화가 실패에 대한 두려움이 없어야 하는 분야에 침투한 것처럼 보이는군요.

그렇습니다. 그 문제에 대처해야 합니다. 사실 전진하려는 사람은 실패하기 마련입니다. 상상해보세요. 100가지 다른 아이디어를 쌓아 놓았는데 처음에는 모든 아이디어가 효과가 없다면 아이디어들이 최고조에 달했을

때 갈고 다듬어서 통합하면 진정으로 획기적인 발전을 이룩할 수 있죠. 그러니 '실패'는 진보를 보장하는 프로그램의 한 요소입니다.

> **혁신은 여덟 가지 다양한 유형으로 나타나며 이 중에는 흔히 '점전적인' 혹은 '파괴적인' 혁신이라는 두 가지 중요한 유형이 포함된다. 그러나 혁신은 발명과 확연히 다르며 역사적으로 가장 위대한 혁신은 위대한 팀에서 일어났다. 혁신이 꽃을 피우려면 실패가 중요하다는 사실을 인정해야 한다. 실패는 혁신을 주도하는 요인이며 '혁신 과정'의 필수 요소이다. 배우고, 반복하고, 적응하고, 모형을 개발하는 일은 모두 실패의 여러 가지 모습이며 혁신은 그런 실패에서 배우고 그것을 토대로 성장할 능력이다.**
>
> 윌리엄 사이토William Saito, 작가, 기술 기업가, 인터커, KKIntercur, KK의 창립자/CEO

소셜 미디어가 특히 (민간이든 공공이든) 자금을 조성하는 과정에 연구 개념, 주제, 정책을 전진시키는 추진력을 제공하는 보조도구 역할을 할 수도 있죠. 소셜 미디어, 사회적 이익, 그리고 지역 사회 전반으로부터 영향을 받는 연구가 있으니까요.

소셜 미디어는 혁신이지만 어떤 면에서는 소셜 미디어 때문에 우리의 연구를 알리기가 더욱 어렵습니다. 그렇다고 그것이 좋은 아이디어가 아니라는 의미는 아닙니다. 아이디어를 전달하는 면에서 소셜 미디어를 더욱 효과적으로 이용할 수 있도록 분발해야 한다는 뜻이죠. 연구를 대신해서가 아니라 연구와 함께 자원을 제공해야 할 기술과 활동인 겁니다. 비록 연구원들이 가진 시간은 하루 24시간뿐이지만 말입니다!

소셜 미디어의 핵심은 선점입니다. 따라서 그것은 다시금 미리 포장된 것들의 문제로 귀결되죠. 소셜 미디어는 이 아이들의 관심을 끌기 위한 '소개'일 뿐입니다. 그들이 계속 참여할 방법을 혁신해야 합니다. 만일 그들이 단지 소개 수준에 머문다면 미리 포장된 음식의 개념으로 돌아가고 그들은 여전히 자신들의 삶에 과학과 기술이 어떤 관련이 있으며 얼마나 중요한지 이해하지 못할 겁니다. 소셜 미디어를 사용하는 방법에 대해 현명하고 신중하게 생각해야 합니다. 아이들의 관심을 끄는 통합된 방법을 택해야 하지만 그런 다음 그 관심을 이용해 내용을 전달해야 하죠.

관심을 끈다는 말이 나왔으니 말인데 전 당신이 스포츠 브라의 디자인과 혁신적인 개발 과정에 참여했다는 사실에 관심이 가는군요.

그건 흥미로운 프로젝트였습니다. 우리가 하는 여러 가지 일처럼 중요한 것은 줄지어 선 행성이니까요. 기술적인 행성뿐만 아니라 사람의 행성이 중요합니다. 만일 한 연구원이 우리 연구소를 방문해서 우리가 전자 섬유로 진행하던 일을 우연히 보지 않았다면 이 프로젝트는 시작되지 않았을 겁니다. 줄리 스틸Julie Steele 교수는 자신이 브라 디자인에 하고 있던 흥미로운 작업과 스포츠 어플리케이션을 위한 스마트 브라를 개발하는 과정에 그것을 이용할 방식을 떠올렸죠. 그런 다음 줄지어 선 행성에서 또 다른 연결점을 찾기 위해 우리는 막스 앤 스펜서Marks and Spencer 같은 사람들을 영입해 지원을 받았습니다.

이중적인 의미를 의도하시지는 않으셨죠?

그렇습니다!

스포츠 브라와 나노 기술(전기소재와 지능형)을 이용해 인간의 피부 세포를 키울 잠재력을 생각해보니 궁금해지는 군요. 이 두 기술을 결합해 실리콘 보형물의 대체물을 개발할 수 있을까요? (이를 상상할 때 마음속에 막연히 '오스틴 파워Austin Power 같은 이미지'가 떠올랐다는 사실을 솔직히 인정합니다) '나노 기술'이 단순히 브라를 '고정시킬' 뿐만 아니라 채울 수 있을까요?

그런 특정한 어플리케이션의 관점으로 그 문제를 생각해 본 적은 없습니다. 우리는 의료 생체 공학이라는 포괄적인 영역에서 전자와 생물학 혹은 인간의 체계를 접속시키기 위해 노력하고 있죠. 그런 다음 두 가지 면에 주목합니다. 스마트 브라에 짜 넣는 센서를 연구하는 한편, 스마트 브라에 짜 넣어 추가 지지물을 제공하는 인공 섬유 기술을 연구하는 거죠.

우리의 내부 어플리케이션은 대부분 삽입이 가능한 생체 공학이며 이는 물론 전적으로 가슴이나 브라만 다루지는 않죠. 우리의 관심사는 오히려 신경과 근육 재생 같은 복잡한 어플리케이션입니다. 하지만 현재 여러 가지 형태의 소재와 제조 기술을 개발하고 있으니 착용이 가능한 생체 공학에서 삽입이 가능한 생체 공학으로 상당히 자연스럽게 도약할 수 있죠. 생체 공학을 외적으로 이용하기 위한 소재를 개발하고 제조하면서 얻은 교훈을 삽입이 가능한 생체 공학 분야를 더욱 발전시키는 데 곧바로 이용하고 있습니다.

특히 새로운 소재와 장치를 연구하는데 물론, 외골격·골격 분야의 다른 프로젝트도 있지만 현재 삽입이 가능한 생체 공학에 집중하고 있지요. 좀 더 정확히 말하자면 삽입할 수 있는 생체 공학의 문제에 초점을 맞춥니다. 이 문제들을 해결하려면 공간 분배를 통제하면서 소재와 생물학적 구성요소를 3차원으로 분포시켜야 하죠. 특히 신경, 근육, 뼈 재생과 간질 발견과 통제를 위한 다른 삽입물을 겨냥한 구조를 통해 생체 고분자와 살아 있는 세포, 성장 요인들을 구조 전체에 분포시켰습니다.

어떤 식으로 소재와 생물학적인 요소를 통합해서 3차원 구조를 수립하는지가 관건이죠. 이 과정에 필요한 기계가 등장할 날이 멀지 않았지만 아직은 존재하지 않습니다. 그래서 오스트레일리아가 적층 바이오배양 분야를 주도할 기회가 있는 겁니다. 차세대 적층 바이오배양 기계를 개발해 임상 문제를 해결할 수 있는 구조를 구축하는 데 이용할 수 있죠. 이런 능력을 갖춘다면 지금껏 해결하지 못한 근본적인 과학 문제에 대처할 수 있을 겁니다. 이를테면 신경과 근육 세포를 프린트하는 문제 말입니다.

이 이야기를 들으니 당연히 연구의 상용화에 대해 생각하게 되는군요. 대학 지적 재산권의 상용화와 어느 정도는 IP를 능숙하게 판매하는 기업가가 되려는 연구원들의 직접적인 시도가 더 주목을 받고 있습니다. 그것이 연구에 방해가 될까요? 아니면 어떤 면에서 혁신적인 사고와 혁신적인 관행을 발전시키는 데 도움이 될까요?

전 수십 년 동안 그런 류의 프로젝트에 참여했습니다. 그런 프로젝트들이 처음으로 대학에 등장했을 때 전체적인 개념은 과학과 기술의 상용화를 촉진시키는 일이었어요. 문제는 상용화에 필요한 자원을 얻을 수 없었다는 점이었습니다. 대학의 담당 부서들은 규제 기관으로 발전했는데 이들의 주된 목적은 대학 연구의 상업화에 내포된 위험을 최소화하는 일이었죠.

> 왓슨Watson이 내게 혁신 과정에 관해 무언가를 가르쳐주었다. 나는 새로운 아이디어에 초점을 맞추고 통합하는 프로세스로 지적 능력과 기술의 다양성을 이용하는 것이 미래에 대비한 복잡한 시스템을 구축하는 과정에 반드시 필요하다는 사실을 배웠다. 내 개인적인 관심사는 건축과 왓슨처럼 복잡한 시스템을 개발하는 과정에 다양한 아이디어를 신속하게 창조하고 통합하는 방법과 구조를 개발하는 일이다.
>
> 데이비드 페루치David Ferrucci, DeepQA(제퍼디Jeopardy!)에서 우승한
> 왓슨 프로젝트Watson Project의 주요 조사관, 부사장, IBM 특별 회원IBM Fellow

제가 본 바로는 규제 기관들의 목표는 특히 지식의 상용화와 이용을 증진시키는 것이 아닙니다. 우리의 지식을 지역 사회(일반 지역 사회, 산업, 그 지식을 원하는 모든 대상)에 전달하고 오스트레일리아(연구 자금을 제공하는 모든 대상)에 유리하도록 이용할 최선의 방법에 대한 생각을 완전히 바꾸어야 합니다. 위험을 최소화할 장벽을 확보하는 일이 아니라 바로 이 점에 관심을 가져야 해요. 그러나 안타깝게도 현실은 정반대 방향으로 진행되었습니다.

또 다른 장벽은 현재 지식을 안전하고 '스마트하게' 공유할 수 없다는 사실이죠. 전 현재 유행하고 있는 문구인 '빅 데이터big data'와 '스마트 데이터Smart data'를 구분합니다. 솔직히 말해 데이터(어쩌면 생체 공학 브라)에서 규모는 그리 중요하지 않습니다. 그것을 가지고 무엇을 하는가가 중요하죠. 이루 셀 수도 없이 엄청난 데이터가 존재

합니다. 하지만 단순하고 안전하며 '스마트한' 방식으로 데이터를 이용하고 확산시키는 능력이 관건이죠.

지당한 말입니다. 의료 장비를 위한 적층 바이오 배양과 소재의 모든 새로운 개발품만큼 흥미진진하죠. '데이터'를 창조하는 능력은 기하급수적으로 증가했습니다. 그런데 그런 데이터를 확산시키기 전에 거쳐야 할 한 가지 중요한 단계가 있어요. 안타깝게도 데이터를 지식으로 전환하는 능력이 데이터를 생성하는 능력을 따라잡지 못했죠. 그래서 우리는 지식으로 바꾸어야 할 정보의 바다에 거의 익사할 지경에 이르렀습니다.

지식 생성의 도구들은 향상되고 있지만 지식을 전달하는 면에서는 매우 엄격한 여러 가지 방식에 사로잡혀 있는 것처럼 보입니다. 다양한 차원으로 지식이 전달되어야 하나 이 경우에도 자원이 제공되지 않기 때문에 장벽이 존재하죠. 그리고 연구원들은 지식을 전달할 기술을 갖추고 있지만 이 분야에서는 지원을 받지 못합니다.

사람들은 흔히 내게 이렇게 묻죠. "이런 발전을 임상 어플리케이션으로 전환할 수 있는 결정적인 요인은 무엇일까요?" 전 기술적인 요인이라고 생각지 않습니다. 다양한 단계로 의사소통하고 효과적인 팀을 구성하는 능력이 중요해요. 단순히 연구원으로 구성된 팀이 아니라 처음부터 규제 기관과 일반 지역 사회가 포함된 팀이어야 합니다. 그래야만 프로젝트를 최대한 효율적이고 효과적으로 최종 사용자까지 전달할 수 있고 그것이 우리가 원하는 목표니까요.

제 생각에 여러 개인과 조직이 적어도 경제적으로 협력할 절대적인 필요성을 위험할 정도로 과소평가합니다. 게다가 '세계가 수평화되고' 새로운 GDE가 등장하면서 유용한 한편, 어디에나 존재할 수 있는 협력적인 생태계라면 다국적이고 다언어적으로 발전해야 하겠죠.

당신 말이 옳다고 생각합니다. 오스트레일리아 같은 곳에서는 특히 그렇죠. 이 중요한 시기에 오스트레일리아는 몇몇 세계적인 연구 과제에 참여하고 앞으로 주도해야 합니다. 고립 상태에서는 그렇게 할 수 없죠.

작년에 아시아를 몇 차례 여행했는데 아시아 국가들의 연구와 연구 인프라스트럭처의 발전 속도는 너무나 엄청나서 믿기 어려울 정도였어요. 그때 갔던 베이징의 한 화학 연구소에서는 화학 박사 과정을 밟는 학생이 900명이 넘더군요!

오스트레일리아는 세계무대에 참여해야 하며 그러려면 그렇게 할 수 있는 혁신적인 접근 방식이 필요합니다. 기술이 아니라 혁신이 필요합니다. 세계와 효과적으로 협력할 수 있는 방법을 파악해야 해요. 오스트레일리아에서 진행하는 연구의 적절성을 인정받으려면 반드시 필요한 과정입니다.

하지만 오스트레일리아는 위험을 기피하는 나라이지요.

전적으로 동의합니다. 우리가 가지고 있는 모든 관료주의와 제도가 모든 단계에서 그런 위험 기피적인 태도를 조장하죠. 하지만 대담하고 야심찬 대규모 연구에서 그런 태도는 용납되지 않습니다.

요점은 대부분의 사람들이 '그렇게 할 필요가 없다. 우리는 5~10년 동안 문제없다'고 생각한다는 점입니다. 어쩌면 그렇게 멀리 내다볼 필요도 없을 겁니다. 그렇지만 더 멀리 내다보고 과학 연구원의 관점에서 볼 때 앞으로 5~20년 동안 일어날 기술 진보로부터 혜택을 얻으려면 세계적인 연구 공동체의 일원이 되어야 합니다. 그렇지 않으면 오스트레일리아는 그런 세계적인 연구 공동체에서 설 자리가 없으며 그로 말미암아 난관에 부딪칠 겁니다.

오스트레일리아는 현재 적층 바이오배양과 같은 분야의 선봉에 서 있으며 그 자리에 머물 수 있는 기회가 있습니다. 그러려면 고무적인 환경에서 몇 가지 모험을 해야 하죠. 대담하고 야심찬 연구 목표를 가지고 역동적인 연구 프로그램에 적절히 자원을 제공하고 실행해야 합니다.

개인적인 경험에 비추어볼 때 자기 재량으로 사용할 수 있는 자금을 제공하는 것은 선택이 아니라 필수 요소이다. 자유 재량적인 자금 제공(조직의 기본적인 의무나 기대를 충족시키는 데 그치지 않는 자금)**은 혁신의 가장 중요한 촉매이다. 이는 구성원이 '놀면서도'**(시행착오를 겪으면서도) **가족을 부양할 수 있는 자유를 만끽해야 한다는 뜻이다. 돈은 혁신할 수 있는 시간과 정당성을 살 수 있다는 의미에서 자유일 뿐만 아니라 시간이다.**

혁신의 최대 장벽은 우리의 타고난 보수주의이다. 내가 생각하는 보수주의란 우리가 알고 있고 필요 이상 오랫동안 믿은 것을 고수하며 혁신과 혁신자에 대해 대화를 나누는 환경을 거부하는 인간의 적응성을 말한다. 우리는 혁신이 대대적인 찬사를 받을 경우 박수를 보내지만 초기 단계에서는 '혁신적인' 아이디어가 순전히 광기에 지나지 않을까 봐 두려워하며 뒷걸음질 친다. 내 경험상

진정한 혁신자들은 약간 '비정상'이다. 말 그대로 사회가 '정상'이라고 인정하는 것으로부터 벗어난다. 혁신의 절대성을 이해하는 리더들은 직원들이 혁신하도록 권장할 뿐만 아니라 그들을 보호하는 한편 통찰력과 영민함, 그리고 용기를 갖춘 직원들이 혁신할 수 있는 자금을 마련한다.

애비 블룸Abby Bloom, 아큐 레이트Acu Rate의 공동 창립자 겸 CEO,
건강관리와 의료 장비 혁신의 선구적인 이론가

 Image Training

상용화, 효과적, 두려움, 국제적, 팀

최종 고찰

보건과 건강관리 분야에서 혁신은 당시에 이용할 수 있는 도구와 기술에 따라 이런저런 형태로 항상 존재했다. 현재, 우리는 사람들이 자신의 건강을 더욱 효과적으로 관리하는 한편, 급속도로 노화되는 사회에서 인간의 수명을 연장하고 삶의 질을 향상시키는 대단히 획기적인 발전을 목격하고 있다. 따라서 행정 제도의 효율성이 보건 분야에 가장 지대한 영향을 미칠 것이다. 혁신적인 도구와 기술을 효과적으로 사용하는 한편, 예산을 감축하기보다는 재분배해야 할 것이며, 이 과정에 시간과 돈을 절약하고 생명을 구해야 할 것이다.

교육 혁신

keyword

폭,
헌신, 지역 사회,
비용, 학문 간 융합,
깊이, 환경, 경험, 글로벌,
목표, 메시지, 개방, 수익, 결단,
사일로silo , 부

핑크 플로이드^{Pink Floyd}의 'Another Brick in the Wall, Part 2'의 한 구절인 "우리에게 교육은 필요 없다"를 인용할 기회가 생겨 무척 흐뭇하다. 하지만 21세기에 접어든 지금 이것은 완전히 잘못된 메시지이다. 우리에게 필요 없는 것은 똑같은 교육이다. '사고 통제'라는 면에서 보아 혁신적인 기술과 도구가 전달되는 사고(교훈)를 통제할 가능성이 과거 어느 때보다 더 높은 까닭이다. 어느 곳을 둘러보든 교육과 그것을 둘러싸고 지지하는 제도가 변화하고 있다. 세계적으로 특히 온라인으로 교육에 접근하는 사람들이 점점 많아지고 있다. 이는 지역과 국가, 초국가적인 차원에서 경제에 영향을 미치는 것은 물론이고 사람들의 삶과 생계에 지속적인 영향을 미칠 것이다. 그 결과 분명 우리가 알고 있는 교육산업은 완전히 바뀔 것이다.

다수 세계가 온라인 교육을 활용하고 있기 때문에 예전에는 접할 수 없었던 교재와 교사들을 확보하기 위해 전국이나 세계를 누빌 필요가 거의 없다. 하지만 현재 해외 유학생의 유입과 그들에게서 발생하는 수입에 예산을 의존하는 국가가 많다는 사실에 주목해야 한다. 영국과 오스트레일리아 같은 나라가 입증하듯이 이 수입이 감소하면 예산을 감축해야 한다. 간단히 말해 유학생이 줄어들면 GDE에서 속한 한 국가의 GDP에 영향을 미친다. 공인 강좌의 인프라스트럭처와 가용성이 증가하면 전 세계적으로 홈스쿨링이 일반적인 현상으로 자리 잡을 수 있다.

하지만 아직까지 온라인 교육에 A학점을 주기에는 여러 가지 개선이 필요하다. 이를테면 온라인 교육에 접근하는 방법이 간단하고 안전하며 저렴해야 한다. 다시 말해, 인터넷과 모바일 데이터에 접근하는 비용이 적절해야 한다. 뿐만 아니라 고속 브로드밴드 접근에 의존하지 않는 혁신적인 도구를 개발해야 하지만, 당분간 대부분의 다수 세계에게 이런 일을 기대하기는 어려울 것이다. 어디에서나 이용할 수 있으려면 혁신적인 도구들은 순조롭게 협력하고 협동할 자율권과 능력을 부여해야 하며 따라서 기본적으로 다양한 언어로 표현되어야 한다.

자율적인 최종 소비자들은 자신의 특정한 욕구와 필요를 충족시키는 맞춤형 마케팅과 광고를 기대할 것이며 온라인 교육의 세계에도 이와 똑같은 기대를 품을 것이다. 온라인 교육 프로그램은 내용과 가격, 브랜드와 인증 활성화 면에서 차별화되어야 할 테지만 현재로서는 쉽지 않은 일이다. 이 분야의 혁신은 '획일화를 허용하지 않을' 것이다. 온라인 학생들은 오직 그들만을 위해 설계된 유형의 교과과정을 기대하기 때문이다.

교사의 입지는 어떻게 변할지 궁금할 것이다. 교사를 언제 어디서든 학생들과 접할 수 있는 연예인처럼 생각할 수 있을까? 역사적으로 교사는 여러 가지 업무를 수행하기 위해 엄청난 시간을 투자했으며 그렇기 때문에 각별한 영향력을 발휘할 위치를 확보했다. 학생들이 수업에 참석하지 않고 로그인만 할 경우 교사는 과연 이런 임무를 수행할 수 있을까? 온라인 교사들에게 아직도 학생들을 이끌 책임이 있을까? 온라인 수업이 페이스북 페이지나 트위터의 트렌드가 될까?

더욱 많은 기술과 도구가 등장함에 따라 이 질문에 대한 해답은 급속도로 변화할 것이다. 변하지 않을 것이 있다면 STEM(과학Science, 기술Technology, 엔지니어링^{Engineering}, 수학^{Maths})이 (이 조합에 예술^{Art}을 추가한) STEAM의 발전을 수용하고 문화를 협동 혁신의 필수 요소로 인정해야 할 필요성이다. 이 모든 주제 가운데 혁신적인 사고와 프로세스, 제품을 탄생시킬 요소는 교차 수정(혼합이나 혼화라고 표현해도 무방하다)이다. 스티브 잡스와 애플과 픽사 등에서 그가 거둔 성과는 한 사람에게 내재된 교차 수정의 훌륭한 사례이다.

대학과 기업 사이의 공동 작업과 협력은 또한 혁신의 성공에 중요한 변수가 된다. 대학에서 배우고 연구하는 내용을 기업이 실제로 원하고 필요한 요소에 맞추어 조정하면 혁신적인 도구를 개발하는 데 도움이 된다. 솔직히 아무도 기술을 사용하지 않는다면 기술이 얼마나 뛰어난지는 그리 중요하지 않다. 존재하지 않은 문제에 탁월한 해결책을 가지고 있는 것은 아무런 의미가 없다.

어떤 문제를 해결해야 하는지를 생각하려면 예상 최종 사용자와 해결해야 할 문제에 대해 의논하는 것이 가장 효과적이다. 처음부터 최종 사용자를 과정에 참여시키면 어떨까? 대학에서는 지적 재산을 활용함으로써 필요한 자금을 더 많이 확보하기 위해 노력하고 있다. 따라서 사람들이 실제로 구매하고 싶어 하는 '제품'을 개발하는 편이 현명할 것이다. 그 과정에 지원할 수 있는 순수 연구의 상아탑을 보존할 수 있을 것이다.

사람들이 갈수록 교육자들에게 재미있는 사람이 되기를 기대하고 있으므로 과학자 또한 R&D라는 핵심 기술의 목록에 세일즈맨 정신을 추가해 RD&C(연구^{Research}, 개발^{Development}, 상용화^{Commercialization})으로 발전시켜야 할지도 모른다. 대학은 이미 유한한 학습 잠재력의 기관에서 무한한 수입 잠재력의 기관으로 옮겨가면서 중대한 변화를 시작했다.

백악관 경제 자문 위원회(US) President's Council of Economic Advisers에 따르면 세계적으로 교육에 투자되는 돈은 연간 미화 4조 달러에 이른다. 이는 세계 GDP 가운데 약 6퍼센트에 해당되는 액수이다. 이 같은 통계를 감안하면 교육을 수지맞는 영리 사업으로 보는 사람들과 비영리적인 인간의 권리로 보는 사람들 사이에 대립이 일어나는 것은 그리 놀라운 일이 아니다.

현재 700만 명이 온라인에서 공부하는 것으로 추정된다. MOOCs Massive Open Online Courses(온라인 대중 공개강좌)가 이미 오래전에 등장해 이른바 캠퍼스가 있는 대학교에 다닐 수 있는 엘리트 집단 이외의 사람들에게까지 교육을 확대했다. MOOCs는 칸 아카데미 Khan Academy, 유다시티 Udacity, 코세라 Coursera 같은 유명한 이니셔티브를 통해 쉽게 접근할 수 있는 교육이라 할 것이다. MIT, 스탠퍼드, 버클리, 하버드, 예일과 같은 정상급(등록금이 가장 비싼) 대학은 아이튠스, 유투브와 다른 웹 기반 미디어를 통해 다양한 강좌와 강좌 자료를 제공하면서 전투에 뛰어들었다. 앞으로 제공되어야 할 것은 일종의 '성과 인정'보다는 진정한 승인이다. 그러면 다음과 같은 의문이 등장한다. 얼마나 많은 '학점'을 가치 있다고 판단할 것인가? 즉 직접 참석한 수업에서 받은 교육이 온라인 수업보다 얼마나 더 가치 있으며 이런 차이가 얼마나 오랫동안 존재할까?

'유료 혹은 무료'가 결정적인 문제가 될 수 있다. 무료 콘텐츠 제공 서비스 레딧 Reddit의 공동 창립자 애론 스와르츠 Aaron Swartz가 기소를 당하고 결국 자살한 사례에서 입증되듯이 오픈 지식에 대한 의견이 얼마나 대립되어 있으며 정치성을 띠는지 보라. 무료로 이용할 수 있도록 만들 목적으로 MIT에 보관된 과학 저널 수백 건을 훔친 죄로 기소당한 스와르츠를 오픈 소스, 오픈 정보 운동의 영웅으로 보는 사람이 있는 반면, 의도적으로 정보의 가치를 파괴한다고 생각하는 사람이 있다.

영국과 유럽 연합 집행 위원회European Commission는 세금으로 자금을 지원한다. 학문적인 연구를 무료로 이용할 수 있도록 허용하는 방안을 주도하는 한편, 하버드 대학교는 교직원들에게 오픈 액서스 학술지를 만들고 논문들을 페이월paywall(돈을 지불해야 내용을 볼 수 있도록 하는 장벽 — 옮긴이)로 보호하는 학계 발행인을 피하도록 권하고 있다.

만일 학계 연구를 유료로 개방하도록 규정한다면 교육 기관들이 매년 수백만 달러를 벌고 이를 통해 앞으로 장학금과 연구에 더 많은 자금을 제공할 수 있을 것이다. 하지만 지적 재산권과 적절한 교육의 권리 사이에 균형점은 어디일지 자문해야 한다. 확실한 것은 새로운 비즈니스 모델이 교육 기관과 그들 주변의 학계 발행인과 같은 산업에 반드시 필요하다는 사실이다.

애덤 글릭Adam Glick

애덤 글릭은 잭 파커 코퍼레이션Jack Parker Corporation의 대표이자 헤지펀드 테수지 파트너스Tesuji Partners의 전무이사이다. 작가이자 극작가인 글릭은 플로팅 유니버시티Floating University의 공동 설립자로 현재 총장을 맡고 있다.

플로팅 유니버시티를 설립한 계기는 무엇이었습니까?

'깨달음의 순간'이 두 번 있었습니다. 첫 번째는 사업상 깨달음의 순간이었죠. 균형 감각을 갖춘 사람을 고용하기가 무척 어려웠죠. 대학이든 이전 직장이든 상관없이 자신이 몸담은 분야에서 재능을 십분 발휘하는 매우 똑똑한 사람들이 있습니다. 하지만 그들에게는 '종합하는' 기술이 부족하죠. 왜 이런 일이 일어나는 건지 궁금했습니다.

그 당시 우연히도 제 아들이 대학을 알아보고 있었죠. 첫 번째 대학은 두 번째 대학과 똑같았고 세 번째도 다르지 않았습니다. 그래서 생각했죠. 특히 신생 대학에는 '깊이는 얕지만 폭이 넓은 강좌들이 없을까?' 물론 이유는 간단합니다. 그런 강좌를 마련하기가 어렵습니다. 학교는 교직원들을 위해 다양한 전공이라는 경계를 세우죠.

이런 학교에서는 현재 플로팅 유니버시티에서 제공하는 '그레이트 빅 아이디어Great Big Idea' 같은 강좌를 제공할 수 없어요. 이 강좌에는 물리학 전문가, 정치철학 전문가, 심리학 전문가, 고전학 전문가가 참여하거든요. 그런 강좌를 종합하는 전략은 사실상 불가능합니다. 하지만 인터넷에서는 최고의 물리학자, 심리학자, 사회학자, 생물학자를 영상에 담아 교실에서 일종의 연결을 시킬 수 있죠. 지금까지와는 판이하게 다른 경험입니다. 어떤 강의를 듣기 위해 교실로 갔다가 기숙사로 돌아가 강의에 대해 흥미로운 토론을 하는 대신 집에서 (인터넷으로) 강의를 듣고 수업 중에 기숙사에서 하는 일을 하는 겁니다.

혁신에 가장 필요한 요소는 모험하려는 의지라고 생각한다. 큰 영향력을 발휘하고 싶다면 큰 모험을 해야 한다. 왕도는 없다. 이를 이해하는 사람들(혹은 국가나 지역)이 가장 혁신적인 경향이 있다. 예컨대 이스라엘은 존재의 모험을 안고 산다. 이로 말미암아 이스라엘 국민들은 이를테면 유럽 사람들보다 위험 내성이 훨씬 더 크다. 흔히 새로운 분야의 위험을 수용하지 않은 채 '혁신 생태계'를 시행하는 국가나 지역이 있다. 많은 사람들이 혁신에 따르는 실패의 위험을 받아들이지 않고 혁신할 방법을 찾는다.

이런 사람들의 모습은 내가 생각하는 최대의 장벽, 즉 위험, 무엇보다 실패의 문화적 수용을 떠올리게 한다. 만일 유럽에서 회사를 설립했다가 실패하면 나는 실패자로 낙인이 찍힌다. 실리콘 밸리에서는 이와 똑같은 실패를 경험(대문자 E를 쓴 Experience)이라고 부른다. 이 사실을 규제를 통해 확인할 수 있다. 미국에서 기업가 정신이 성공하는 숨은 비결은 회사가 실패할 경우 문을 닫기가 비교적 쉽다는 데 있다. 스페인이나 이탈리아에서 이런 일이 일어나면 형사 고발을 하고 실패 과정을 추궁한다. 한 번은 인도에 자회사를 설립한 적이 있었다. 그 회사가 실패해서 문을 닫으려고 했는데 7년이 걸렸다. 그렇다면 내가 인도에다 다른 회사를 세울 가능성이 있을까? 지극히 희박하다. 혁신을 수용하고 싶은 국가와 지역이라면 실패하고 혁신을 가로막는 문화적 편견을 바꾸

기 쉬운 분위기를 조성해야 한다.

살림 이스마일Salim Ismail, 싱귤러리티 유니버시티Singularity University의 공동 창립자,
전무이사 겸 글로벌 앰배서더Global Ambassador, 콘파브Confabb 회장

전 양질의 인문학, 광범위한 교육, 그리고 경험 통합의 애호가입니다. 플로팅 유니버시티의 모토는 이렇습니다. '폭을 통해 깊이로Through breadth to depth'. 무엇이 고용주에게 폭과 깊이를 줄까요?

고용주 문제로 넘어가기 전에 폭에 대해 살펴보아야 할 두 가지 사실이 있습니다.

첫째, 전 대학 교육의 목적이 좋은 직업을 구하는 일이라고 생각지 않습니다. 세상을 더욱 즐길 수 있도록 학생들의 폭을 넓히는 일이 대학 교육의 목적이죠. 학생들은 세상을 즐기고 자신의 세상을 개선하는 법을 배우기 위해 대학에 진학해야 합니다. 우리는 지금껏 '개선'하는 일에 전적으로 초점을 맞추고 '즐거움'은 배제했죠. 플로팅 유니버시티의 한 가지 정신은 학생들에게 자신을 비추는 거울을 선사하는 일입니다. 다음 단계로 자아의식을 갖춘 사람들이 사업에서 더 두각을 나타내죠.

비싼 대학 등록금을 고려할 때 플로팅 유니버시티 같은 기관이 고등교육의 미래가 될 거라고 생각하십니까?

우리는 교육 발전 과정에서 아직 1회전에도 진입하지 못한 초기 단계에 있지만 두 가지 모형을 제시하겠습니다. 가장 단순한 모형은 이렇습니다. 미국에서 매년 봄 학기와 가을 학기에 경제학 개론 강좌가 1만 5천 번가

량 개설됩니다. 그러면 해당 과목을 가장 잘 가르칠 한 사람이 필요하죠. 우리가 그의 모습을 녹화해서 현재 그가 가르치지 않는 나머지 1만 4천 999개를 학교에 보낸다고 상상해보세요. 두 번째는 이렇습니다. 적어도 미국에서는 지난 4년 동안 고등 교육비가 인플레이션의 두 배 속도로 계속 상승했어요.

언뜻 들으면 완전히 엉망진창인 것처럼 보이죠. 잠시 이 문제를 생각해 보면 모든 기업이 생산성을 높여야 할 겁니다. 하지만 교육의 질을 높이려면 오히려 생산성을 낮추는 수밖에 없죠. 한 사람이 서른 명을 가르치기보다는 열다섯 명을 가르치는 겁니다. 하지만 인터넷이 이를 완전히 바꿔놓을 거예요.

정상급(세계 각지의 하버드, 예일, 프린스턴 같은) 기관에서 이런 변화가 일어날 것이라고 기대하지는 않습니다. 하지만 한 단계만 아래로 내려가 보세요. 그곳에서 대대적인 변화가 일어날 겁니다. 나아가 기숙 교육도 어느 정도 가치가 있을 겁니다. 식당과 기숙사에서 많은 변화가 일어날 수 있죠.

교육 분야의 우주 경쟁이 일어날지도 모르죠. 경제학 개론 교수 수천 명이 '최고'라는 명예를 얻고 플로팅 유니버시티나 비슷한 기관의 일원이 되기를 원하는 날을 상상할 수 있습니다. 교수의 수준이 전반적으로 높아질 가능성이 있죠.

그럴 가능성과 그렇지 않을 가능성이 모두 존재합니다. 할리우드와 비교해서 말해보죠. 과거 배우들은 한 스튜디오 소속이었습니다. 현재 학계에서 통용되는 모형이죠. 교사들은 한 학교에 소속되어 있습니다. 앞으로도 교사가 한 학교에 소속되어 있어야 할까요? 그렇지 않을 겁니다. 교사들은 이리저리 돌아다니며 강의할 겁니다. 우리 회사나 다른 사람의 회사에서 강의를 할지도 모릅니다.

> 나는 대규모 개방 온라인 교육과 지금껏 개발되지 않은 가상현실의 잠재력을 결합해 온라인 교육의 효율을 높이기 위해 노력 중이다. 아바타의 심리적인 위력을 토대로 나는 '와우' 요인으로 돌아가 교육자와 기관이 열정이 주도하는 열렬하고 즐거운 학습 기회를 설계하고 발전시키며 촉진시킬 수 있기를 바란다.
>
> 스타일리아노스 미스타키디스Stylianos Mystatkidis,
> 수상 경력이 있는 가상 몰입 환경의 설계자, 개발자, 촉진자

그렇다면 교육이 기업화되어야 합니까?

상당히 좋은 질문이군요. 해답은 모르겠지만 특정한 모형이 있어야 한다고 믿습니다. 수백만 가지의 교육 모형이 있으니 무료로 제공되거나 기업이나 비영리 단체 등의 형태로 제공될 수 있겠죠.

교육의 발전이 아직 1회전에도 진입하지 못했다고 말씀하셨습니다. 9회 말이 되면 플로팅 유니버시티가 어디쯤에 있을까요?

저의 기본 사업 철학은 준비, 발사, 조준입니다. 그래서 지금 제게는 아무런 단서가 없어요. 준비만 하다가 시작도 못하기가 십상이죠. 제 생각에는 사람들이 실수를 바꾸는 어려움을 과대평가하는 것 같아요.

　플로팅 유니버시티에서 최초로 만든 비디오를 예로 들어 봅시다……우리는 라이브로 찍어야 한다고 생각했기 때문에 만반의 준비를 다했죠. 이를테면 관객을 많이 모았습니다. 많았죠. 하지만 모든 게 착각이었습

니다. 결국 중단했고 3개월을 허비했죠. 되돌리고 싶었습니다. 모든 것을 다시 생각했어요. 대부분의 기업에서 당신이 어떤 식으로든 바로잡을 수 없는 몇 가지 실수가 있습니다.

사람들이 사업을 하기보다는 사업 계획을 수립하는 데 더 많은 시간을 보낼 수 있지요.

바로 그렇습니다. 우리는 사업 계획서를 쓰지 않았고 사명 선언문도 없었으며 두서도 없었어요. 즉흥적으로 일을 처리할 수 있어야 합니다.

그리고 가능하면 탭 댄스도 춰야 하고요.

그렇습니다.

나는 인도와 어쩌면 세계까지 변화시킬 일(무브 인디아 재단Move Indian Foundation)을 하고 있다…… 여가 시간에. 인도의 중퇴 문제는 믿을 수 없을 정도로 심각하다. 네 명 가운데 세 명이 학교를 중퇴하며 교육이나 직업 기술을 배우지 않는 인도 인구가 3억 명이 넘는다. 문자 해독 능력에 초점을 맞추는 고상한 활동이 많으나 나는 이런 중퇴자들을 위한 직업 교육에 초점을 맞춘다.

지난 4년 동안 사회적 실험을 한 결과 중퇴자들에게 오토바이 수리처럼 한 가지 기술만 가르쳐도 그들의 수입 능력을 다섯 배 정도 높일 수 있으며 그런 젊은이는 정상적인 삶을 살 수 있다는 사실을 발견했다. 3억 명에 달하는 젊은이에게 어떻게 기술을 가르칠 것인지, 그것이 관건이다.

나는 무브 인디아 재단이라는 비영리 단체를 설립했는데 이 단체의 목표는 매년 100만 명의 중퇴자들을 교육시키는 일이다. 지금껏 한 가지 배운 점이 있다. 현재 널리 분포된 수백만 명과 이야기를 나눈 결과, 사람들을 교육에 참석시키기보다는 그들에게 교육을 전달해야 한다는 사실을 깨달은 것이다. 우리가 제시한 혁신 방안은 버스마다 이동식 직업 교실이 있는 전문 버스(목수 버스, 배관공 버스, 재단사 버스 등)를 만드는 일이다.

버스에는 좌석, 영사 장비, 학습용 태블릿, 작업대, 도구 등이 완비되어 있다. 한 명 이상의 교사와 함께 여행하며 정해진 스케줄에 따라 여러 마을을 방문한다. 특정한 기술을 위한 콘텐츠를 갖추고 있고 인터넷 접속이 가능하며 오픈 소스 포맷으로 이용하고 다양한 언어와 지역, 수준을 선택할 수 있다. 인도 정부의 모듈 방식(여러 개의 개별 단위로 되어 있어서 학생들이 몇 개씩 선택할 수 있는 방식—옮긴이) 직업 기술 프로그램과 긴밀한 제휴를 맺은 이들 버스는 앞으로 직업 훈련 기관들이 운영을 맡아 수백만의 젊은이들이 새로운 기술과 기회를 간절히 바라는 인도의 오지까지 영역을 확대할 것이다. 약 한 달이 지나면 이 모형을 통해 새로운 목수, 배관공, 재단사가 탄생할 것이다.

만일 성공한다면 인도는 극적으로 변화할 것이다. 마을 사람들이 교육과 고용의 기회를 찾아 도시로 향할 필요가 없다. 마을에서 실용적인 직업 교육이 실시된다면 새로운 기업가들이 등장할 것이다. 이들 기업가들은 지방에서 사업체를 열고 지역 사회의 필요를 충족시킬 것이다. 그러면 경제 기반이 확장되고 도시로 이주하는 인구가 감소할 것이다. 분업이 발달하고 경제적으로 성장할 수 있는 지역 사회가 탄생할 것이다. 아직 초기 단계에 머물러 있지만 원형을 수립하는 과정이 진행되고 있다.

스리다르 자가나단Sridhar Jagannathan,
무브 인디아 재단 창립자 겸 퍼시스턴트 시스템스Persistent Systems의 최고 혁신 책임자

 Image Training

학문 간 융합, 깊이, 경험, 수익, 사일로

빌 리아오Bill Liao

국제적으로 이름난 기업가, 자선사업가, 외교관, 연사, 작가인 빌 리아오는 SOS벤처SOSventures의 벤처 파트너, 소셜 네트워크 서비스 징XING의 공동 설립자, 비영리 조직 위포레스트 닷컴WeForest.com의 설립자, 그리고 코더도조CoderDojo의 공동 설립자이다.

제가 이 책을 쓰기 시작한 한 가지 이유는 모든 혁신자들이 본인 이야기를 훌륭하게 전달할 수 있다는 사실을 깨달았기 때문입니다. 당신도 그런 문제는 확실히 없으시겠죠.

아시다시피 사람들은 하사관을 그들에게 고함만 지르는 사람이라고 생각하죠. 하지만 사실 하사관들은 대부분 사령관의 난해한 명령을 받아서 여러분이 당시에 필요한 내용을 파악하고 실천할 수 있도록 간단한 말로 바꿔 표현합니다.

당신은 무척 이해하기 쉽게 말하고 미묘한 차이를 잘 전달하는 사람으로 유명한데도 뛰어난 언어의 마술사이자 현대판 음유 시인인 스티븐 프라이Stephen Fry를 영입해서 위포레스트의 이야기와 숲을 되살려 지구 온난화에 맞선다는 위포레스트의 사명을 전달했습니다. 지구 온난화는 분명 사람들이 이해하고 실천해야 할 문제이지요.

맞습니다. 우리는 그에게 멋진 이야기를 주었죠. 위기, 악전고투, 결단이 빠진 이야기에는 아무도 귀를 기울이지 않을 겁니다. 따라서 훌륭한 스토리텔러와 멋진 스토리를 확보해야 합니다.

환상적인 혁신에 성공할 수 있지만 그것에 대한 근사한 이야기가 없다면 목표를 이루지 못하죠. 혁신의 견인차는 감정을 불러일으키는 방식으로 간결하게 혁신을 전달할 수 있는 능력입니다.

나는 지난 몇 년 동안 유명 인사와 세계적인 브랜드가 소셜 미디어를 구축하도록 도우면서 소셜 미디어 전문 교육의 필요성을 깨달았다. 2011년 내 회사 디지털 로열티 유니버시티Digital Royalty University에 기업과 방송인, 유명 인사와 운동선수들을 대상으로 한 소셜 미디어 교육을 돕는 부서를 신설했다. 좀 더 최근에는 기업과 브랜드뿐만 아니라 모든 개인까지 대상을 확대해 현재 온라인 강좌를 실시하고 있다. 우리는 소셜 미디어가 세계의 공익에 이바지하는 세력이 될 수 있다고 믿으며 그래서 티치 포 아메리카Teach For America와 파트너십을 맺고 우리의 바이 원, 기브 원 프로그램Buy One, Give One Programme을 제공했다. 디지털 로열티 유니버시티에서 강좌를 구입하면 교사에게 강좌를 제공하고 저소득층 학교의 부모와 교사 간 커뮤니케이션의 거리를 좁히도록 돕는다. 연구를 실시한 결과 부모가 참여할 때 학생들이 더 좋은 성과를 거두는 것으로 나타났다.

에이미 조 마틴Amy Joe Martin , 디지털 로열티 창립자 겸 CEO

당신은 현재 위포레스트와 더불어 지구의 미래를 위해 헌신하고 있습니다. 코더도조에서 당신이 하는 일과 아이들에게 코드화를 가르치는 코더도조의 임무 또한 미래를 위한 헌신이라고 단정할 수도 있겠죠. 아이들이 왜 단순히 기술의 사용자보다는 창조자가 되는 법을 배워야 한다고 생각하십니까?

인간은 확실히 프로그램할 수 있으며 이 사실을 이해하는 사람 또한 많습니다. 개인적으로 앞으로 당신은 프로그램하거나 아니면 프로그램될 것이라고 생각해요. 컴퓨터 산업에 창조자들이 많을수록 더 유리하지요. 오늘날 지구에서 가장 희귀한 자원은 석유가 아니라 다른 사람들과 함께 놀수 있는 유능한 프로그래머와 개발자입니다. 어플리케이션 기술이 폭발적으로 성장하고 있습니다. 하지만 혁신 산업에서 기여할 수 있는 인간을 개발하는 면에서는 그렇지 못해요.

당신은 현실성, 가능성, 잠재력의 균형을 탄탄하게 맞추고 있는 분처럼 보입니다. 그렇다면 당신은 미래에 대해 희망적인가요?

전 희망의 열렬한 팬은 아닙니다. 릭 페이지Rick Page의『희망은 전략이 아니다Hope is Not a Strategy』라는 훌륭한 책이 있죠. 이 책의 핵심은 분명합니다. 저는 확실히 낙천적이지만 동시에 매우 현실적이에요. 그게 균형입니다. 마음속에 매우 상반된 생각을 하면서 계속 일하려면 일정한 수준의 정신적 훈련이 필요하죠. 어떤 면에서 혁신은 그런 능력과 직결됩니다. 만일 당신이 낙관주의자이면서 실용주의자라면, 머릿속에 동시에 두 가지 생각과 감정을 품을 수 있다면, 적어도 문제가 무엇인지에 대한 이성적인 배경 지식이 있을 때 어떤 길을 밝힐 수 있습니다.

　전 그저 행복하게 박수치는 사람을 보면 짜증스러워요. 리처드 와이즈먼Richard Wiseman은 기발한 연구를 실시한 후,『59초59 Seconds』에서 목표를 성취한 모습을 상상하는 사람들은 실제로 목표를 성취할 가능성이 적다고 밝혔습니다.

그들은 목표를 성취한 모습을 상상해요. 그러면 엔돌핀이 치솟았다가 사라지죠. '와, 멋지군!'이라고 생각하고는 아무 일도 하지 않아요. 반면 목표를 향해 노력하는 힘든 길을 상상하는 사람들은 목표를 성취할 가능성이 더 높습니다. 그래서 전 '행복하게 박수쳐, 문제없어, 그냥 우주가 알아서 해결하게 내버려둬'라는 부류의 사람들을 보면 정말 화가 치밀어요.

그런 한편 비관주의자들도 용납하기 어렵습니다. 저는 자기 개발 자체를 매우 신봉하죠. 사람이 외면뿐만 아니라 성격까지 혁신할 수 있다고 믿습니다. 하지만 진정한 변화가 없는 변화라면 모든 사람의 시간을 낭비하는 일에 지나지 않아요.

> 혁신은 반드시 어떤 문제를 해결하고 사람들이 목표에 도달할 수 있도록 돕는 일을 토대로 삼아야 한다. 마케팅 담당자들이 어떤 아이디어나 특성에 몹시 흥분하지만 결국 문제를 해결하거나 목표에 도달하지 못한다면 시장에서 어떤 변화도 일으키지 못한다. 그러나 설령 그렇게 한다고 하더라도 효과적으로 전달되지 못한다면 성공하지 못할 것이라고 깊이 확신한다.
>
> 키스 오고렉Keith Ogorek, 오서 솔루션스Author Solutions의 상무이사 겸 마케팅 국장

 Image Training

헌신, 글로벌, 목표, 메시지, 결단

리즈베스 굿먼Lizbeth Goodman

리즈베스 굿먼은 유니버시티 칼리지 더블린University College Dublin의 인클루시브 디자인 Inclusive design 교수이자 창의적 기술 혁신 학과장, 혁신 아카데미Innovation Academy 이사회 임원이다. 스마트랩SMARTlab의 창립자 겸 소장, 퓨처랩Futurelab의 연구소장인 리즈베스는 블랙베리 여성 기술 인재Blackberry Outstanding Woman in Technology와 마이크로소프트 교육 혁신 상Microsoft Innovation Education Award을 포함해 국제적인 상을 여러 차례 수상했다. 예술·미디어 프로그래밍, 재활을 위한 보디랭귀지 엔지니어링 인터페이스를 포함해 다양한 분야에서 인기 있는 연구원, 작가, 연사, 예능인, 선구적인 사상가로 활약하고 있다.

경력이 정말 화려하시군요. 당신은 혁신자란 모름지기 폭과 깊이가 있는 경험을 해야 한다는 메시지를 확실히 실천하는 사람처럼 보입니다. 어떤 계기로 그런 방향을 택하셨나요?

분야를 막론하고 거의 모든 직업에서처럼 어느 정도는 운이었습니다. 적절한 시기에 적절한 장소 혹은 적절한 시기에 엉뚱한 장소에 있는 거죠. 지류를 따라가다 보면 이따금 전혀 예상치 못한 곳에 도달합니다. 전 어린 시절 시력이 무척 나빴기 때문에 콘택트렌즈(제가 이 세상에서 제 역할을 할 수 있는 유일한 이유인 고배율 콘택트렌즈 말입니다) 같은 혁신적인 기술이 없으면 부자들을 제외한 모든 사람들이 더욱 평등한 사회를 창조하는 데 크게 기여할 수 없으리라는 사실을 언제나 절실하게 깨닫고 있었죠.

미국에서 두 살 때 제가 처음으로 한 일은 발을 구르는 거였습니다. 텔레비전에서 작은 역할을 맡았는데 그게 제 대학 학자금이 되었죠. 미국의 대학 등록금은 매우 비싸기 때문에 부모님은 대학 학자금을 모을 심산으로 우리를 텔레비전에 출연시켰어요. 하지만 저에게 시력을 주고 자유롭게 움직이게 해준 기술 발전이 없었다면 그 일을 할 수 없었을 겁니다. 그 순간 그리 부유하지 않은 가족에게도 이런 일이 가능한 세상의 한 지역에서 살았다는 사실에 매우 감사합니다. 그것이 은유적으로 말해 제가 세상을 보고 지금 참여하는 종류의 프로젝트에 관심을 가진 근본적인 이유라고 생각해요.

결정적인 순간이 몇 차례 있었습니다. 이를테면 BBC에서 방송된 오픈 유니버시티Open University에서 얻은 첫 번째 일처럼 말이죠. 제 첫 번째 강연의 관객은 600만 명이었습니다! 대학원을 졸업하자마자 곧바로 불로 뛰어들었어요. 우리의 모든 강연은 BBC 2로 방송되었으니까요. 당시에는 채널이 네 개밖에 없어서 수백만 명이 강연을 보기 위해 채널을 맞추었죠. 시청률이 중요했기 때문에 관객을 끌어야 했습니다.

미디어 교육을 많이 받았던 저는 당시 그런 사실에 신경 쓰지 않았고 그건 제게 대단한 기회가 되었죠. 등록한 학생이 6천 명이었을 겁니다. 계속 관심을 가지도록 만들어야 하는 수백만 명의 시청자(등록하지 않은 학생)를 제외하고 학습이나 커뮤니케이션과 관련된 특정한 목표를 가진 사람들의 집단으로는 적지 않은 수였어요.

이런 사실이 저를 정말로 생각하게 만들었습니다. 당시 기술로 몇 가지 중요한 일을 처리해야 했지만 이용할 수 있는 기술이 없었죠. 기본적으로 완전히 새로운 시스템을 개발해야 했는데 우리가 한 일이 바로 그것이었습니다. 우리는 BBC의 팀을 매우 효과적인 쌍방향 커뮤니케이션 도구로 만들었고 약 20년이 지난 지금에도 그 팀은 여전히 스마트랩의 주축입니다.

이따금 우리는 새로운 연구 집단을 만들 겁니다. 지역 사회, 나라, 국가 전체에 어떤 사회적 필요가 존재할 테니 말이죠. 어떤 한 사람이, 존재하는 어떤 것으로도 충족시킬 수 없고 어떤 정부, 의료 서비스 혹은 교육 체계에서도 자금을 지원할 수 없는 욕구를 가지고 있을지도 모르죠.

모든 사람이 접근 가능성, 장애, 여성의 안전 등에 대해 듣기 좋은 말을 하지만 실상 모든 사람의 욕구가 적절히 충족되는 곳은 없습니다(적어도 내가 가본 곳은 그렇지 않았어요). 따라서 지적인 면에서 열심히 노력하고 다시 시작하며 기술적으로 완전히 다른 것을 창조하기 위해 혁신하지 않으면 누군가 어딘가에서 자신의 잠재력을 십분 발휘하거나 의사소통을 한다는 사실을 깨달을 때 우리는 다시금 스스로 움직입니다. 그래서 2년마다 한 번씩 그런 중추적인 사람이나 극단적인 사용자 집단의 일원을 만나서 이런 새로운 문제들에 대처할 수 있는 새로운 연구 집단을 구성하죠.

우리 연구소와 같은 연구소가 삶을 바꿀 수 있다는 증거가 있습니다. 마이크로소프트와 함께하는 클럽 테크^{Club Tech} 프로젝트는 현재 700만 명에게 전달됩니다. 오직 한 사람에게 전달되는 프로젝트도 있겠지만 그 과정에 변혁적인 일이 일어난다면 그 파문 효과가 엄청날 겁니다.

아버지께서 평생 《이코노미스트》에서 한 일과 내가 스물한 살에 직업에 대해
했던 생각은 1972년에 완전히 바뀌었다. 당시 우리는 500여 명의 젊은이들이
초창기 디지털 네트워크에 관한 지식을 공유하는 모습을 처음으로 보았다. 우
리는 우리의 다른 또래 네트워크를 통해 다음 10년 동안 최초의 인터넷 세대가
어떤 식으로 인류 역사상 최대의 변화에 참여할 수 있는지를 놓고 토론했다.
리더십에 관한 이런 토론을 '기업가 혁명Entrepreneurial revolution'이라고 일컬었다.
세계에서 가장 혁신적인 인물들을 대상으로 실시한 조사에서는 네트워크가 형
성되기 전의 세상에서 일반인들은 자신의 가장 독특한 능력을 경험하는 순간
이 평생 0.1퍼센트에도 미치지 못한다고 결론을 내렸다. 이 수치를 크게 올릴
수 있는 세상에서 어떤 혁신이 가능할지 상상해보라.

크리스토퍼 매크리Christopher Macrae, 지속 가능한 투자와 경제학 분야에서
여러 차례 상을 수상한 세계적인 사상의 선구자 겸 작가

당신은 매우 남성 중심적인 혁신 분야에서 대단한 존경을 받고 있습니다. 어떻게 하
면 혁신 분야에 더 많은 여성을 유치할 수 있을까요?

수많은 여성이 거두는 훌륭한 성과를 홍보하는 것이 중요하다고 생각합
니다. 언제나 그렇듯이 남성이 정상에 올라 더 젊은 남성 역할 모델을 고
용하는 일상적인 유리 천장 효과뿐만 아니라 오래된 남성 중심 네트워크
에서 여성의 성과를 인정하고 널리 알리지 않는다는 사실을 요인으로 꼽
을 수 있죠.

이에 맞서려면 우수한 여성 역할 모델을 계속 제시하고 다양한 문화에
서 영어 이외의 언어로 그토록 감동적인 성과를 거두고 있는 전 세계 모든

여성에게 계속 주목해야 합니다.

당신이 퓨처랩 에듀케이션에서 한 일을 보면 교육 혁신에 전념하고 있음을 알 수 있는데요. 왜 이 문제가 당신에게 그렇게 중요한 건가요?

교육이 인간의 커뮤니케이션과 개인이나 지역 사회의 성장 토대이기 때문이죠. 하지만 이 토대가 세계적으로 완전히 무너졌습니다. 이곳의 새로운 정책이나 저곳의 블루 택Blu-Tack으로 교육 제도를 바로잡을 수는 없다고 생각해요. 물론 정책 입안자들은 이런 도구를 통해 상황을 바로잡으려고 노력하지만 말입니다.

경제적인 면에서 다시 시작하려면 비용이 많이 들지만 교육을 완전히 재가동시켜야 해요. 다양한 지능과 감성 지능, 사회 지능, 예의, 협동과 경쟁을 인정하는 한편, 같은 교실에서 다른 방식으로 배울 수 있는 일종의 2인 1조 방식을 통합하는 다른 가치 체계가 필요합니다.

창문이 낮아서 아이들과 휠체어를 탄 어른들이 밖을 내다볼 수 있는 다양한 건물이 필요해요. 와이어리스가 필요하고…… 변화하려면 모든 것이 필요하죠. 평가 시스템, 교과 과정, 태도, 모든 사람의 생각을 20~40분 시간 구간으로 분해해야 합니다. 조직의 단순성이라는 이유 때문에 중요시되었던 이 모든 것이 이제 인류의 발전을 가로막고 있어요.

자율적인 최종 사용자가 사회에 어떤 다른 영향을 미칠 수 있다고 생각하십니까?
완전히 변혁적인 영향이죠! 세계 전역에는 온갖 종류의 문화에서 (표준적인 척도로 볼 때) 나이와 이른바 지적 '능력'이 다른 사람들이 무척 많습니다.

그런 지적 능력과 재능의 역량을 증진시키고 활용할 방법은 그들에게 접근할 수 있는 도구를 제공하는 길뿐입니다. 나처럼 눈먼 사람들을 위한 콘택트렌즈나 말하지 못하는 사람들을 위한 소리상자든 간에(어떤 기술인지는 중요하지 않아요) 전 세계 사람들을 포함시키지 않는다면 세계의 엄청난 지적 능력을 잃고 있는 셈이죠. 그래서 우리가 뒤처지고 있는 겁니다.

중요한 것은 접근성입니다. 암호를 기억하거나 버튼을 누르는 동안 손을 떨지 않아야 한다면 대부분의 노인들은 우리가 만든 도구를 이용할 수 없겠죠. 그러면 노년층의 지혜를 잃는 겁니다. 신세대가 이들이 평생 동안의 경험을 통해 깨달은 전부를 순식간에 잃는 거죠. 중요한 것은 노인과 커뮤니케이션 장애를 가진 사람들이 다른 모든 사람들처럼 쉽게 이용할 수 있는 접근이 가능하고, 쉽게 이용할 수 있고, 안정적이고, 이따금 크고 거추장스러운 인터페이스를 창조하는 일입니다.

수익률이 중요한 게 아니죠. 물론 산업이 살아남아야 합니다. 돈을 벌기 위해 판매할 특정한 어플리케이션이 언제나 존재하기 마련이죠. 하지만 모든 산업이 똑같은 것을 만들고, 더욱 갈고 다듬어서 서로 경쟁한다면 낭비되는 시간과 노력, 에너지와 물질이 많을 것이고 그 결과 혁신에는 그다지 영향을 미치지 못할 겁니다.

혁신은 더 빠르게 더 많이 배우는 일이어야 합니다. 더 빠르게 더 많이 배우려면 우리 인간들이 더 많은 사람들을 대화에 초대해야 하고요.

인간의 업무 부담을 줄이고 삶을 더욱 편하게 만드는 모든 제품이나 프로세스,

아이디어를 혁신이라고 정의할 수 있다. 일반적으로 인간은 언제나 좀 더 쉽게 일할 방법을 찾는 게으른 동물이다. 바퀴에서 스마트폰에 이르기까지 오늘날 세계에 알려진 가장 위대한 일부 혁신을 장려한 것은 인간에게 내재된 게으름의 특성이다.

니텐 나이르^{Nitten Nair}, 디지털 및 소셜 미디어 전략가

 Image Training

문화, 역량 증진, 참여, 인정, 부

최종 고찰

혁신적인 기술과 도구의 출현으로 교육산업이 변화하는 속도는 실로 놀랍다. 이 변화와 더불어 한때 학계의 '상아탑'에 보존되었던 정보를 온라인으로 접근하는 것과 같은 중대한 기회가 등장했다. 하지만 이처럼 접근성이 증가하면서 직원과 학생, (강좌의 교육적 가치와 그것을 지휘하는 사람들에 대한) 인기도를 둘러싼 경쟁 또한 치열해졌다.

창의적으로 생각하고 혁신을 수용하는 능력에 대한 요구가 높아졌으나 혁신자들은 대부분 의도적이든 우연이든 간에 이 능력이 교육을 받는 동안 향상되기보다는 거의 소멸된다는 사실을 인정할 것이다. 일반적으로 이는 교육자의 잘못이 아니라 낡은 전통에 젖어 있는 제도, 다시 말해 본질적으로 모험을 회피하며 자기실현적이고 내향적인 척도에 중독된 제도에서 비롯된 결과이다.

학계의 모든 주체가 교육 제도를 개선하고 조정해야 한다는 사실을 인정해야 한다. 학계가 타당성을 유지하려면 학생들에게 자신과 가족, 지역 사회와 사회 전반의 생활수준을 높일 수 있는 도구를 제공하는 한편, 그들이 당당하게 위험에 맞서고 그 과정에 실패를 만나더라도 흔들리지 않도록 그들을 위한 버팀목이 되어야 한다.

me-디어의 위력

무엇을 언제, 어디서, 어떻게 전달받고 싶은지 요구하기

keyword

제휴, 연결,
소비자, 창의적,
전달, 요구, 수행,
최종 사용자, 발전, 피드백,
영향력, 정보, 상호작용, 온라인,
허가, 공공, 발표, 공유, 사회적,
부족, 바이러스처럼

앞서 살펴보았듯이 (사회적이든 아니든) 새로운 me-디어 공간에서 활약하는 블로거와 마이크로 블로거의 혁신, 영향력, 자율성은 정치적인 면과 상업적인 면에서 권력의 대대적인 이동을 일으켰다. 폭에 못지않게 깊이 면에서도 대단한 이 이동이 가장 현저하게 나타나는 곳은 아마도 미디어일 것이다.

오스카 와일드는 널리 알려진 명언에서 다음과 같이 지적했다. "사람들의 입에 오르내리는 것보다 나쁜 단 한 가지 일은 사람들의 입에 오르내리지 않는 것이다." 나는 그가 소셜 미디어, 끊임없는 팝업 광고, 24시간 뉴스 채널, 채팅, 트위터 포스팅과 다른 매스컴의 시대에도 똑같은 의견을 고수할지 의문스럽다.

주제의 핵심이 중요하기보다는 개인이 주제의 중심이 되는 미디어에서 '바이러스처럼'이라는 단어를 둘러싸고 정신분열증과 비슷한 현상이 일어나는 것은 어쩌면 당연하다. 여러분의 '희소식'이 전 세계에 급속도로 확산된다면 멋진 일이다. 하지만 나쁜 소식이 '방화벽'의 경계선을 넘어 수많은 온라인 네트워크를 통해 미친 듯이 확산시키는 사람들이 있다면 큰 화를 당할 것이다.

네트워크의 위력은 자율적인 최종 사용자·소비자에게 유리한 방향으로 많은 것을 바꾸었다. 진정한 마이크로마케팅을 통해 메시지에 초점을 맞추고 개별 최종 사용자의 특정한 욕구를 충족시켜야 한다고 요구한다. 이런 요구로 말미암아 전통적인 미디어가 오늘날 개인 중심적인 'me-디어'로 탈바꿈했을지 모른다. 큰 시장에 초점을 맞추는 전통적인 포맷에도 똑같은 일이 일어나고 있다.

이른바 전통적인 미디어의 핵심인 기업이 혁신을 단행하고 혁신적으로 생각해야 할 필요성이 더욱 커지고 있다. 가장 고집스러운 기업(혹자는 무모한 기업이라고 표현할지 모른다)을 제외한 모든 기업이 이미 오래전에 구태의연한 비즈니스 모델을 폐기했다. 서적 산업이 대변동을 겪고 있다. 지금까지 출판업자의 임무는 책꽂이에 책을 배치하는 일이었다. 하지만 전자책(그리고 이 책의 독특한 출판 포맷으로 확인할 수 있듯이 현재 개선된 전자책과 온라인 생태계)에서 확인할 수 있듯이 문제는 이것이다. '책을 꽂을 책꽂이가 없다면 출판업자는 무엇을 해야 하는가?' '출판업자들은 앞으로 어떻게 변신해야 할까?' 출판 산업은 독자들이 가장 좋아하는 서점을 찾던 일과 비슷한 방식으로 온라인 책꽂이를 둘러볼 수 있는 방법을 찾아야 한다. 그리고 이 문제를 해결하려면 독자들에게 힘을 부여하는 혁신적인 도구를 개발해야 한다.

> 나는 현재 바라건대 QR 코드와 다른 형태의 인터렉티브 비디오가 포함될 요리책을 구상하는 중이다. 아울러 페이지 읽기 기술이 책에 포함되기를 바라지만 다른 모든 것과 마찬가지로 문제는 비용이 될 것이다.
>
> 톰 케리지Tom kerridge, 미슐랭 스타Micheline-starred의 인정을 받은 국제적인 요리사

작가 지망생들은 확실히 혁신적인 도구를 확보하고 마음만 먹으면 언제든 전자책을 발표할 수 있다. 이를 통해 이미 대성공을 거둔 작가들도 있다. 만일 작가들이 '직접 나선다'면 출판 산업과 한때 교정, 편집, 레이

아웃 같은 출판 분야에 종사하던 전문가들에게 어떤 일이 일어날까? 전자책의 대대적인 이동이 일어나기 전에는 작가들이 핵심 편집자들에게 가까이 가기 위해 몇 차례 관문을 통과해야 했던 반면, 지금은 어떤 재능이 필요하면 온라인으로 검색만 하면 그만이며, 그렇기 때문에 그들의 손끝에서 말 그대로 수백만 가지 결과가 일어날 수 있다. 아울러 작가들에게 무료 서비스, 무료나 다름없는 서비스, 혹은 유료 서비스를 작가들에게 제공하는 온라인 기업도 무척 많다.

'무료 혹은 유료'라는 선택은 신문, 잡지, 뉴스 네트워크 같은 전통적인 뉴스 매체의 비즈니스 모델을 좀먹는 난제이다(혹자는 암적인 존재라고 표현할지도 모른다). 수입과 독자를 읽지 않고 유료 온라인 서비스 모델을 찾는 데 성공한 '지면' 신문은 거의 없다. 영국의 《가디언》과 《파이낸셜 타임스》는 이 일에 성공한 소수의 신문에 속한다. 하지만 모든 성공담에는 완전히 주저앉지는 않았더라도 길을 잃고 허둥대던 수많은 실패담이 있다.

이런 상황의 한 가지 결과로 기업의 합병이 일어났다. 비아콤Viacom, 타임워너Time Warner, 뉴스코프News Corp가 금세 떠오를 것이다. 소수의 손에 수많은 미디어가 속해 있다는 사실이 미디어의 질에 나쁜 영향을 미쳤을까? 전통적인 언론이 뉴미디어의 등장으로 구닥다리 혹은 '수준 떨어지는' 일간지로 전락했을까? 많은 사람들이 자칭 코미디언 존 스튜어트Jon Stewart에게 코미디 센트럴Comedy Central의 '더 데일리 쇼The Daily Show'에 대한 통찰력과 조사를 바라는 것이 잘못일까? 전문가라고 자처하는 사람들에게 더 많은 것을 요구할 권리가 우리에게 있을까?

미디어의 투명성을 높여야 한다는 요구가 분명히 존재한다. 전례와 의제를 정할 때 기득권을 선언하는 경우에는 더욱 그렇다. 소수가 대중 매체를 장악하면 직접적이든 간접적이든 검열이나 제휴로 이어질 수 있다. 물론 블로거와 마이크로블로거들은 흔히 편파적이지만 일반적으로 그들은 돈을 받고 공평성을 유지하지는 않는다(혹은 그렇게 생각된다). 오히려 언론인이라고 자처하는 사람들에게 뉴스 기사를 쓸 때 폭넓고 깊이 있는 지식을 담는 한편, 신중하게 분석할 것(감히 말하건대 균형 잡힌 보도를 할 것)이라는 기대를 품는다.

그렇다면 이 문제에서 혁신은 어디에 있을까? 혁신적인 기술은 시각을 넓히는 일이며 이는 독자들에게 '모든 것을 가질 수 있는' 힘을 부여할 것이다. 비즈니스 모델과 자금 지원 모형을 혁신적으로 변화시키면 관심 있는 이해관계자들이 기업에 계속 남아 있을 것이다. 과학과 사회적 이니셔티브, 예술 프로젝트, 잡지, 서적에 자금을 제공하는 수단으로 크라우드펀딩을 이미 이용하고 있다. 갈수록 사람들의 외면을 받는 푸시 광고의 족쇄로부터 해방되는 과정에 자금을 제공할 경우에도 이용할 수 있다. 앞으로 잡지와 신문, 다른 미디어뿐만 아니라 현재 푸시 광고에 의존해 수입을 거두는 많은 기업에 혁신적인 수입 모형을 제시할 기술이 등장할 것이다.

미디어가 점점 'me-디어'가 됨에 따라 독자와 시청자들(최종 사용자들)이 그 변화를 주도할 수 있는 유력한 위치를 차지할 수 있을 것이다. 뉴스를 '바로잡기 위해' 이용할 수 있는 방법이 무척 많아짐에 따라 독자들이 자신에게 주어지는 것이 아니라 자신이 원하는 것을 얻는 것이 새로운 게임 규칙이 되었다. 따라서 나가기 버튼은 앞으로도 최종 사용자들이 앞으로 얻을 가장 강력한 도구로 남을 것이다.

데이비드 보먼^{David Bohrman}

커런트 TV^{Current TV} 대표인 데이비드 보먼은 30년 넘도록 다양한 경력을 쌓았다. 텔레비전과 다른 신 미디어 분야의 경영자로서 네트워크, 유선 방송, 신 미디어와 온라인 미디어에 종사하면서 에미 상^{Emmy}, 피바디 상^{Peabody}, 프레스클럽 상^{Press Club} 등 수많은 상을 받았다. 세계적으로 존경받는 선구적인 사상가인 그는 뉴스 프로그래밍과 특별 행사 뉴스 보도의 가장 혁신적이고 영향력 있는 변화를 주도했다.

당신은 평생 '성과를 높이는 방법을 제시'했습니다. 당신이 '땜질'이라고 표현한 것에 대해 좀 더 말씀해주시겠습니까?

초창기 사례를 들어드리죠. 1987년 나는 ABC 뉴스에서 일했는데 주로 특별 행사의 선임 프로듀서를 맡았고, 1988년에는 대통령 선거를 준비하고 있었습니다. 30~40년 동안 프로듀서들은 앵커들에게 5×8 카드에다 정치 집회, 후보자, 연설에 관한 정보를 적어주었죠. 구식인데다 어떻게 보면 멍청한 방식이었습니다. 우리는 컴퓨터 시대에 살고 있었는데……ABC에 컴퓨터 시스템은 존재하지 않았죠.

전 우연히 처음으로 선보인 하이퍼카드HyperCard를 알게 되었어요. 그래서 상사들을 위해 데모를 만들었습니다. 카드를 잔뜩 쥐고 있는 대신 버튼을 누르면 인물 소개와 정보를 얻을 수 있는 카드였습니다. 상사는 "성공하지는 못하겠지만 시도해보라"고 말했습니다. 저는 애플에 연락해서 결국 당시 하이퍼카드 스택stack이라고 부르던 것을 만들었죠. 지금 당신이 그걸 본다면 웹사이트라고 부를 겁니다.

제가 주로 프로그래밍을 했고 애플 사람들이 더 어려운 부분을 담당했죠. 피터 제닝스Peter Jennings는 선거가 있던 한 해 동안 방송에서 그것을 사용했는데 나중에 이를 토대로 ABC 뉴스 인터렉티브가 탄생했습니다. 어떤 네트워크에서도 사용하지 않았던 최초의 뉴 미디어 유닛이었죠. 그것을 계기로 저는 우리의 임무(선거와 집회 취재와 정보 수집)를 더욱 효과적으로 수행할 수 있는 방법을 찾고 싶었습니다. 그렇게 해서 최고의 맞춤 하이퍼카드 스택이 탄생했고 애플·맥월드 최초의 슈퍼스택스SuperStacks 대회에서 1등상을 받았죠.

학부에서 물리학과 천문학을 공부한 덕분에 전 대부분의 텔레비전 프로듀서와는 배경지식 면에서 달랐습니다. 컴퓨터를 다룰 수 있었는데 그래서 마침내 어떤 일이 일어날 수 있는지 알았죠.

사실 전 메모를 거의 쓰지 않습니다. ABC에서 13년 동안 일하는 동안 메모가 아마 다섯 개 정도였을 겁니다. 하지만 '미래'라고 불렸던 메모를 쓴 적이 있어요. 1990년 썼던 그 메모에서 제가 앞으로 일어날 것이라고 생각했던 내용을 적었죠. 상당히 정확한 내용이었습니다. 월드 와이드 웹

이 등장하기 3년 전이었는데, 주문형 비디오 시스템에서 라이브 스트리밍에 이르기까지 지금 우리가 수행하는 모든 일이 담겨 있었죠…… 그런데 얼마 전 ABC를 매입한 당시의 새로운 경영진은 그냥 웃어넘기더군요. 그들은 그게 무슨 뜻인지 이해하지 못했고 그래서 중요한 기회를 잃었습니다.

메모랜덤　　　ABC 뉴스 인터렉티브

데이비드 보먼

실행 제작자

받는 사람: 어윈 와이너Irwin Weiner

날짜: 1990년 2월 26일

제목: 미래

최근 인터렉티브 기술과 컴퓨터, 영상 등에 관한 회담과 회의에 참석할 때마다 우리가 중대한 커뮤니케이션 혁명을 목전에 두고 있다는 확신이 점점 커집니다. 나는 어떤 일이 일어날 수 있는지 간단히 살피고 ABC 직원들이 이에 대비할 수 있는 방안에 대해 몇 가지 조언을 하고 싶습니다. 이는 중대한 문제가 될 것이며 여기에서 발생할 수익은 매우 클 것입니다.

　영상, 컴퓨터, 텔레비전, 유선 방송, 정보 회수 기술이 모두 집중되고 있습니다. 몇 년 안에 이들은 아주 밀접하게 연결되어 사실 한 거대한 동물을 구성하는 요소들이 될 것입니다. 1980년대 유선 방송과 비디오 대여업이 거둔 성과를 몇 배 확대해보십시오. 그러면 내가 생각하는 1990년대의 전반적인 상황을 이해할 수 있을 것입니다. 뉴스 수집 방식 또한 바뀔 가능성이 있으나 그것이 배급되는 방식과 사람들이 텔레비전을 보는 방식은 확실히 바뀔 것입니다.

　알다시피 인터렉티브 부서가 거두는 성과를 설명하고 입증할 때마다 우리는 언젠가 비디오

디스크가 낙후되며 앞으로 사람들이 직접 'ABC 뉴스의 본부'에 직접 접속할 것이라는 사실을 덧붙입니다. 나는 몇 년 안에 이런 일이 실제로 일어날 것이라고 확신합니다.

집에서 '스마트' 텔레비전을 켜고 어젯밤 방송된 '월드 뉴스' 머릿기사, 지난달의 '나이트라인', 아폴로 11호 미션 보도 기사, 지구의 날 이후의 환경 뉴스, 마틴 루터 킹의 '나는 꿈이 있습니다' 연설, 1964년 이후의 아메리칸 밴드스탠드American Bandstand, '어벤저스'나 '문라이팅' 방송분, 〈스타 워즈〉의 스테레오 버전, 링컨 센터에서 열리는 콘서트, 슈퍼볼 첫 경기, 혹은 1792년 올림픽 경기를 보기로 선택한다고 상상해보십시오. 언젠가 시청을 원하는 모든 사람들이 실시간으로 이들뿐만 아니라 영화와 영상 보관실에 있는 모든 프로그램을 ……유료로 이용할 수 있을 겁니다.

이 일을 가능하게 만들 모든 기술이 제 궤도에 오르고 있습니다. 이미 많은 소규모 조직이 모든 조각을 조합하기 위해 노력하고 있습니다. 전국의 전화 회사들은 미국 전역 혹은 대다수 지역을 광섬유로 재배선할 수 있기를 간절히 바랍니다. 디지털 영상 저장 기법이 발전해 현재 거의 이용할 수 있는 단계에 이르렀습니다. 그리고 (누구보다도) 우리는 콘텐츠를 가지고 있으며, 콘텐츠는 수익 창출의 핵심 요소가 될 것입니다.

지난 주 캘리포니아에서 열린 한 회의의 기조연설에서 존 스컬리John Sculley는 ABC 뉴스의 미래상인 ABC 뉴스 인터렉티브 온라인을 제시했습니다. 우리는 이 기술로 사람들이 무슨 일을 할 수 있는지를 어렴풋이나마 확인할 수 있는 비디오디스크를 제작했습니다. 그것은 대성공을 거두었고 이 많은 아이디어와 토론의 계기가 되었습니다.

이런 일이 일어날 것입니다. 우리는 이 개념을 파악하고, 책임지고, 정의하고, 실현하고, 그것으로부터 수익을 거둘 기회를 가지고 있습니다. 다른 사람에게 기회를 빼앗기지 말아야 합니다. 이 길에는 청중들에게 제시할 콘텐츠를 확보한 모든 사람을 위한 공간이 존재하지만 우리가 최대한 많은 공간을 차지하지 못할 이유는 없습니다.

나는 이런 가능성에 대처할 방법을 이해하는 똑똑한 인재를 아직 발견하지 못했습니다. 하지만 우리가 이 분야를 선점할 수 있을 때를 대비하기 위해 취할 몇 가지 초기 조치가 있다고 생각합니다.

1. 입수할 수 있는 영화나 영상 보관실을 모두 매입한다(혹은 우리가 소유하고 싶은 자료를 보유한 다른 보관실을 은밀하게 찾는다).

   - 반드시 뉴스와 관련된 자료가 아니어도 좋다. ABC/캐피털 시티스ABC/Capital Cities가 현재 우리가 보유한 나머지 모든 자료와 함께 온라인에 게재할 수 있는 연예, 스포츠, 음악, 영화 보관실을 확보할 것으로 기대한다. 이 새로운 세상에서 사람들은 동네 비디오 대여점에 가지 않을 것이다…… 텔레비전 메뉴에서 보고 싶은 프로그램을 선택하고 곧바로 볼 수 있기를 기대할 것이다.

2. 다른 회사와 제휴를 맺는다.

   - 우리 보관 센터와 연결해 정보를 제공받기가 용이하도록 만들 회사(예컨대 전화 회사), 디지털 영상 보관 시스템을 연구하고 구축하는(역시 전화 회사), 그리고 텔레비전 제조업체(HDTV 경로를 통해 이 모든 일에 관여하고 있는 소니 같은 회사)와 협력해야 한다.

3. 인터렉티브(적절한 연구개발비와 몇 가지 목표를 확보한)가 결국 ABC나 캐피털 시티스의 다른 출판부로 발전할 핵이 된다고 생각해보라. 결국 이 부서는 뉴스 자료를 이용하겠지만 거기에 그치지는 않을 것이다.

4. 현재 우리가 하고 있는 일에 대한 대중의 인식을 높인다. 우리는 휘틀Whittle의 채널 원Channel One을 훌륭하게 대체할 수 있다. 우리는 인터렉티브 교육 비디오디스크의 선두주자이다. 이미 시장에 다섯 가지 제품을 출시했다(미국과 일본에서 소비자와 교육을 겨냥한 제품을 출시했다). 우리는 자유자재로 운용할 수 있는 텔레비전 네트워크를 소유하고 있다. 이를 신뢰할 수 있고 효과적인 방식으로 이용할 방법을 파악해야 한다.

이 모든 일을 실현하기 위해 노력하는 일부 집단들이 이미 우리와 접촉을 시도하고 있습니다. 나는 어제 사우스웨스트 벨SouthWest Bell의 한 선임 기술원으로부터 전화를 받았습니다. 그는 새로운 정보 회수 기술을 알리는 간단한 광섬유 시연을 하고 싶다고 말했습니다.

비록 이 메모는 앞으로 펼쳐질 수 있는 일의 일반적인 개관에 지나지 않지만 나는 이 모든 일을 실현하기 위해 누가 어떤 일을 하고 있는지 세부사항을 제공할 수 있습니다.

짐작컨대 이 모든 일이 상당히 원대한 포부처럼 들릴 것이며 일부는 실상 아직 먼 이야기입니다. 하지만 나는 이런 발전 상황의 여러 가지 사전 요소들을 살펴보았습니다. 물론 장애물도 존재하며 위험하지 않은 일은 없다고 생각합니다. 그러나 나는 유일한 질문은 '만일~ 한다면?' 이 아니라 '언제?'라고 진심으로 믿습니다.

DB

당신은 분명 다양한 지식 흐름의 교차 수정과 교육의 '무경계화'를 믿는 사람의 전형입니다. 이 교차 수정을 당신이 일하고 있는 토양에 도입하고 솔직히 말해 상당히 많은 것을 얻어내죠. 제가 보기에 이것은 혁신뿐만 아니라 당신이 몸담은 산업의 필수 조건입니다.

맞습니다. 그래요. 핵심은 다양성입니다…… 아이디어와 경험의 다양성이죠.

당신은 경력을 쌓으면서, 이를테면 당신이 쓴 '미래' 서류를 제출했으나 무시당했을 때처럼 이 혁신적인 개념을 발전시키기 위해 노력하면서 얼마나 큰 좌절을 느끼나요?

음, 사람들은 그냥 하던 일을 계속합니다. ABC 뉴스가 우리처럼 했다면 상당히 새로운 미디어가 되었을 겁니다. 하지만 그들은 그 길을 택하지 않았고 세상은 계속 진화했죠. 전 그런 아이디어들을 ABC에 도입하려고 노력했으나 한두 번 정도 막혔습니다……

안타깝게도 전 NBC에서 O. J. 심슨 O. J. Simpson 재판의 전모를 생중계했어요…… 그때 취재 계획을 세우는 중이었는데 애플에서 조만간 출시할 퀵타임 VR Quick Time VR에 대해 이미 알았죠. 심슨 사건의 범죄 현장을 빌리고 사진작가를 고용해서 그러니까 열다섯 노드쯤 사진을 찍었어요. 그런 다음 200장 정도의 사진을 3D 장면으로 만들었고 우리의 법 담당 특파원 잭 포드 Jack Ford가 그걸 썼습니다. 생방송을 할 때 그는 심슨 집의 범죄현장을 구글 맵에서 볼 수 있는 이른바 거리뷰로 보면서 보도했죠.

CNN의 워싱턴 지사장이 되었을 때 저는 워싱턴 지사를 운영하는 것은 물론이고 워싱턴의 모든 특별 행사와 뉴스 취재, 프로그램을 감독했습니다. 다양한 예산을 책임지고 있었던 터라 예산을 넘지 않는 선에서 제가 지출을 결정할 수 있었어요. 그래서 매직 월 Magic Wall을 구입하고 일부 자원을 홀로그램을 만드는 데 투자할 수 있었던 겁니다. 일을 할 때마다 허락을 구할 필요가 없었으니 운이 좋았지요.

혁신, 탐구, R&D, 가능한 미래를 창조하는 과정을 책임지는 사람들은 기업의 촉수와도 같다. 그들은 모두 열매를 맺지는 않겠지만 많고 많은 아이디어에 불을 지핀다. 하지만 그러려면 기업의 정치적 통일체에 속하지는 않더라도 적어도 가까워져야 한다. 내부로부터 성공적인 혁신을 수용하기 위해서는 사람들이 혁신을 믿고 그것이 성장하고 실패할 여지와 자원을 제공해야 한다.

혁신의 핵심은 변혁과 실험이다. 이 가정을 실현하려면 이 가정을 매일 실행하고, 다른 사람의 아이디어에 기꺼이 귀를 기울이고, 특이한 것을 수용하고, 모든 사람을 평등하게 대하고 자신의 퇴보를 상상해야 한다.

두려움은 혁신을 파괴한다. 사사건건 간섭하는 관리자, 끝도 없는 지부와 부서, (협력적이기보다는) 경쟁적인 검토와 보상, 내부 정치, 불확실한 역할, 보고와 책임, 족벌주의, 두려움의 문화, 이 모든 것이 혁신을 불가능하게 만든다.

파리스 야콥Faris Yakob, 수상 경력이 있는 전략가, 크리에이티브 디렉터, 작가, 연사

효과가 없으면 허락보다는 용서를 구하고 빠져나갈 수 있잖아요.

그렇죠. 그럴 수 있습니다. 그런데 다른 형태의 현실들이 존재하죠. 제가 벌인 일은 순조롭게 진행되었습니다.

제게 특허가 하나 있어요. 그걸 보면, 비선형적 편집에 대해서 말하려는 게 아닙니다…… 아무튼 그 특허를 보면…… 그건 기본적으로 비선형적 편집이에요. 하이퍼카드 시스템이 있었는데 그것이 ABC 뉴스에서 레이저 디스크를 이용하는 인터렉티브 비디오 유닛으로 발전했습니다…… 우리는 제가 다큐멘터리 메이커라고 부르는 것을 만들었어요. 비디오 세그먼트를 재배열하고 새로운 '인'과 '아웃'을 선택하면 실제 디스크에 있는 순서가 아니라 여러분이 선택한 순서로 컴퓨터가 자동으로 재생하는 건데 비선형적 편집에서는 필수적인 과정입니다.

우리는 ABC에 특허를 신청했습니다. 특허는 따냈지만 실제로 움직여서 그것을 시행하고 설립해야 한다고 여러 차례 주장했음에도 무시를 당했죠. 한두 차례 부활시키려고 애썼지만 원칙적으로 폐기되었습니다. (하지만) 그것은 애보트Abbott와 소니 등 다른 비선형적 편집자들의 여러 가지 다른 특허에 등장했죠.

그것들은 모두 서로 관련이 있는데다 몇 년 동안 확산되어 서로 얽히다가 결국 그 당시의 모습을 갖추게 되었죠. 그러니까 1980년대 후반과 1990년대 초반에 일어났던 뉴스 제작과 뉴 미디어의 요소들을 확보한 겁니다. 그런 다음 NBC로 옮겼는데 그곳에서 국장 한 사람과 함께 가상 세트에 대해 많이 배웠어요. 그때 그게 무척 유행이었으니까요. 지금도 그렇지요.

가상 세트는 어느 정도는 효과적이었으나 그리 대단하지는 않았어요. 질이 약간 낮아보였거든요. 1995년 중반 우리는 전 세계를 여행하면서 고급 연출과 가상 세트에 대해 많이 배웠고 그래서 선거 개표 방송에서 우리가 가상 국회의사당, 가상 그래픽, 혹은 고급 연출 요소가 필요할지 모르겠다고 생각했죠. 그러다가 가상 세트가 모의 비행 장치와 비슷하다는 생각이 퍼뜩 들더군요. 컴퓨터의 속도에 따라 가장 현실과 가까운 모습을 실시간으로 그려내니까요. 제가 NBC에서 가장 먼저 한 일은 가상 보스니아를 만드는 일이었습니다. 보스니아가 뉴스에 나왔기 때문이죠. 우리는 텔레비전에서 실시간으로 보여줄 수 있는 저공 능력을 갖추었습니다.

그 직후 NBC에서 유선 방송 채널인 MSNBC를 만들 계획이라고 발표했습니다. 전 착수 팀의 일원으로 몇 가지 일을 맡았는데 지금 말씀드릴 내용은 제가 솔레다드 오브라이언^{Soledad O'Brien}과 함께 '더 사이트^{The Site}'라는 프로그램을 만들었다는 겁니다. 우리는 설비를 만들고 기술계에서는 매우 유명한 오닉스Onyx와 리오 래포티Leo Laporte가 카메라 앞에서 모션 슈트를 입고 가상의 인물을 창조했죠. 데브 널Dev Null이라는 인물은 당시 세트에 있던 에스프레소 바의 바리스타였습니다. 그는 질문에 답하면서 실시간으로 연기를 했죠…… 솔리다드와 상호작용하는 만화의 등장인물 같았습니다. 가상 인물을 생중계 비디오로 대체할 수 있다는 사실을 알게 된 것은 바로 그 무렵 1996년이었습니다. 실제로 대체하기까지 15년이 걸렸고 매우 복잡한 일이었지만 홀로그램의 모태가 되었죠.

당시 저는 수도Pseudo라는 회사의 CEO도 겸하고 있었어요. 2000년에 우리는 필라델피아에서 열린 한 정치 집회에서 라이브 스트리밍을 했죠. 인터넷이 몰락하면서 수도는 파산했지만 사용자가 만들고 상호작용하는 스트리밍이었습니다. 수도가 좀 더 일찍 등장했고 경제 사정이 더 좋았다면 유투브가 되었을 거라고 생각해요. 그것은 이후 상황이 개선되면서 중대한 요소로 자리 잡았던 스트리밍, 실시간 소셜 미디어 상호작용이었으니까요.

그리고 나서 결국 CNN으로 돌아왔어요. 지금은 맵핑과 실시간 관련 일을 하고 싶습니다. 예전에 지오인트Geoint라는 스파이 트레이드 쇼에 간 적이 있어요. 원격 감지 위성 이미지 커뮤니티 전문 트레이드 쇼였죠. 새로운 디스플레이 테크놀로지를 찾고 있던 참이었는데 그곳에서 매직 월을 발견했습니다. 프라이머리 커버리지를 시작할 계획이었던 우리는 매직 월을 뉴욕으로 옮겼고, 이는 존 킹John King과 손을 잡은 후에 발전했죠.

2004년 선거 기간 중에는 1950~1960년대를 연상시키는 전자 방식을 택하고 싶었는데 나스닥NASDAQ에서 중계하면 어떨까 하는 아이디어가 떠올랐죠. CNN 대표는 미친 짓이라고 생각하면서도 "한 번 해보라"라고 허락했습니다. 그래서 결국 2004년 스크린 72대가 있는 나스닥에서 선거 개표 방송을 하게 되었죠. 전송하면서 말과 영상을 삽입하기가 여간 복잡하지 않았지만 이때 '상황실'이라고 불리는 CNN의 텔레비전 방송이 탄생했습니다. 이는 큰 게시판과 그래픽이 등장하는 CNN의 모든 방송의 효시가 되었죠. 현재 CNN뿐만 아니라 대부분의 텔레비전에서는 선거 방송과 일일 뉴스 취재에서 이런 큰 그래픽 벽을 채택하고 있어요.

2006년 선거 방송의 리허설을 하던 중에 구글의 에릭 슈미트가 잠시 짬을 내어 찾아왔습니다. CNN의 열렬한 팬이었던 그는 제게 이렇게 말했죠. "구글이 당신을 위해 무슨 일을 할 수 있는지 알려주시죠." 1년쯤 지나고 나서 전 당시 CNN 사장이던 존 클라인Jon Klein의 집무실을 찾아갔습니다. 토론 구조와 포맷에 대한 몇 가지 흥미로운 아이디어가 있었거든요. 그의 대답은 이러했습니다. "2분 정도 만나고 올 사람이 밖에 있습니다. 돌아온 다음에 사용자의 아이디어를 대화에 포함시킬 수 있을지에 대해 말해봅시다." 그리고 2분 후에 나는 실제로 유투브 데이터베이스를 제시했어요.

그 2분 동안 기자가 아닌 사람들이 온갖 질문을 할 수 있는 토론이 가능하다는 생각이 떠올랐습니다. 존이 2분 동안의 만남을 끝내고 돌아왔을 때 이 아이디어를 내놓았죠. (지금은 간단하고 쉬운 일이지만) 당시로서는 '복잡한 일'이었습니다. 존은 마음에 들어 했습니다. 저는 다시 에릭 슈미트를 찾았죠. 그들은 때마침 유투브를 매입해서 무언가 하고 싶어 몸이 근질거리는 사람들과 연결된 상태였습니다. 우리는 여러 정당과 이야기를 나누었죠.

민주당은 뉴 미디어를 이용하는 일에 관심이 무척 많았던 터라 결국 2008년 우리의 토론을 선거 운동의 첫 공식 토론으로 허락하기로 결정했어요. 그것이 바로 민주당 유투브Democratic YouTube가 되었습니다. 그리고 공화당도 그렇게 해야만 했죠.

그것으로 토론의 형태가 어느 정도 바뀌었습니다. 앞으로 어떻게 진화할지 누가 알겠습니까만, 저는 전 국민이 언제나 대통령 후보자들에게 질문하는 과정에 특정한 역할을 담당할 거라고 생각합니다.

2008년 선거에서 실시간 3D 중계방송에 필요한 그래픽은 품질은 더욱 좋은 반면, 가격은 더욱 낮아야 했어요. 그때 제가 홀로그램 아이디어를 실험하자고 아이디어를 내놓았습니다. 편집 면에서는 그리 대단한 일이 아니었지만 제 생각에 그것은 텔레비전 발전 과정에 무척 흥미로운 단계였습니다.

ABC에 처음으로 근무하던 시절로 돌아가면 전 당시 '나이트라인'의 일원이었습니다. 제가 맡은 한 가지 임무로 에베레스트에서 보도하는 생방송이 있었죠. 그때 테드 코플Ted Koppel은 그걸 몹시 싫어했습니다. 그가 '나이트라인'에서 물러났을 때 울프 블리처Wolff Blitzer는 테드와 이야기를 나누라며 제프 그린필드Jeff Greenfield와 나를 상황실로 불렀어요. 제가 그 문제를 언급하자 테드는 다음과 같이 말하더군요. "음, 데이비드, 당신이 생방송 보도에 대해 말했을 때 내가 생각했던 건 볼 게 없다는 거였소…… 어쩌면 구름 한 점이 떠다니겠지요. 하지만 당신이 본 것은 우리가 (지구상에서 가장 외딴 곳인) 에베레스트 산에서 생방송 보도를 할 수 있다면 어떤 것도 우리가 생방송으로 뉴스를 즉시 보도하지 못하도록 막을 게 없다는 사실이었죠."

전 홀로그램에 대해서도 같은 생각을 하고 있습니다. 제가 아는 한 그 것은 우리가 할 수 있고 그리 복잡하지 않을 것이라는 사실을 어렴풋이나마 보여주죠. 그 일은 상당한 주목을 받았습니다. 매우 재미있고 대단한 일이었죠. 그 수준에서는 중요했지만 편집 면에서는 그렇지 않았습니다.

CNN은 그 자체로 자동적으로 게임 체인저였습니다. CNN이 예컨대 지상파 뉴스 프로그램에 미친 영향을 본다면 특히 그렇죠. 커런트 TV가 그런 영향을 미치고 있다고 생각하십니까?

모르겠습니다. 우리는 소규모 독립 채널이라는 사실을 자랑스러워하는 한편 상처도 입죠. 당신을 공동으로 홍보할 수 있는 50여 개의 대규모 네트워크에 속하지 않는 채널이 두각을 나타내기는 어렵습니다.

앞으로 커런트 TV에 등장할 것이 많다고 상당히 확신합니다. 하지만 솔직히 커런트가 두각을 나타내고 성공을 거둘지 혹은 누군가의 DNA에 자리를 잡고 전달될 것인지를 지금 당장 말할 수는 없어요. (이 인터뷰는 커런트 TV가 카타르에 본사를 둔 방송사인 알 자지라에 매각되기 3주 전인 2012년 12월 14일에 진행되었다.)

당신은 텔레비전과 뉴 미디어의 발전 과정을 조감도를 보듯이 지켜보았습니다. 그리고 당신의 부친은 요즘에 와선 보기 드문 조사 보도로 유명하시죠. 이런 보도에 대한 관심을 다시 불러일으킬 방법이 무엇이라고 생각하십니까?

전 사실 조사 보도가 되살아나고 있다고 생각합니다. 워터게이트 사건 직후부터 매우 풍부해진 것 같아요. 당시 네트워크들은 영리 단체가 아니라 시민 책임 단체로 생각되었죠. CBS 뉴스에 CBS 리포트가 있었고, NBC에는 자사의 백서가 있었으며, ABC도 마찬가지였습니다. 워터게이트 사건이 터졌던 때와 그 이후에 절정에 이르렀죠. 그러다가 뉴스의 수익률이 중요해지면서 사라지기 시작했죠.

아마 당신은 조사 보도가 한층 더 쉬워지고 비용이 적게 들뿐만 아니라 많은 사람들이 참여해 창조하고 편집할 수 있으며 앞으로 그 추세가 되살아날 것이라는 사실을 확인하고 있을 겁니다. 투자를 늘려야 합니다. 전 아이디어를 제시하거나 스토리를 목격하고 전달하고 싶어 하는 사람들의 미래가 밝을 거라고 생각해요. 웹과 기술이 존재하는 지금 사건을 파헤치기가 더욱 쉬워졌죠. 아이디어가 거품처럼 일어날 수 있으며 자신의 스토리를 전하거나 기록하거나 혹은 조사를 하고 싶어 하는 사람들을 위한 기회가 증가했습니다.

현재 진행 중인 프로젝트가 있습니까?

우리는 바로 얼마 전 커런트와 집회, 그리고 선거 집계 방송에서 사용자 생성 텔레비전의 1.0과 1.5버전을 실행했습니다. 전 우리 웹 팀에게 다른 사람들이 트위터를 화면 하단에 띄웠다고 설명했죠. 하지만 머릿속으로는 거품이 한창 일고 있는 샴페인 잔의 모습을 떠올리며 이렇게 말했어요. "이 거품 하나하나가 세계에서 일어나고 있는 대화이고 여러분은 대화의 내용을 어느 정도 알고 있으며 여러 대화에 뛰어들어 참여할 수 있다고 상상해보십시오." 이런 설명이 실제로 효과가 있었습니다. 선거 중계방송 기간 동안 우리의 온라인 팀이 커런트를 위해 창조한 것이 바로 그런 기회였죠……

우리는 웹사이트에 접속한 사람들이 거의 3차원적인 방식으로 트위터를 통해(현재 우리는 잠정적으로 트위터로 범위를 제한하고 있습니다) 세계에서 진행되고 있는 대화를 디지털로 이해하고 이리저리 떠다니면서 대화를 지켜보고 뛰어들어 참여하며 다른 사람들과 상호작용할 수 있는 시스템과 구조를 구축했습니다.

전 사용자 상호작용의 크로스 플랫폼 공유가 커런트의 주된 초석이라고 생각해요. 우리는 그것이 어떤 결과를 거둘지에 대해 생각하기 시작했습니다. 우리의 프로그램들을 대부분 그런 식으로 생각합니다. 우리에게는 도전이 되겠죠. 기술적인 도전이 많지만 그렇다고 트위터 세계가 이것이 발전할 방식을 결정하시는 않을 겁니다. 사람들과 그들이 이런 도구를 이용해 가장 많이 상호작용하고 만족을 얻을 수 있는 장소가 결정적인 요소가 될 겁니다.

수많은 정의가 존재하며 개중에는 매우 적절하고 정돈된 개념들도 있다. 나는 개인적으로 혁신 같은 개념을 정의하는 일은 창의력을 정의하는 일과 약간 비슷하다고 생각한다. 혁신을 틀 안에 넣고 일련의 특성으로 요약한다면 결국 그

것을 이해하지 못할뿐더러 본질적으로 경계를 깨트려야 하고 정의할 수 없는 대상에 한계를 정하게 될 것이다.

혁신에 대해 더 많이 배워야 한다. 더욱 효과적으로 그리고 더욱 자주 배울 수 있다. 하지만 혁신을 정의하려고 애쓰기보다는 어쩌면 혁신이 일어나는 다양한 조건이나 상황에 초점을 맞추어야 할 것이다. 이런 식으로 무엇이 등장하거나 등장했을 때 어떤 모습일지보다는 혁신이 일어나도록 허용하거나 권장하는 방법을 이해할 수 있을 것이다.

제임스 가디너[James Gardiner],
혁신적인 건설 기술 분야에서 세계적으로 유명한 선구적인 사상가

 Image Training

제휴, 진화, 정보, 온라인, 공공

세스 고딘[Seth Godin]

세스는 14권의 베스트셀러를 발표했으며 이들은 30여 개의 언어로 번역되었다. '미국에서 가장 위대한 마케터'로 인정받는 그는 인터넷에서 큰 인기를 얻고 있는 블로그의 작가이다. 그의 최신작 『이카루스 이야기』를 위한 킥스타터[Kickstarter]의 홍보 활동은 목표를 성취한 속도와 규모 면에서 신기록을 세웠다. 세스는 수십 개 회사를 설립

했으나 대부분 실패했다. 하지만 그가 처음으로 설립한 인터넷 기업으로 1988년 야후!가 인수한 요요다인^{Yoyodyne}은 퍼미션 (온라인) 마케팅^{Permission} Marketing(고객에게 동의를 받은 마케팅 행위 ─ 옮긴이)의 선구자였다. 그의 최신 기업 스퀴두 닷컴^{Squidoo.com}은 자선기금을 모으고 100만 명이 넘는 회원들에게 로열티를 지불한다.

당신의 최신작『이카루스 이야기』는 출판업계 혁신의 '다음 단계'이며 관계 경제에서 번성하는 방법을 보여주는 훌륭한 사례입니다. 당신은 주목과 관계를 공동 목표로 삼아 '트라이브를 체계화하고 서적 출판업계가 더욱 정진해 소매업을 진지하게 수행하도록 설득하는 것'이 프로젝트의 핵심이라고 지적했습니다. 목표는 무엇인가요?

책을 읽고 싶어 하는 사람들에게 중요한 책을 선사하는 일이죠. 뒤죽박죽 된 서점이나 인터넷의 롱테일(종류는 다양하나 소량으로 생산된 비주류 상품이 대중적인 주류 상품을 밀어내고 시장점유율을 높여가는 현상 ─ 옮긴이) 때문에 양서들이 사라지는 어처구니없는 일이 일어나서는 안 됩니다.

직접 게재하신 한 블로그 포스트에서 당신은 니콜라 테슬라가 '조롱받고 소외되고 무시당하며' 토머스 에디슨 같은 마케팅과 비즈니스 전문가에 밀려 빛을 잃었다고 지적했습니다. '테슬라 타입'이 웹 같은 도구를 이용하면 기업 머신을 동원할 필요가 없이 직접 '트라이브'에 도달할 수 있으니 색다른 경험을 얻을 수 있다고 생각하시는 건가요?

초크 포인트(잡지나 케이블 텔레비전의 서비스, 서적클럽 등의 가입자들이 포화되는 점이나 상태 ─ 옮긴이)와 필터가 없기 때문에 효과적인 아이디어가 표면화되기

쉽다는 사실에는 의심의 여지가 없습니다. 이런 아이디어들이 언제나 획기적인 발견처럼 보이지는 않지만 모든 것을 바꾸어놓은 다음에는 사정이 달라지죠.

대부분의 e-클라우드 모형을 보면 주로 끼어들기 마케팅과 트롤링 데이터의 확장판에 토대를 두고 있는 것처럼 보입니다. 당신이 퍼미션 마케팅으로 제안한 유형의 능력을 제공하려면 어떤 혁신이 필요하다고 생각하십니까?

글쎄요. 예를 들어 드롭박스는 100퍼센트 바이럴 플러스 퍼미션 마케팅입니다. 강매나 스팸이 없죠. 인터넷의 핵심은 공유이고 클라우드는 공유를 확대합니다.

출판업계에서 발행인의 필요성이 사라질 것이라고 예측하십니까?

출판과 인쇄는 물론 매우 다릅니다. 출판은 위험을 무릅쓰고 새로운 아이디어를 독자들에게 전달하는 일이죠. 인터넷은 이 모든 필요성을 완전히 뒤엎어버리는 과업을 성취하고 있습니다. 중개인이 없어질 것이라고 생각하지는 않지만 그들에게 필요한 스킬 세트는 달라질 것이라고 확신합니다.

기존 경영자들의 사고방식과 기업을 성공적으로 디지털 경제로 전환시키려면 그들에게 어떤 스킬을 다시 가르쳐야 할까요?

아직도 사고방식을 바꾸지 않은 경영자라면 마음을 졸여야 할 겁니다. 수치스러운 일이죠. 만일 그렇다면 업계가 사라지면서 수많은 고통과 혼란이 일어날 겁니다.

이런 통찰력을 얻으려는 독자들에게 추천할 만한 길이나 도구 세트가 있습니까?

물론입니다. 가장 간단하고 명확하며 중요한 일은 출발하는 겁니다. 시작하십시오. 실천하십시오. 자신을 그곳에 보내십시오. 주말이든 저녁이든 상관없습니다. 그냥 출발하십시오. 실천하지 않으면 이해할 수 없습니다.

> 핵심 혁신이 중요하다. 흥미롭게도 혁신자가 되는 것이 중요하다. 하지만 이따금 혁신자가 된다고 해서 언제나 무언가를 발명하는 것은 아니다. 혁신자는 실제로 혁신하고…… 수립하고…… 실행할 수 있어야 한다.
>
> 린다 젠킨슨Linda Jenkinson, 레스콘시어지스사LesConsierges Inc의 공동 창립자 겸 회장

 Image Training

실천, 허용, 공유, 부족, 바이러스처럼

게르드 레온하드Gerd Leonhard

사진 제공: F. 애먼F. Ammann

게르드 레온하드는 유명한 미래학자, 작가, 도발적인 기조 연설가, 싱크탱크 리더, 자문, 그리고 디지털 비즈니스 모델, 소셜 미디어, 소비자 동향, 기업가 정신, 브랜딩, 저작권 광고, IP 보호 분야 등 다양한 분야에서 활약하는 국제적인 선구적 사상가이다.

당신은 주도적으로 참여하는 워크숍과 1단계 수준의 다양한 기업에 제시하는 기조 연설로 유명합니다. 그렇지만 1단계 기업들이 반드시 혁신적이라고 생각되지는 않습니다. 이런 조직의 직원들과 경영진이 좀 더 혁신적으로 사고하도록 훈련시킬 수 있나요? 아니면 그런 시도를 거대한 바위를 몹시 가파른 언덕으로 밀어 올리는 일에 비유할 수 있을까요?

저도 궁금하군요. 밀턴 프리먼Milton Freeman은 위기가 변화의 원인이라고 이야기했습니다. 전 고통이나 사랑이라고 생각합니다. 이는 인간적인 요인이죠. 무언가를 절박하게 해야 할 필요가 생기기 전까지 인간은 변화하지 않는다는 게 제 생각입니다. 우리는 대부분의 경우 필요한 일을 미리 수행할 만한 선견지명을 가지고 있지 않습니다.

스티브 잡스는 분명 투자수익률을 계산하거나 초점 집단의 말을 경청하는 일과는 사뭇 다른 일에서 이끌렸죠.

(어떤) 기업들이 혁신에서 멀어지는 한 가지 이유는 그들이 혁신을 위한 여지를 남겨두지 않기 때문입니다. 사람들이 기계처럼 일해서 자신의 역할을 다하고 돈을 벌기를 기대하죠. 여기에는 다음과 같은 역설이 존재합니다. 돈 버는 일에 더 집착할수록 버는 돈이 적어지는 거죠. 기회를 깨닫지 못하니까요. 주식 시장 전반의 중대한 한 가지 문제는 우리를 즉각적인 순이익이 가장 중요하다는 인식으로 몰고 간다는 사실입니다.

전 고객들에게 이 단기적인 사고에 대해 이야기하곤 하죠. 제 고객들은 자사 고객들에게 이런 이야기를 하지 못합니다. 제가 그들 대신 이 문제를 언급하죠. 그들은 말하고 싶지만 말하지 못하는 것을 전하는 수단으로 저를 이용하는 겁니다.

당신의 신작『에고에서 에코로From Ego to Eco』에는 대단한 태그 라인이 담겨 있습니다. '왜 일상적인 관행이 우리를 죽이며 그것을 어떻게 처리해야 하는가?' 대부분의 기업이 대처하고 있거나 조만간 직면해야 하는 문제들을 언급하고 있습니다. 이 중에서 제가 막대한 영향력을 미칠 것으로 믿고 있는 한 가지 문제는 최종 사용자의 권한 강화입니다.

소비자의 권한 강화를 골칫덩어리라고 인식하는 기업이 많습니다. 그들이 생각하기에는 대화를 나눌 필요가 없도록 독점권을 확보하거나 투명성이 적어지는 편이 기업에 더 유리하니까요. 전화 회사나 은행처럼 독점권을 확보해 자사 제품을 판매할 수 있다면 한층 유리합니다. 성가신 사용자로부터 받는 피드백이 훨씬 더 적어지죠. 하지만 소비자의 권한이 강화되는 일은 피할 수 없으며 어디에서나 일어나고 있습니다.

권한이 강화된 소비자·최종 사용자가 그들의 주목이 가치 있다는 사실을 깨닫는 일 또한 피할 수 없습니다. 따라서 의심할 여지없이 이 주목 경제가 비즈니스 패러다임을 변화시킬 겁니다. 이것은 분명 사용자가 보유하고 이미 사용하고 있는 '통화'죠. 우리는 기본적으로 우리의 관심에 대한 대가로 페이스북과 구글로부터 가치를 얻어내고 있으며 앞으로 그들의 활동에 매우 까다로워질 겁니다.

이를테면 구글이 우리를 추적하는 일에 대한 대가로서 우리는 구글에서 제공하는 근사한 것들을 모두 무료로 사용하게 되죠. 하지만 결국 50억 명의 사람들이 이런 일부 서비스를 무리하게 요구하게 될 테고 몇 년

이 지나면 오히려 대가를 지불하는 편을 선호할 것이라는 점에서 이런 서비스가 불리하게 작용할 수도 있다고 생각합니다. 하지만 우리는 관심보다는 돈으로 대가를 지불합니다. 언젠가 갖가지 광고를 싣지 않고 깔끔하게 유지해주는 대가를 지불하고 싶은 페이스북 버전이 탄생할지도 모를 일이죠. 미래의 어느 시점에 이르면 그런 기업에게 사용자보다 돈이 더 중요해질 겁니다.

나는 혁신에 필요한 요소(시간, 자유, 상상력, 돈, 끈기, 실패 등)에 대해 우리가 이해하는 혁신의 한 요소가 있다고 생각한다. 하지만 건강을 유지하거나 깨달음을 얻는 등 필요한 일을 실천하고 싶은 사람은 드물다. 대신 사람들은 계속해서 지름길이나 더 쉬운 길을 찾는다.

J. D. 라시카 J. D. Lasica,
소셜 미디어 닷 비즈 Socialmedia. biz와 소셜브라이트 Socialbrite의 창립자

당신은 미래학자, 음악가, 다언어학자, 그리고 매우 다양한 분야의 전문가입니다. 이 전문지식의 교차 수정이 어떤 식으로 당신의 권한을 강화시키나요?

아시다시피 많은 데이터를 수집하고, 보고서를 읽고, 그런 의미에서 똑똑한 것은 상당히 사소한 일입니다. 위키피디아 이식 조직을 가지는 것이나 다름없죠. 하지만 그건 데이터일 뿐입니다.

인간 두뇌는 패턴을 인식하고 논리적으로 관련이 없는 요소들을 종합하는 데 능하죠. 전 연구에서 얻은 결과를 고객과 대화를 나누면서 얻은 내용과 결합하기 위해 노력합니다. 이 과정에 패턴을 끌어내죠. 이 가운

데 일부는 보편적인 지침과 같은 문화소^{meme}(생물체의 유전자처럼 재현과 모방을 반복하며 이어가는 사회 관습이나 문화 — 옮긴이)로 바뀝니다. '데이터는 새로운 오일' 혹은 '관심으로 대가를 지불하기'처럼 모든 산업에 적용되는 이야기가 되는 거죠.

저는 이를테면 책을 파는 일에서 접근권한을 파는 일로 움직이고 있다는 등 다양한 비유를 이용합니다. 이 비유는 우리가 물리적인 돈이나 신용카드를 휴대하는 대신 이동 통신 장치로 돈에 접근하는 권한을 판매할 것이라는 뜻이죠. 돈이나 카드를 가지고 다니기보다는 그것을 전자적으로 전달하는 방법을 얻게 될 겁니다.

미래학자나 다른 영역을 살피는 사람이어서 좋은 점은 영역을 초월한 패턴을 인식하고 외부인이기 때문에 부가 가치를 얻을 수 있다는 사실이죠.

1995년 퀸시 존스^{Quincy Jones} 상을 받으셨죠.
그게 제 출발점이었죠. 전 열 살 때부터 음악을 연주하며 재즈와 월드 뮤직에서 흥미로운 경력을 쌓았습니다.

단순히 데이터를 수집하는 것이 악보를 읽고 그 데이터를 해석하는 것과 맞먹는다고 할 수 있을까요? 그리고 그처럼 해석한 데이터로 당신이 하는 일이 그 정보로 재즈를 연주하는 일과 같을까요?
물론입니다. 음악가들이 즉흥연주를 하고 다른 영역으로 바꿀 능력을 갖추었다는 것은 오래전부터 알려진 사실이에요. 이는 사실 상당히 훌륭한 비유입니다. 로봇이 음악을 연주하고…… 고전음악을 배워서 변주를 첨가하지 않는 음악가가 있으니 말이죠. 그들은 악보에 있는 것을 연주해야 합니다.

어떤 의미에서 비즈니스는 일종의 예술입니다. 사실을 다루는 비즈니스라면 쉬워지겠죠. 혁신에 대해 한마디하자면 혁신은 사실을 돈으로 바꾸는 여러 가지 방법을 배우는 것이 아닙니다. 당신이 이미 본 것에서 새로운 것을 창조하는 일이 혁신이죠.

당신의 본거지는 다문화 대륙에서 다문화 사회를 이루고 있는 유럽입니다. 이 사실이 혁신에 중요한 역할을 할까요?

혁신은 가상의 국민을 가진 가상의 국가입니다. 혁신은 어디에나 존재하지만 문화적인 문제가 있어요. 서구 국가, 특히 유럽은 부유합니다. 그 성공이 우리를 게으르게 만들죠.

사람들이 굶주린 나라에서는 누가 무엇을 하는지 같은 전통에는 신경 쓰지 않습니다. 비즈니스 전통의 뿌리가 비교적 깊지 않기 때문에 혁신해야 할 이유가 있지요. 아직 많은 사람들이 구멍에서 벗어나야 하니까요. 돈을 충분히 벌고 있든 아니면 자신의 환경을 충분히 변화시키지 못하든 상관없이 그들에게는 이유가 있고 따라서 혁신의 문화가 존재합니다.

문화는 혁신을 조장하는 데 매우 중요합니다…… 사람들이 실수를 저지르고 실패를 수용하도록 허용하는 문화 말입니다. 독일에서는 이런 문화가 없어요. 독일에서 실패는 오명을 남기죠.

그렇지만 독일은 경제적으로 성공했습니다.

사실입니다. 독일 사람들은 생산 능력이 뛰어나죠. 그들은 갈수록 더 훌륭한 프로세스를 창조하기 때문에 자동차, 비행기, 기차 등 생산을 잘 해야 하는 제품을 만드는 데 능합니다. 하지만 세상의 원리를 재창조하는 능력은 뛰어날까요? 아닙니다. 그건 실리콘 밸리와 중국의 몫이에요.

미국에서는 모든 사람이 세상을 바꾸고 싶어 하며 이렇게 말합니다. "나는 야구공에 들어가는 원자력 발전소를 발명했어." 그들은 세상을 바꾸는 것을 발명할 겁니다. 당신이 얼마나 멀리 가는지 얼마나 많은 모험을 하는지에 따라 얼마나 많이 잃거나 얻는지가 달라지지요.

어쩌면 당신의 한 가지 역할은 고객에게 용기를 불어넣어 모험을 두려워하지 않도록 만드는 일일지도 모르겠군요.

혁신에 필요한 특정한 화학반응이 있습니다. 전 일종의 아이디어의 삼투압을 위한 기회를 창조하기 위해 노력합니다. 학계 혁신의 문제는 혁신의 토대가 사실, 의사 사실(근거가 없는 데도 인쇄·발간되어 일반에게 사실처럼 인정되고 있는 것 ─ 옮긴이), 연구와 수치라는 점이에요. 창조가 아니라 계획을 창조하는 일에 지나지 않는 겁니다. 그리고 (창조적 파괴의 시대인) 이 세상에서 혁신은 계획을 수립하는 일이 아닙니다. 흐름에 손가락을 찔러 넣고 그 시간에 그 상황에 적합한 무언가를 제시하는 일이죠.

혁신은 창의력과 문제 해결을 융합하는 일상적인 습관이다. 그것은 우리가 인간으로서 성장하고 중대한 문제에 대한 해결책을 찾으며 궁극적으로 더 좋은

세상을 만드는 방식이다.

클레어 디아스-오르티스Claire Diaz-Ortiz, 작가 겸 연사, 트위터사의 사회 혁신 책임자

그렇다면 그것은 단순한 재즈가 아니라 즉흥 재즈군요.

물론 즉흥이 이 모든 요소의 핵심이죠. 누구나 아는 사실입니다. 비즈니스에서는 당신이 짐작한 대로 일이 진행되는 법이 없어요. 우리는 영원한 베타의 시대에 살고 있습니다. 그래서 당신이 어떤 비즈니스 모델을 택하든 상관없이 장담하건대 한 주만 지나면 다른 누군가가 그 모델을 시도할 겁니다.

애플은 현재 역사상 가장 가치 있는 기업으로 손꼽히죠. 그들은 마이크로소프트처럼 세심하게 연구한 끝에 전투 계획을 세우지 않았어요. 스티브 잡스는 그저 자신의 망상을 따랐을 뿐입니다. 그건 힘든 일이에요. 세심한 계획을 세웠거나 남달리 똑똑한 탓에 이런 사람들이 드물다는 사실을 깨달아야 합니다. 이런 사람들에게는 끈기와 자아중심적인 세계관이 결합된 독특한 특성이 있죠.

그렇다면 그런 초특급 혁신자들은 만들어지기보다는 타고난다고 생각하십니까?

음, 그들은 사회화라는 의미에서 만들어지죠. 스티브 잡스는 분명 그랬을 겁니다. 하지만 혁신 능력은 블록을 움직일 수 있다는 의미에서 보면 훈련시킬 수 있습니다.

두뇌는 가소성이 있는 유기체입니다. 당신이 특정한 업무를 계속하면

두뇌는 그것을 정상이라고 생각합니다. 반면 그 임무를 바꾸면 두뇌는 정상이 되기 위한 또 다른 방법을 찾을 수 있어요. 하지만 자신이 생각하는 방식으로 그 변화를 일으켜야 합니다.

뿐만 아니라 혁신의 필요성을 창조하는 일 또한 중요합니다······ '압통점tender point'이나 '애정점love point'을 창조함으로써, 말하자면 어떤 아이디어와 사랑에 빠지는 거예요. 제프 베조스Jeff Bezos는 킨들Kindle이라는 아이디어와 사랑에 빠져서 온 회사를 그것에 걸었습니다. 그것을 원하는 사람이 존재하기는 하는지 확인할 수 있는 증거는 없었어요. 당신이 있는 곳의 데이터를 이성적으로 조합해서는 혁신을 시작할 수 없습니다. '모든 측정점이 여기에 있다. 그러니 실행하자.' 이건 혁신의 원리가 아닙니다.

나는 혁신을 '영향을 미치는 다른 무언가'라고 정의한다. 두 가지 핵심 단어는 '무언가'와 '영향'이다. '영향'이라는 단어에서 우리는 혁신이 그것의 전조인 창조력과 발명과는 뚜렷이 구별된다는 사실을 떠올린다. 그런 것들이 확실히 중요하긴 하지만 창의적인 불꽃을 수익을 생성하는 아이디어로 바꾸거나, 프로세스를 개선하거나, 혹은 다른 문제를 해결해야만 비로소 혁신이라 할 수 있다. '무언가'에서 우리는 혁신이 흰색 가운을 입고 연구소에서 힘들게 일하는 과학자의 전유물이 아니라는 사실을 떠올린다. 혁신은 조직의 몇 사람이 맡은 일이 아니다. 모든 사람이 오래된 문제를 해결할 새로운 방법을 생각해야 한다. 혁신은 새로운 제품과 서비스를 넘어 새로운 마케팅 방식, 프로세스, 조직 체계, 심지어 새로운 리더십까지 포함한다.

『혁신의 리틀 블랙 북The Little Black Book of Innovation』에서 나는 CNN의 사서인 리지 주리Lizzie Jury의 사례를 강조한다. 그녀는 중요한 뉴스 주제에 관한 증명된 사실을 모아 회사 인트라넷에 '패스트 팩트Fast Facts'라는 글을 올려서 기자들이 즉시 찾을 수 있게 도왔다. 패스트 팩트가 미친 영향은 실로 대단했다. 기자들이 필요한 정보를 더 빨리 얻고 도서관을 원활하게 사용하며 필요한 경우 팀원들이 더욱 깊이 조사할 수 있도록 했기 때문이다. 마크 주커버그나 리처드 브랜슨이 아니라 대규모 조직의 보잘것없는 중간 관리자가 시작한 '일상적인 혁신'의 훌륭한 사례이다.

스콧 앤서니Scott Anthony, 이노사이트innosight의 관리 파트너,
아이디어스 벤처스 투자 위원회IDEAS Ventures Investment Committee 회장

⚙ **Image Training**

소비자, 전달, 요구, 최종 사용자, 피드백

최종 고찰

미디어의 즉시성과 끊임없는 접근성은 맞춤형 제작 능력 면에서 상당히 다듬어지고 명확해졌으며 거의 전적으로 시청자들에게 의존하는 독특한 성격을 띰에 따라 진정한 me-디어로 묘사될 수 있다. 최근까지만 해도 신성불가침은 아닐지언정 확실히 거역할 수 없었던 출판업과 같은 산업은 이제 살아남기 위해 고군분투하고 있다. 생존을 위한 격렬한 전투에서 용케 견뎌낸다 하더라도 상처를 입게 될 것이다.

독립적인 me-디어의 중심 자리를 놓고 또 다른 전투가 한창 격렬하게 진행되고 있다. 이 전투는 검열과 파벌, 그리고 과대 선전에 방해받지 않

는다. 권한을 부여받는 최종 사용자들이 온라인 블로그와 뉴스 피드(투고된 뉴스의 내용을 한 뉴스 서버에서 다른 뉴스 서버로 전달하는 것 — 옮긴이) 등을 통해 자신만의 뉴스 원천을 창조할 능력과 수단을 확보함에 따라 상황에 대한 이해로 더욱 심오해지고 경험과 공감으로 노련해진 철저한 보도를 제공하는 me-디어를 요구하게 되었다. 과연 출판업계가 이 요구에 부응할지 여부는 앞으로 지켜볼 일이다.

가능성이 무한할 때
땅을 딛고 서 있기

keyword

혜택, 아이,
협력, 용기,
위험, 꿈, 참여,
탐구, 촉진, 멍청이, 자유,
미래, 게임, 가이드, 상상, 여행,
멘토, 실수, 동기부여, 필요, 시각,
플레이, 질문, 흉터, 전략, 끈기,
사용, 변화, 지혜

1766~1778년까지 영국 총리를 맡았던 대(大) 윌리엄 피트William Pitt the Elder는 "무한 권력은 그것을 소유한 사람들의 정신을 타락시키는 경향이 있다"라는 명언을 남겼다. 이 말이 사실이라면 혁신적인 도구와 기술의 무한 접근이 한 개인과 사회로서 우리에게 어떤 영향을 미치는지 생각해보는 것이 이로울 것이다. 온라인에 접속해 (어쩌면 깨어 있는 모든 순간에 '구글 고글'을 착용함으로써) 연결 상태를 유지할 수 있는 잠재력 때문에 삶을 향상시키거나, 의미 있는 개인과 개인과의 만남을 유지할 우리의 능력이 크게 저하될까? 다른 사람뿐만 아니라 기술이나 혁신과 현명하게 잘 놀 수 있는 방법을 배우겠다는 목표를 세워야 할까? 이런 요소와 우리의 육체적, 감정적, 경제적 관계가 발전함에 따라 영적인 의미에서 이런 요소와의 관계가 더욱 돈독해질까? 이는 '흑백 논리'로 쉽게 답할 수 있는 질문은 아니다. 하지만 어쩌면 이런 질문들이 우리가 함께 위대하고 혁신적인 미래를 향해 돌진할 때 잠시 숨을 고를 시간을 줄 것이다.

확실한 것은 혁신은 속박이 아니라 권한을 부여해야 한다는 사실이다. 그렇기 때문에 어떻게 '접속'하고 스스로 선택하거나 필요하다고 판단될 때 매체를 꺼버릴 수 있는 힘과 수단을 가질 것인지 스스로 결정하는 것은 최종 사용자의 몫이다.

나는 주말이면 휴식을 취한다. 이때 기술과는 완전히 단절하는데 그 결과 내 삶이 바뀌었다. 3년 동안 이 일을 계속했으며 덕분에 주말이면 내가 원하는 일을 모두 할 수 있다. 나는 아이들 곁을 지키는 엄마이며 자신과 남편과 함께 존재한다. 매주 그럴 수 있다니 실로 놀라운 경험이다.

티파니 슈레인^{Tiffany Shlain}, 여러 차례 상을 받은 영화 제작자, 웨비 어워드^{Webby Award}
창립자, 국제 디지털 아트 및 과학 아카데미^{The International Academy of Digital Arts & Sciences}
공동 창립자

아울러 최종 사용자는 개인 생활과 직장 생활에서 어떤 도구를 원하고 필요로 하는지 자신의 의견을 명확히 밝혀야 한다. 자율적인 시민이 정치적으로 투표권을 행사하듯이 자율적인 최종 사용자는 자신의 지갑으로 투표권을 행사할 수 있다(여러분을 염두에 두고 혁신하지 않는 기업을 처벌할 수 있는 최고의 방법은 그들의 제품과 기술, 도구를 구매하지 않는 것이다).

새로운 GDE에서 사용의 용이성은 필수 요소이다. 만일 어떤 새로운 도구나 혁신적인 기술이 국제 사회에서 어디서나 통용될 기회를 얻으려면 사용법이 단순해야 한다. 사용자가 프로그래밍, 사용 설명서 읽기, 그리고 '도구의 핵심 기술'을 이해하는 일에 관심이 있다고 생각하는가? 그렇다면 그것은 어떤 기술 혹은 소비자든 직원이든 상관없이 수백만의 사용자가 이용하기를 바라는 기술에게는 사형 선고나 다름없다.

개인과 지역 사회, 국가, 대륙에게 가장 지대한 영향을 미칠 수 있는 혁신은 물질의 미세한 층을 겹겹이 인쇄함으로써 '쌓는' 3D 프린팅(정확한 명칭을 사용하자면 적층 가공)이 될 것이다. 자신도 모르는 사이에 여러분은 이미 이런 기술이 창조한 일부 요소를 소유하고 있을지도 모른다. 아직 널리 확산되지는 않았지만…… 자리를 잡고 있는 중이다.

아이디어를 그림으로 그릴 수 있다면 3차원으로 인쇄할 수 있다는 세간

07 가능성이 무한할 때 땅을 딛고 서 있기 **227**

의 말이 있다. 쉽게 접근할 수 있는 소프트웨어로 단순한 청사진을 개발할 수 있고 이는 또한 마우스 클릭 한 번으로 바꿀 수 있다. 따라서 아무리 진부하거나 별스럽다 하더라도 개인이 원하고 필요로 하는 특정한 디자인을 창조하는 일이 가능하다. 복제 태아나 포뮬러 1 자동차, 그리고 앞으로는 배고픈 육식동물을 위한 육류 제품까지 프린트할 수 있다. 그렇다. 먹을 수 있는 고기 말이다. 현재 가죽 제품에 주력하고 있는 미주리 주의 한 회사는 먹을 수 있는 육류 제품을 프린트하는 일을 목표로 바이오 프린팅을 연구하고 있다. 문제는 '스테이크를 어떻게 해드릴까요?'가 완전히 새로운 뜻으로 해석될 수 있다는 사실이다.

4장에서 우리는 3D 프린팅을 인명 구조에 사용할 수 있는 몇 가지 방법을 살펴보았다. 총을 프린트하는 데 이 기술을 사용할 수 있다는 사실은 필요하면 생명을 앗아갈 수 있는 도구를 만드는 데 사용할 수 있다는 증거가 된다. 기술이 발전하면서 (이동 전화 기술과 마찬가지로) 필수 요건이 점점 적어지고 비용이 저렴해짐에 따라 이 혁신이 전기가 공급되는 모든 가정의 한 요소로 자리 잡기까지 그리 비약적인 발전이 필요하지 않다. 이것의 파급효과는 다양하게 나타난다. 이를테면 누군가 총을 프린트할 수 있다면 총기 규제법이 무슨 의미가 있겠는가? 점점 요구가 많아지는 소비자들이 업계용 3D 프린터로 정확히 자신이 원하는 것을 직접 주문하거나 집에 있는 프린트로 만들 수 있다면 소매업계에 어떤 영향을 미칠까?

개인용 3D 프린터는 현재 서류 가방에 들어갈 만큼 작다. 이미 가격이 책정되었기 때문에 기본 3D 모델을 약 미화 350달러로 구입할 수 있으며 초창기 이동 전화와 마찬가지로 가격은 계속해서 더 많이 더 빨리 떨어질 것이다. 이와 더불어 프린터의 설치법 또한 더 단순해지고 머지않아 전 세계 여러 지역과 개인에게 이용될 것이다.

이런 변화는 분명 지역, 국가, 초국가 수준으로 경제에 영향을 미칠 것이며 그 방식 또한 다양할 것이다. 다축 방적기가 섬유 산업을 바꾸고(산업 혁명의 핵심 요소가 되고) 데스크톱 인쇄기가 인쇄 산업을 바꾸었듯이 3D 프린팅이 제조 산업을 영원히 바꿀 것이다. 특정 품목의 가격이 크게 떨어지면서 생활비가 낮아질 것이다. 하지만 숙련 노동자와 반숙련 노동자가 일자리를 잃을 것은 이에 못지않게 확실하다.

해외로 밀려난 비숙련 노동직은 3D로 조정된 경제에서 그리 큰 영향을 받지 않을 것이다. 3D 프린팅과 관련된 경제의 숙련도는 낮아지기보다는 높아질 것이며 그 결과 더 많은 교육과 수습제도, 훈련이 필요하고 이 모든 요소가 지식 기반 GDE를 거칠 것이다. 동서의 무역 균형이 변화할 가능성이 존재하지만 3D 프린팅을 통해 지역 통제와 다양성이 가능해지고 권한이 강화됨에 따라 다수 세계와 나머지 세계 사이의 균형 상태도 변화할 수 있다.

유례없는 대변동이 일어날 수 있는 시기에 어떤 식으로든 영향을 받지 않을 개인이나 산업은 없을 터이다. 4장에서 모든 연령의 사람들에게 적합한 수족을 프린트하는 것이 이미 가능하다고 지적했다. 이는 대체 수족이 필요한 아이들에게는 특히 경제적인 시술이다. 아이들은 성장 속도가 빠르기 때문에 신발과 마찬가지로 대체 수족이 금세 작아질 것이다. 소프트웨어로 작성한 청사진을 몇 군데 바꾸면 현재 비용의 일부만으로 새 수족(혹은 새 신발)을 프린트할 수 있다.

주택 위기. 주택 위기가 웬 말인가? 가구와 설비를 생산할 수 있을 뿐만 아니라 엔리코 디니Enrico Dini 같은 혁신자들은 집 전체를 프린트하는 일을 연구한다. 이는 집과 기업을 바꾸는 것은 물론이고 우리 환경에 영향을 미치는 혁신이다. 구성 요소들을 재활용할 수 있으므로 오염도 감소하고 매립지 또한 줄어들 것이다. 현재 지구 반대편까지 운송해야 하는 품목들을 3D를 이용해 지역에서 빠르고, 쉽고, 경제적으로 프린트할 수 있으므로 공기 오염 수준에도 영향을 미칠 것이다. 물론 기후 변화에서 벗어날 방법을 프린트할 수는 없겠지만 바레인 앞바다에서 이미 이용되고 있는 3D 프린팅을 이용함으로써 환경에 해가 되지 않는 암초를 만들고, 바라건대 머지않아 그레이트 배리어 리프의 성장을 도모하는 데에도 이용될 것이다.

3D 프린팅이라 하면 공상 과학 팬들은 적어도 '스타 트렉'의 복제기를 떠올릴 것이다. 우주를 탐험하고 어쩌면 개발하기 위해 노력하는 사람들은 이 기술을 어떻게 이용할 수 있을까? 좀 더 현실적으로 말하면 이 혁신을 개발할 수 있을 것이며 현재 서비스 제공자에게 의존하기보다는 소규모 위성을 3D로 프린트해서 우리 소유의 대역폭만 가지고도 즐길 수 있을 것이다.

무한하게 변형되는 입체 프린팅은 다가오는 수세기에 걸쳐 자연을 모방함으로써 세상의 모습을 만들 수 있는 새로운 방법을 인류에게 제시할 것이다.

엔리코 디니,
입체 3D 프린팅 건축 기술 개발 분야의 국제적으로 유명한 선구적인 사상가

윌리엄(빌) 스토리지 William(Bill) Storage

항공 우주 공학자 윌리엄(빌) 스토리지는 소프트웨어 아키텍처, 시스템스 엔지니어링, 디자인 전략 분야의 선구적인 사상가이자 혁신자이다. 그는 큰 인기를 누리는 성공적인 CTO, 기업가, 연사, 교사, 역사학자, 동굴 탐험가이다. 열성적인 사진작가일 뿐만 아니라 사진 조명과 장비 분야의 혁신자로, 고고학 유적지와 세계에서 가장 깊은 동굴에서 작업할 때 그의 혁신이 빛을 발한다. 현재 캘리포니아 대학교 버클리 캠퍼스의 과학, 기술, 의학, 사회 센터의 객원 교수로 재직 중이다.

빌, 당신을 '혁신자의 혁신자'라고 묘사할 수 있겠군요. 지극히 폭넓은 경험과 전문 지식을 갖추고 있을 뿐만 아니라 당신의 이니셔티브에 투자하니 말입니다. 혁신이 당신에게 얼마나 중요한가요?

전 엔지니어로 교육받았습니다. 근본적으로 제품과 프로세스 혁신과 관련이 있는 분야죠. 그래서 여태껏 그것이 제게 중심이었고 앞으로도 그럴 겁니다.

　거의 모든 기업이 혁신을 우선순위라고 생각하지만 이처럼 이 주제에 많은 관심을 쏟으면서도 제 생각에 우리는 아직도 혁신을 제대로 이해하고 관리하지 못합니다. 정보 시대(커뮤니케이션의 속도와 정보의 양)로 말미암아 경쟁의 판도가 우리가 완벽하게 이해하지 못할 만큼 크게 바뀌었습니다. 모든 시대는 그 이전 시대와 비슷한 것 같습니다. 스스로 이전 시대와 완전히 다르다고 인식한다는 점에서 말이죠. 그렇기 때문에 특허를 획득했든 안 했든 상관없이 수요가 높은 참신한 제품이 있다면 과거에 비해 훨씬 더 짧은 기간에 수익을 거둘 겁니다.

기업(바라건대 우리의 교육 제도)은 앞으로 추가물이나 특정 전략, 혹은 회사의 한 부서가 아니라 한층 직접적이고 핵심적인 방식으로 (혁신을 계속하든 않든 상관없이) 혁신의 필요성을 직시해야 할 겁니다.

혁신을 어떻게 정의하십니까?

글쎄요. 요즘은 혁신이라는 단어가 약간 남발되지요. 제가 생각하기에 전통적으로 혁신은 더 훌륭하거나 효과적인 제품, 서비스, 프로세스, 그리고 아이디어의 창조를 의미했습니다. 단순히 일반적인 제품 개선보다 더 중대한 의미였지만 전 혁신이 새로운 범주의 창조보다는 어떤 범주에 속하는 한 품목의 개선과 관련이 있었다고 생각합니다. 최근 들어 이 용어는 새로운 범주와 획기적인 발견, 그리고 발명을 의미하는 것처럼 보이죠. 혁신과 발명을 구분하는 데 지나치게 매달리는 건 그다지 생산적이지 않을 겁니다.

게다가 클레이튼 크리스텐슨Clayton Chistensen을 따르는 많은 사람들이 혁신과 시장 혼란을 동일시하게 되었습니다. 시장 혼란이 일어나면 어떤 혁신자가 가격이나 사용자 능력의 장벽을 파괴하는 바람에 급진적인 변화가 일어나 새로운 분야에서 어떤 제품을 이용하는 것이 갑작스럽게 가능해지죠. 그런 다음에는 갑작스럽게 이전에는 충족되지 않았던 소비자의 욕구가 충족되면서 소비와 언론 보도가 쇄도하고 혁신에 더욱 박차를 가하게 됩니다. 그건 완벽하게 훌륭한 정의이기도 하죠.

> 혁신이란 경쟁 구도를 급격하게 변화시키는 새로운 모든 것을 뜻한다. 혁신은 아이디어, 방법, 제품, 서비스, 혹은 프로세스의 형태로 나타날 수 있다. 진정한 혁신은 '큰 변화'이다. 여러분의 인식과 기대를 영원히 바꿔놓는다. 이를테면 일단 여러분이 애플 아이폰을 접하면 다시는 오래된 모델의 이동 전화로 상호작용하던 단계로 돌아갈 수 없다. 그 제품이 살아남지 못한다 해도 이미 일어난 일에 대한 지식은 다른 형태로 존속한다. 뿐만 아니라 혁신은 프로세스이자 결과이다. 나는 연구를 할 때 혁신의 결과를 개선하기 위해 프로세스에 초점을 맞추고 반복성, 조직 인식, 그리고 팀 구성 문제에 대처한다.
>
> 타마라 칼턴Tamara Carleton ,
> 혁신 리더십 보드 LLCInnovation Leadership Board LLC의 창립자 겸 CEO

제 생각에는 그런 정의 가운데 아이폰의 핵심을 제대로 포착한 것은 없습니다. 사실 저는 아이폰이 최적화된 선행 기술의 집합에 지나지 않지만 성공적인 혁신의 훌륭한 예라고 생각해요. 따라서 그런 정의를 확대해 사람의 질을 폭넓게 향상시키거나 예전에는 인식하지 못했던 거부할 수 없는 어떤 욕구를 충족시키는 물건까지 포함해야 합니다. '와우wow' 팩터(소비자의 탄성을 유발하는 요소 — 옮긴이)를 가진 물건들 말이죠.

뿐만 아니라 혁신을 무언가에 대한 새로운 사고방식이라고 볼 여지도 있습니다. 그리 많은 주목을 끌지는 못하지만 전 이것이 다른 정의들과 상호작용하는 매력적인 주제라고 생각해요. 눈에 보이는 큰 혁신 뒤에 보이지 않는 혁신들이 이따금 존재한다는 의미에서 특히 그렇다고 할 수 있습니다. 어떤 혁신은 2차 혁신의 흐름을 자극하기 때문에 혁신이 되지요.

이런 다양한 제품과 분야에서 이런 일련의 혁신이 일어날 수 있습니다. 갈릴레오, 케플러kepler, 코페르니쿠스, 아인슈타인을 혁신가라고 생각할 수 있죠. 이 가운데 끈기 있고 분석적인 유형의 인물은 없어요. 이들은 모두 통념에 도전하며 흔히 경험주의와 엉뚱한 창의력을 멋지게 혼합해 큰 모험을 감행했죠.

1962년 UC 버클리의 과학 역사학자 토머스 쿤Thomas Kuhn은 이런 혁신자들이 야기한 과학 혁명을 이해하는 파격적으로 혁신적인 방식을 제안했습니다. 이 모형에 쿤이 붙인 이름은 어디에서나 볼 수 있죠. 바로 '패러다임의 전환'입니다. 쿤은 혁신을 혁신했으며 세계적으로 지속적인 영향을 미쳤죠. 그는 역사상 가장 많이 회자되는 과학 작가입니다. 이뿐만이 아닙니다. 다양한 경영 철학과 제품 및 비즈니스 혁신 방법론을 포함해 온갖 분야에서 혁신에 대한 쿤의 혁신적인 견해를 채택했죠(그의 관점에서 보면 흔히 끔찍하게 오용했죠). 일례로 '디자인 싱킹Design Thinking'이 있습니다. 그것은 혁신적인 기업들에게는 은혜로운 일이었고 그 가운데 애플이 가장 유명하죠.

마지막으로 정부, 윤리, 예술의 혁신을 포함해야 합니다. 이따금 이것들이 한꺼번에 나타나기도 하죠. 인류는 민주주의, 여성의 권리, 혹은 소실점 원근법이 없는 상태로 오랜 세월을 보냈습니다. 그러다 어떤 천재들이 나타나 매우 이성적이지만 (사실이 밝혀진 다음에야 비로소 자명하게 보이는) 혁신적인 방식으로 전통을 타파했죠. 그들은 기존 모델을 파괴하고 패러다임을 전환했습니다. 혁신한 겁니다.

궁극적으로 혁신의 임무는 변화를 거부하는 타고난 인간 본능에 맞서 사람들의 삶을 향상시키는 일이다.

마크 샌더스Mark Sanders,
엔지니어, 디자이너, 발명가, MAS 디자인 프로덕츠사MAS Design Products Ltd 전무이사

혁신이라는 용어가 지나치게 많이 사용되거나 과장된다고 생각하십니까?
마치 이런 용어들이 브랜드라도 되는 양 사용하는 건 업계의 문제죠. 하지만 브랜드와는 달리 그것을 통제할 사람이 아무도 없습니다. 그래서 용어의 의미가 대개 좋지 않은 식으로 정처 없이 떠돌아다니곤 하죠. 스스로 인식하기만 한다면 다양한 사람들이 똑같은 용어를 다른 의미로 사용한다고 해도 전혀 문제될 게 없어요. 그런데 용어의 의미를 다르게 해석한다는 사실을 스스로 깨닫지 못하는 사람들이 대화를 나누면서 혁신을 다른 의미로 사용합니다.

혁신이라는 '만병통치약'과 혁신의 온갖 파생상품, 연관 상품을 판매하는 산업이 분명히 존재해요. '디자인 싱킹'과 '시스템스 싱킹systems thinking'

은 몇십 년 전에 등장한 용어입니다. 현재 두 용어는 계속 다듬어져 무의미해진 지경에 이르고 전략적 이니셔티브로 바뀌었으며 어떤 위험에 직면해서도 자사를 구할 수 있는 방법에 대한 쌍방향 세미나로 홍보되죠. 용어의 신뢰성에 문제가 있습니다. 개념만 남아 있다면 용어는 정처 없이 떠돌아도 괜찮겠죠.

개인적으로 선호하는 용어가 있습니까?

없어요. 만일 당신이 혁신, 혁신 관리, 혁신 촉진에 대한 논의를 용어의 집단으로 축소한다면 이미 문제에 빠진 겁니다.

인간은 게으른 존재일지도 모르겠네요. 그러니까 누군가 우리에게 작동시켜야 할 일단의 상자를 들고 온다면 그런 다음 우리 회사를 '혁신적'이라고 부를 수 있다면 거부하기 어렵겠죠.

사람들이 그걸 거부하기는 어렵습니다. 전통적으로 당신이 방금 묘사한 문제는 소규모 기업보다는 대기업의 골칫거리였지요. 대기업은 어려운 시기에 필요한 것을 얻습니다. 바로 중역들의 엉덩이 가리기랍니다. 결정이나 전략적 방향에 대해 책임을 지고 싶지 않은 중역들은 수많은 컨설턴트를 부릅니다. 기본적으로 어떤 결정이 나쁜 것으로 판명될 경우 그에 대한 비난을 분산시키기 위해서지요. 요즘 신생 기업들이 대기업의 형태로 등장하기 때문에 이런 관행은 뿌리 뽑기 어려운 문제가 될 겁니다.

10년 전만 해도 구글과 페이스북은 존재하지 않았지만 엑손Exxon과 IBM은 존재하고 있었죠. 모든 사람이 엑손과 IBM은 그런 식으로 행동할 것이라고 기대하지만 구글에 입사한 젊은 직원들은 그런 일(엉덩이 가리기)이 일어날 것이라고 기대하지 않았습니다. 지금 제게는 구글이나 페이스북에 대한 특정한 내부 정보가 없으니 그들을 비난하려는 의도로 하는 말이 아닙니다. 그저 이것이 역사적으로 대규모 조직을 괴롭히는 문제이며 경제의 새로운 플레이어들을 여기에서 배제할 어떤 이유도 발견하지 못했다는 사실을 지적하고 싶을 뿐이죠.

> 몇 년 동안 나는 NASA에서 '로켓 과학자들'과 일하며 위협감을 느꼈다. 나는 상당히 많은 공헌을 했지만 결국 내가 자신의 독특한 장점에 집중했다면 NASA의 비전에 더 많은 공헌을 할 수 있었음을 깨달았다. 자신의 다양한 관점과 재능, 자신과 다른 사람의 잠재력을 인식하는 것이 매우 중요하다.
>
> 카렌 프라이트Karen Freidt, NASA 랭글리 연구 센터NASA Langley Research Center의 창조력, 협력, 혁신 내비게이션 센터Navigation Center for Creativity, Collaboration, Innovation 책임자

앞서 당신은 대기업과 소규모 신생 기업의 큰 차이를 지적했습니다. 그렇지만 저는 이런 모든 유형의 조직에 다학문적인 사고가 중요하다고 생각하고 싶군요.

아마 그럴 겁니다. 저는 소규모 기업이 과도한 전문화라는 사치를 누리지 않거나 그럴 능력이 없다고 생각합니다. 직원이 10명뿐이라면 당연히 한 사람이 여러 가지 임무를 수행해야 하죠. 물론 그렇다고 모든 임무를 훌륭하게 수행한다거나 그들이 맡은 임무에 대한 준비나 배경 지식을 갖추고 있다는 의미는 아닙니다.

전 우리가 그 분야에서 더 좋은 성과를 거둘 수 있다고 생각해요. 학계

에 도움을 청해서 이런 유형의 상황에 대비할 수 있으며 대기업은 이런 사람들이 협력해야 한다는 사실을 더욱 명확하게 깨달을 수 있죠. 지금 보시다시피 '전체론holism'이라는 단어가 난무하지만 올바른 영역에서 신뢰성을 얻기에는 약간 지나치게 '뉴 에이지'스러울 겁니다. 하지만 그것이 우리가 가야 할 방향을 알려줄 수도 있어요. 반드시 '명백하게' 알려줄 필요는 없죠. 여러 분야가 참여한 팀이 제 역할을 할 수 있는 매우 구체적인 훈련 형태나 기업의 구조를 띨 수 있습니다.

단순히 특정한 학문적, 혹은 전문적 기술을 이용하는 것보다는 입수할 수 있는 모든 도구와 지식을 이용해 결과를 얻어내기 위한 노력을 위대한 혁신자의 특징이라고 말해도 무방할까요?

분명히 그렇다고 생각합니다. 위대한 혁신자로 인정받는 사람들의 역사를 보면 그들은 대부분 본질적으로 여러 학문에 조예가 깊었습니다. 현대의 전문화 수준은 상당히 최근에 일어난 현상입니다. 진실로 유명하고 창조적이며 혁신적인 사람들, 이를테면 미켈란젤로 같은 사람들을 보면 다양한 훈련이나 교육을 받았어요. 어쩌면 독학을 했을지도 모르지만 어쨌든 다방면에서 교육을 받았죠. 그들은 그 교육을 이용하고 약간의 무모한 결심을 결합해 목표를 이루었습니다.

혁신에 관한 일부 작품은 이 사실을 포착하기 위해서 노력하지만 미래의 혁신자들에게 지침을 제공하는 방식은 아니에요. '규칙을 깨트리고 모험하라'고 말할 수 있으나 돈을 걸지 않는다면 이런 말은 아무런 의미가 없습니다. 물론 돈을 거는 것을 위대한 혁신자들에게서 확실히 볼 수 있는 혁신적인 기업가 정신의 특징이라고 생각지는 않습니다. 그들은 분명 모험가였지만 거기에서 그치지 않습니다. 그들의 경우에는 매우 이성적이고 지식을 바탕으로 한 모험이었죠.

그건 당신이 병에다 넣을 수 있는 지니 같은 건가요? 가르칠 수 있는 건가요? 아니면 타고나는 건가요?

확실히 가르칠 수 있는 겁니다. 그렇지 않다면 큰일이죠. 그것이 이런 창의적이지만 이성적인 천재들의 유한수라면 그 유한수에 대한 수요가 점점 커지니까요. 이런 부류의 사람들을 개발해야 합니다. 파워포인트 발표, 세미나, 외부 기업 전략 이니셔티브로는 그 수요를 충족시킬 수 없어요.

> 흔히 혁신적이고 파괴적인 아이디어, 사고, 제품, 혹은 관행은 개발이나 개선의 첫 단계에서 외부로부터 그리 인정이나 지지를 받지 못하는 경향이 있다. 이는 '무언가'를 확인하는 과정에서 가장 중대한 단계이며 우리는 이것이 일단 '적절한 토양에' 적합한 '영양소'를 제공받으면 사회 변화와 영향을 위해 성장할 '혁신의 묘목'으로 결코 없어서는 안 될 요소라고 믿는다.
>
> 히로푸미 요코이Hirofumi Yokoi, 아키라 재단Akira Foundation의 공동 창립자 겸 대표

 Image Training

욕구, 원근법, 전략, 가르침, 지혜

전 류 Zern Liew

전 류는 디자인, 분석, 대인관계 기술을 적극적으로 결합해 복잡성을 해체하고, 깨달음의 순간을 일으키고, 혼란 속에서 길을 찾고, 아이디어를 진정으로 유용한(그리고 아름다운) 것으로 바꾼다. 비즈니스 프로세스, 소프트웨어 어플리케이션, 커뮤니케이션 분야의 다양한 국제적인 프로젝트를 맡았다.

당신은 심리학과 디자인의 전문지식을 결합하는 분이니 의뢰인과 그들의 욕구를 좀 더 폭넓은 시각으로 이해할 수 있겠군요. 덧붙여 당신이 작업하면서 다양한 분야를 활용한다는 사실을 고려한다면 다학문적인 사고가 혁신에 얼마나 강력한 요소가 될 수 있을까요?

매우 강력하죠. 더 많은 관점과 측면을 접할 때 더욱 많은 정보를 얻을 수 있으니까요. 수많은 혁신자들이 참여할 수 있는 평행선 그리기 게임이 있습니다. 만일 당신이 물고기라면 어떤 종류의 물고기일까요? 이런 식으로 묻는 게임입니다. 만일 당신의 회사가 병원이 아니라 패스트푸드 체인이라면 무엇을 하겠습니까? 다양한 산업에 대한 시각이 넓어질수록 더 많은 선택 방안이 등장할 겁니다. 이상한 사실들을 수집하는 것과 비슷하죠…… 그리고 그것이 앞으로 나아가는 데 개인적으로 제게 도움이 되었습니다.

그러면 게임을 하는 것이 혁신을 가능하게 하는군요.

물론입니다. 그것이 창의적인 놀이라는 아이디어죠…… 판단의 유보와 당신 앞에 놓인 냉혹한 현실을 직면하는 일 사이를 끊임없이 오가는 겁니다. 그렇다면 제약 회사인 당신의 회사가 맥도널드를 판매하는 것처럼 행동하지 못할 이유가 있을까요? 만일 어떤 집단이 그렇게 놀 수 있다면 가능성의 문을 열 수 있죠.

그렇지만 본질적으로 자신이 편안하게 느끼는 다른 사람들(그들처럼 생각하고 행동하는 사람들)과 어울리는 것은 드문 일이 아니죠. 엔지니어들은 엔지니어들과 일하기를 좋아하고 변호사는 어쩌면 다른 법조계 인물들과 붙어 있는 방향으로 기울어질 겁니다.

바로 그겁니다. 이것이 제가 하는 일의 한 가지 도전이죠. 사람들은 당연히 자신이 속한 집단에 합류합니다. '이 사람들은 나처럼 생각하니까 그들과 함께 속도를 높이기가 쉬울 거다. 나는 그들과 함께 있으며 더 편안하다. 그들은 내가 말하는 내용을 알고 있다. 그런데 왜 외부인과 이야기를 하고 싶겠는가.'

현재의 교육은 어떤 식으로 사람들을 미래라는 '위대한 게임'에 대비시킬까요?

제가 보는 교육은 지난 세기의 탈산업화 세계에서 일하는 사람들을 준비시키는 일을 훌륭하게 수행하고 있습니다. 우리는 한 사회로서 사람들을 재빨리 매우 명확한 직업으로 분류하죠. '당신은 회계사가 될 것이다', '당신은 엔지니어가 될 것이다.' 하지만 이런 방법으로 미래에 대비할 수 있을까요? 전 그렇게 생각지 않습니다. 이 문제를 깊이 생각해 본다면 정말 오싹한 일이 아닐 수 없어요.

예전에 창의적인 문제 해결이 반항의 행동이라고 쓰신 적이 있었는데 매우 도발적인 발언이었습니다. 계층구조로 구성된 조직에는 '반항'이라는 단어에 대한 두려움이 어느 정도 있는 것 같더군요. 이 점을 고려한다면 관리진의 관점으로 혁신을 바라볼 때 두려운 것이 있다고 생각하십니까?

그렇습니다. 혁신과 관련된 많은 단어들은 (마케팅과 관련된 공허한 의미의 혁신을 말하는 것이 아닙니다) '혼란' '변화' '파괴' '재발명' 등이죠. 경영진은 돈을 계속 벌기 위해 실수를 줄이고 변화를 줄이는 데 초점을 맞추기 때문에 이는 모두 무시무시한 단어입니다.

혁신적인 아이디어를 제시할 권한을 부여받은 균형 잡힌 집단을 형성하는 쪽으로 초점을 옮긴다면 그런 집단에서 어떤 특정한 스킬 세트를 반드시 갖추어야 한다고 생각하십니까?

저는 각 주주 집단을 대표하는 사람들이 반드시 참여했는지 확인합니다. 기술 전문, 마케팅 담당자, 리더, 직원, 혹은 제품의 사용자가 참여할 수 있습니다. 제각기 다른 목소리가 표현되고 전달될 기회를 제공해야 하죠. 아울러 훌륭한 조력자도 필요합니다. 집단 외부의 사람이 사고를 지도하고 도전하며 갈등을 해소하고 초점을 유지한다면 더욱 좋겠죠.

심리적으로 안전한 공간이 없다면 진정으로 혁신할 수 없습니다. 사람들을 존중하고 귀를 기울이며 참여하고 있다고 스스로 느끼는지 확인해야 합니다. 두려워하거나 자신의 영역을 보호하는 데 지나치게 많은 시간을 허비한다면 진정으로 혁신할 수 없어요.

마지막 2년 동안 나는 공식적인 동시에 비공식적으로 댄 핑크Dan Pink가 몇 년 전 효과적인 조직의 '프리랜스 국가' 스타일이라고 표현했던 것을 향해 매진했다. 대기업은 죽었거나 죽어간다. 대기업의 예측 가능한 무한 성장은 언제나 어려움을 겪었고 세계의 불확실성으로 말미암아 더욱 어려워지고 있다. 따라서 미래는 적응할 수 있는 팀의 몫이며 그런 팀은 내가 기쁜 마음으로 친분을 쌓아온 전문가들이 주로 링크드인, 트위터 등에서 서로를 발견해 적당히 거리를 두고 관계를 맺고 있거나 개인적으로 함께 일한 경험이나 동료들 덕분에 알고 지내는 네트워크들이다.

따라서 예측할 수 있는 미래를 위해 현재 수행하고 있는 모든 일을 위한 혁신 프로젝트의 핵심은 전 세계에서 가장 똑똑한 사람이 필요한 의뢰인들을 위해 큰 성과를 거둘 수 있는 융통성 있는 팀을 구성하는 일이다. 공식적으로 같은 회사에 근무하는 정식 직원으로만 구성된 팀이 아니어도 무방하다. 하지만 내 네트워크 파트너인 리처드 플랫Richard Platt이 이런 접근 방식을 일컫는 표현을 빌자면 '기업의 사나포선 승무원corporate privateers'으로서 함께 일할 때는 의뢰인을 위해 자신의 전문 지식을 활용하고 성장을 위한 '벤치를 만들' 뿐만 아니라 '큰 회사'를 건설하는 일에 100퍼센트 초점을 맞춘다.

댄 켈드슨Dan Keldsen, 인포메이션아키텍트 닷컴InformationArchitedcted.com 대표 겸 레벨 50 소프트웨어Level 50 Software의 공동 창립자

조력, 게임, 인도, 재발명, 변화

빌 오코너 Bill O'Connor

빌 오코너는 〈오늘날 적용할 수 있는 패턴과 지혜를 이끌어낼 목적으로 세계 역사상 가장 훌륭한 1000대 혁신을 연구하는 오토데스크Autodesk의 이니셔티브〉 이노베이션 게놈 프로젝트의 창립자이다. 그는 오토데스크의 기업 전략 팀에서 재직하며 이 회사의 CEO와 CTO의 수석 연설 작가로 활약한다.

이 책의 여러 인터뷰에서 반복적으로 등장하는 주제는 '용기의 필요성'입니다. 생각이나 정보가 없어서 두려움이 없는 것이 아니라 중대한 위험과 모험이 기다리고 있다는 사실을 깨닫고도 계속 전진하는 용기 말입니다.

진정한 혁신자, 일을 성사시키는 사람들에게는 항상 숨길 수 없는 흉터와 전쟁담이 있죠. 저는 마치 전문가인 양 혁신을 들먹이는 컨설턴트들을 좋아하지 않습니다. 그들은 무척 수완이 좋을 수 있지만 흔히 모진 반대를 헤치고 무언가를 성취한 경험이 있는 것처럼 보이지는 않아요.

눈에 띄는 흉터도 없이 '혁신'을 이야기하는 사람을 보면 약간 의심스럽습니다. 그들은 혁신에 대한 글을 많이 읽었을지는 모르지만 십중팔구 혁신의 현장에 뛰어든 적은 없을 겁니다.

제 생각에 혁신자가 아니라 혁신에 대해 이야기하는 세일즈맨을 약간 의심하는 것은 당연한 것 같군요.

이런 혁신 세일즈맨들이 옛날 시골의 목사 같다고 주장할 수 있을 겁니다. 그들은 종교적인 설교의 다양한 측면을 다루지만 종교와 마찬가지로 아무것도 증명할 필요가 없습니다. 생각해보십시오. 수백만 달러의 보수를 받지만 새롭거나 가치 있는 성과는 전혀 거두지 못하면서《포춘》지 선정 100대 기업과 연줄이 있는 컨설턴트가 있을 수 있습니다. IBNU$^{Interesting\ But\ Not\ Useful}$(흥미롭지만 쓸모 없는) 집단의 일원일 수도 있죠.

흥미롭지만 쓸모없다는 말이 나왔으니 말인데, 게놈 프로젝트에 대해 말해주시죠.

오토데스크의 고객은 할리우드 영화와 게임 산업의 설계자, 건축가, 엔지니어, 디지털 아티스트들입니다. 그들은 진짜로 혁신해야 하죠. 혁신을 이론으로 남겨둘 수 없습니다. 그들이 돈을 받는 이유는 혁신이니까요. 그렇기 때문에 오토데스크가 혁신에 대해 그토록 많이 생각하는 겁니다.

역사상 가장 위대한 1000대 혁신을 연구해서 사람들이 실제로 혁신하는 데 도움이 되는 패턴과 모범 관행을 찾자는 것이 제 아이디어였어요. 그래서 우리는 '불'에서 '페이스북'까지 모든 것을 살피고 있습니다.

모든 혁신은 다섯 단계를 거칩니다. 그것은 불가능하다. 그것은 비실용적이다. 그것은 거의 가능하다. 그것은 예상된다. 그런 다음 요구된다. 마치 사물이 거치는 로제타 석^{Rosetta Stone}(1799년 나일 강에서 발견된 비석으로 이집트 상형 문자를 해독하는 열쇠가 되었다 — 옮긴이)과도 같습니다.

우리는 260만 년 동안 혁신했습니다. 아프리카의 돌도끼를 최초의 혁신이라고 주장할 수 있죠. 지켜보고 있는 남자들을 위해 그것이 한 여인에 의해 발명되었다고 가정하고 싶네요. 그러니까 어떤 동굴인 여인이 이렇게 말하는 겁니다. "이 물건을 맨손으로 돌려서 해체하세요. 그러면 내가 이 돌을 날카롭고 더 쓸모 있게 만들겠어요." 그것이 지구 최초의 혁신이었습니다……

전 그런 1천 개의 혁신을 연구해서 패턴과 모범 관행, 그리고 게놈을 알아내자는 아이디어를 냈죠. 현재 우리는 200개의 혁신을 살펴보았습니다. 우리는 연구 결과 ('혁신'에 대해 전혀 아는 바가 없는 사람이라도) 종이나 칠판 한가운데 어떤 프로젝트나 도전을 적은 다음 그것에 관한 일곱 가지 질문을 받으면 정말로 혁신적인 아이디어 몇 가지를 얻을 수 있다는 사실을 발견했죠. 이런 질문이 역사적인 혁신의 진정한 DNA인 겁니다. 우리는 일곱 가지 핵심 혁신 질문을 (기억을 돕기 위한 수단으로 'ILUMIAM'을 이용해) 요약했는데 사람들이 매우 효과적으로 이용하고 있어요. 질문은 다음과 같습니다.

I = 당신은 누군가에게 멋진 경험을 창조할 수 있는 무엇을 상상^{Imagine}할 수 있는가? 인간의 비행이 좋은 예이다. 우리가 날 수 있다는 기대는

이성에 어긋나는 것이었으며 우리는 그저 그것을 원했을 뿐이기 때문이다.

L = 무엇을 다른 방식으로 볼^{Look} 수 있는가? 잡스는 많은 것(기술, 디자인, 비즈니스, 사람, 삶 등)을 다르게 보았고 이 덕분에 우리는 아이폰, 아이패드, 아이튠스 등을 얻었다.

U = 무엇을 최초로 혹은 다른 방식으로 이용할^{Use} 수 있는가? 증기 기관이 이 강력한 혁신 질문의 좋은 예이다.

M = 옮김^{Move}은 시간이나 공간의 상황을 바꾼다. 예를 들면 개방 혁신은 한 회사나 조직 내에서나 한 사람의 '머리'에서만 혁신을 얻은 다음 그곳의 내외부로 옮긴다.

I = 지금 연결되지 않은 무엇을 상호연결하거나^{Interconnect} 연결할 수 있는가? 인쇄기가 좋은 예이다. 포도즙 짜는 기계와 우표 펀치를 결합한 혁신이기 때문이다. 에디슨이 전구와 전력망을 연결했을 때 한 일도 바로 이것이다.

A = 무엇을 바꾸거나^{Alter} 변화시킬 수 있는가? 이는 주로 혁신의 '설계' 측면과 관련되어 있다. 애플의 또 다른 사례를 이용하면 스티브 잡스는 (이미 존재했던) 스마트폰의 성능과 설계를 바꾸었다.

M = 완전히 새로운 무엇을 만들거나^{Make} 창조할 수 있는가? 완전히 새로운 것의 훌륭한 예로 미국을 들 수 있다. 미국은 부족이나 순전히 역사적인 힘이 아닌 일련의 원칙을 토대로 설립된 최초의 국가이다.

저는 컨설팅에서 일곱 가지 핵심 혁신 질문을 다음과 같이 이용합니다. 사람들에게 이렇게 묻죠. "당신의 회사에서 가장 큰 도전, 문제, 기회는 무엇인가요?" 그런 다음 그것을 칠판 가운데 적고, 그것에 대해 이 일곱 가지 질문을 하고, 질문마다 세 가지 중요한 아이디어를 얻기 위해 노력합니다. 대개 적어도 스물한 가지 아이디어를 얻는데 지금까지 사람들이 제시된 아이디어의 질과 양에 100퍼센트 만족했어요. 전 이런 결과에 그리 놀라지 않습니다. 혁신자들은 수백만 년 동안 이와 똑같은 질문을 성공적으로 이용해왔으니까요.

혁신이 조직 내에서 성공을 거둘 가능성을 높이려면 반드시 필요한 두 가지 핵심적인 변화가 있다. 첫째, 혁신과 혁신자의 행동이 업무 방식에 내재되어 있는 문화적 변화. 둘째, 새로운 아이디어를 위해 조직 외부에 있는 세계의 자원을 이용하는 일, 자원 공유, 모험이다. 그러면 지식이 일반적인 관행으로 자리 잡는다.

문제를 해결하고 새로운 아이디어를 생성하기 위해 외부와 관계를 맺는 등 지금과는 다른 방식으로 일을 처리하지 않으려는 조직 내부의 저항에서 성공의 가장 큰 장벽이 나타난다. 사람들은 본질적으로 변화를 거부하며 전통적으로 특정한 R&D 구조 내에서 문제를 해결하도록 훈련을 받았다. 대규모 조직은 구조적으로 혁신과 혁신하려는 사람들의 사고와 능력을 억제할 수 있다. 그렇기 때문에 우리는 개방 혁신 '촉매 팀'을 개발해 우리 조직이 이처럼 문화적인 변화와 조직적인 변화를 실행하도록 도왔다.

에밀리 라일리Emliy Riley, 제너럴 밀스 월드와이드 이노베이션 네트워크General Mills Worldwide Innovation Network의 커넥티드 이노베이션 캐털리스트Connected Innovation Catalyst

용기, 위험, 요구, 흉터, 사용

데이비드 펜삭David Pensak

데이비드 펜삭 박사는 세계적으로 이름난 혁신자이자 기업가이다. 그는 듀퐁에서 30년 동안 근무한 후 2004년 최고 컴퓨터 과학자로 은퇴했다. 세계 최초의 방화벽으로 AXENT 테크놀로지스AXENT Techno-logies가 매입한 렙터 시스템Raptor System을 개발했다. 데이비드는 펜삭 이노베이션Pensak Innovation Institute에 근무하고 『낙오자를 위한 혁신 Innovation for Underdogs』을 발표했으며, 학문 간 혁신 센터Centre for Interdisciplinary Innovation에서 연구하면서 혁신적인 기업가 정신과 리더십을 지속적으로 발휘하고 있다. 현재 조지 워싱턴 대학교 로스쿨George Washington University School of Law, 델라웨어 경영 대학원University of Delaware Business School, 드렉셀 의과 대학 Drexel University College of Medicine의 마취학과 교수로 재직하고 있다.

로널드 맥도널드 하우스Ronald McDonald House에 모든 수익금을 아낌없이 기부하고 있는 책 『낙오자를 위한 혁신』에서 당신은 하버드 대학교의 (노벨상 수상자) E. J. 코리

E. J. Corey와의 첫 만남에 대해 쓰셨습니다. 학부 학생이던 시절 그의 연구 집단에 초대되기까지 손 놓고 기다리지 않았다는 멋진 이야기이죠. 당신은 대신 코리에게 그의 집단에 가담할 만반의 준비를 마쳤다고 설명했습니다. 그렇다면 혁신자에게 대담함이 얼마나 중요하다고 생각하십니까?

지극히 중요하지요. 스스로에 대한 진정한 자신감이 없다면 실패가 두려워질 겁니다.

스피드 데이트(독신 남녀들이 애인을 찾을 수 있도록 여러 사람들을 돌아가며 잠깐씩 만나게 하는 행사 — 옮긴이)의 개념으로 가장 적절하게 설명할 수 있죠. 저는 사람들을 많이 모은 다음 1분 동안 집단의 다른 사람들과 한 사람씩 이야기를 나누도록 합니다. 간단한 교류가 끝나면 누구와 파트너를 할지 정하고 계획을 세워야 하죠. 전 생각할 시간이 더 많을수록 그들은 더 보수적으로 변하고 모험을 피한다는 사실을 발견했어요. 대담한 사람이 혁신할 가능성이 더 높습니다.

혁신 과정에 대한 두려움이 얼마나 사람을 약하게 합니까?

혁신 과정을 두려워하는 사람이 있습니다. 특히 요즘 혁신에 대한 대가로 자신이나 팀원들이 일자리를 잃게 되는 미국에서는 특히 그렇죠.

우리는 누구나 혁신 유전자를 타고 납니다. 누가 올바른 스승이나 멘토를 만나고 혹은 올바른 내적 용기를 가지고 있는지가 관건이죠.

당신의 경력에 혁신이 얼마나 중요했습니까?

제 일의 핵심은 전적으로 창조이기 때문에 혁신은 동료와 제자 '틀에서 벗어난' 사고를 초월하는 세계에 지극히 중요합니다. 전 틀이라는 것이 존재할 수 있거나 존재해야 한다는 생각을 거부합니다.

혁신은 필요와 불만, 호기심에서 시작합니다. 세상이 더욱 균일화됨에 따라 앞으로 전 세계에 존재하는 기회와 필수 조건을 깨닫게 될 겁니다. 일례로 전 요르단을 위해 물 없이 지열 에너지를 생성할 방법을 개발했죠. 요르단이 동아프리카 대열곡 지대Great African Rift Vally의 양쪽에 걸쳐져 있어서 지열 변화폭이 크거든요. ANU의 토니 플린Tony Flynn 교수가 우분 비료, 커피 찌꺼기, 그리고 진흙을 이용해 물을 정화하는 대단한 방법을 제시했죠. 저는 그의 접근 방식을 대규모 시스템에 확대하고 있습니다. 그러면 정화 시스템에 공급할 잉여 전력이 없는 빈곤 지역에 유용할 겁니다.

혁신 경제 센터Innovative Economy Center 같은 전 세계 여러 조직과 함께 작업하신 경험에 비추어 볼 때 혁신에는 경계가 없다고 생각하십니까?

물론입니다. 지금 당장 가장 혁신적인 국가를 골라야 한다면 남동부 아프리카의 가장 가난한 국가 가운데 하나를 꼽을 겁니다. 사회 구조상 남자들은 밖으로 나가서 하고 싶은 일이면 무엇이든 하는 반면, 여자들은 하루에 30센트로 가족을 먹일 방법을 찾아야 합니다. 그들은 가족을 먹여 살려야 하니 놀라울 정도로 똑똑하고 유능합니다. 기댈 수 있는 네트워크나 인프라스트럭처가 없어요.

아직 발표되지는 않았지만 종교가 혁신과 관련이 있다고 생각되는 분야에서 작업을 했습니다. 그리고 다음과 같은 사실을 발견했죠. 만일 당신이 환생을 믿는다면 누가 되었건 최후의 심판관이 당신의 행동을 좋아하지 않을 경우 달팽이나 그 비슷한 것으로 환생할 거라는 두려움 때문에 소심해지는 경향이 있습니다. '내게는 한두 번의 생이 더 남아 있다. 그러니까 그때 가서 그 일을 하자'라고 생각할 수 있죠. 반면 환생을 믿지 않는 문화에서는 이렇게 생각하죠. '내가 잃을 게 뭐지?'

혁신이 사람들의 분노를 살 수도 있다는 의견도 제시하셨죠. 왜 그렇게 생각하십니까?

여러 가지 이유가 있지만 가장 큰 이유는 돈이죠. 흔히 혁신자들은 돈을 많이 벌고 그러면 주변 사람들이 이렇게 말합니다. "내가 그렇게 할 수도 있었는데." 혹은 "왜 저 사람이 그 거래에서 저렇게 많은 돈을 벌었지?"

제가 방화벽을 개발했을 때 주식 공개 이후 주식을 처분하는 과정에서 흥미로운 도전에 직면하게 되었죠. 델라웨어에 계속 머물면서 일반 수입에 적용되는 세금을 납부할지 아니면 10마일쯤 떨어진 펜실베이니아로 이사해서 2퍼센트의 세금만 낼지 선택할 수 있었습니다. 결국 펜실베이니아로 이사해서 30에이커 부지에 건평이 1만 2000평방피트인 150년 된 집을 매입했어요. 듀퐁에서 제가 근무하던 계열의 부사장이 이 거래로 제가 벌어들인 돈을 보고 몹시 언짢아했죠. 그가 출근할 때마다 우리 집을 지나쳐 가야 했으니까요. 한 6개월쯤 지났을 때 그는 내게 "정말 자네가 밉군"이라고 말하더군요. 제가 "전 아무 일도 안 했는데요"라고 대답했더니 이렇게 말하더군요. "그렇지 않아, 내가 성공하지 못했을 때 자네는 성공하지 않았나.”

어린 시절 알베르트 아인슈타인을 만나 함께 '놀았던' 기회에 대해서도 똑같은 말을 할 수도 있겠네요. 그는 '이웃'이고 RCA의 다른 수많은 과학자들과 마찬가지로 당신 아버지의 동료였으니 당신은 그 기회를 얻기 위해 '아무 일도 하지 않았죠.' 하지만 그가(그들이) 가까이 있다는 사실 때문에 어떤 식으로든 분명 혜택을 받았을 겁니다. 제가 앞으로 당신에게 드릴 말은 대부분 우리 부모님에게서 영향을 받은 겁니다. 아이슈타인이 세상을 떠날 때 전 고작 일곱 살이었으니까요. 그런데 어느 날 모래밭에 앉아서 그와 함께 모래성을 만들고 있었는데 비가 내리기 시작하더군요. 무척 재미있었던 터라 들어가고 싶지 않았지만 제 소중한 모래성이 '녹기' 시작했죠. 전 “박사님, 왜 이렇게 되는 거예요?”라고 물었습니다. 그는 해답을 알려주는 대신 제가 진짜 무슨 일이 일어나고 있는지 이해할 수 있도록 여러 가지 질문을 하셨죠. 이를테면 “모래는 무엇으로 만들어져 있나?” “왜 모래가 한데 뭉칠까?” “풀이 있을까?” “자석인가?”라고 물었습니다. 이처럼 어린아이인 제게 가장 흥미로워할 내용에 구체적으로 초점을 맞추고 질문을 해준 덕분에 전 성인 세계의 중요한 요소와 함축된 의미를 평가할 준비가 되기도 전에 그것을 억지로 분석하기보다는 제 세계를 분석하는 법을 배웠죠.

　그 무렵 길 아래에는 항공 공학 분야의 거물 시모어 보그도노프Seymour Bogdonoff가 살고 계셨죠. 그는 제게 모형 비행기 만드는 법을 가르치고 제게 날려보게 하곤 했어요. 나무에 비행기가 부딪히거나 이륙하지 못하는 등 뭔가 문제가 생길 때면 제가 무얼 잘못했는지 짚어주기보다는 그런 일이 다시 일어나지 않도록 하려면 어떻게 해야 하냐고 질문을 하셨죠.

저는 이 모든 사람들에게 공통점이 있다고 생각합니다. 해답을 알려주기보다는 질문하는 법을 가르쳤죠. 제가 숨 쉬고 있는 한 감사해야 할 것은 바로 그 선물입니다.

> **나는 현재 무통 소켓**PFS; Pain Free Socket**을 연구하고 있다. 이는 체온 바이오피드백 개념을 절단 수술을 받은 사람들의 환각지통을 없앨 수 있는 의지용 소켓과 통합한 보철 장치이다. 나는 이라크와 아프가니스탄에서 돌아온 상이용사들을 만난 후 PFS를 발명했으며 통증이 재활 과정의 방해물이 되지 않기를 바란다.**
>
> 캐서린 봄캠프Katherine Bomkamp,
> 인텔 국제 과학 경진 대회Intel International Science and Engineering Fair의 2회 우승자이자
> 캐서린 봄캠프 인터내셔널Katherine Bomkamp International의 CEO

당신은 아이들이 혁신하는 법을 배우도록 돕는 일에 불타는 열정을 가지고 있다고 자주 밝히셨습니다. 혁신과 혁신적인 사고를 권장하기 위해 어떤 조치를 취해야 하며 몇 살부터 시작해야 한다고 생각하십니까?

부모님이 문맹인 가정에서 자란 아이라면 유치원에 들어갈 무렵 들어본 단어가 약 100만에 미치지 못하고 주제의 범위도 상당히 좁습니다. 그래서 직접적이고 전통적인 커뮤니케이션에서 벌써 1년 반이나 2년 정도 뒤처지게 되죠.

다음 문제는 이를테면 적절한 시력 검사를 받지 못하는 열악한 환경에 있습니다. 인도와 중국 같은 나라에서는 1천 명 가운데 1명은 시력이 너무 약해서 일상생활이 어렵습니다. 두 나라만 보아도 완전히 무력한 사

람들이 약 200만 명에 이릅니다. 미국 도시 학교에 다니는 아이들 가운데 6퍼센트가 읽기 능력에 문제가 있는데 이 가운데 절반은 단순히 글자와 단어를 명확하게 보지 못하기 때문이에요. 따라서 이 문제를 발견할 무렵이면 그들은 또 다시 몇 년을 뒤처지게 됩니다.

미국의 학교 제도는 부시 대통령의 '낙오 학생 방지법No Child Left Behind' 때문에 더욱 악화되었습니다. 우리는 이 법에 따라 뒤처지는 아이들을 벌주는 반면, 우수한 아이들에게는 보상을 주지 않아요. 가장 적합한 비유를 들자면 아픈 닭과 건강한 닭, 두 마리를 가지고 있는 유태인 할머니와 비슷합니다. 할머니는 아픈 닭이 건강해지도록 돌보기 위해 닭고기 스프를 끓이려고 건강한 닭을 죽입니다. 저는 마가렛 스펠링Margaret Spelling이 교육부 장관이었을 때 그녀와 한바탕 싸웠어요. 그녀의 프로그램을 '낙오 학생 방지'이 아니라 '학생 발전 금지No Child Gets Ahead'라고 불렀습니다.

당신은 사람들이 어떻게 혁신적으로 생각하는 능력은 타고나지만 안타깝게도 아주 어린 나이부터 그 능력을 '쥐어짜낸다'고 말씀하셨죠. 혁신하는 방법은 기억해야 하고 그래도 너무 나이가 들면 혁신하는 방법을 기억하지 못할 것이라고 생각하시나요?

사실 우리가 나이가 들면서 혁신에 더 유리해집니다. 세상을 거대한 조각 그림 맞추기라고 생각하면 당신은 매년 새로운 조각을 얻고 그것을 조합하는 방법을 알아냅니다. 나이가 들어갈수록(당신이 알츠하이머병에 걸리거나 미국 하원에 당선되지 않는 한) 조합할 수 있는 조각이 더 많아지죠.

지금 여러 가지 일을 하고 계시죠. 예컨대 '실크 같은' 물질을 개발하는 일처럼 하나같이 흥미롭고 놀라운 잠재력이 있는 일이군요.

방화와 방수 기능이 있는 동시에 실크처럼 가벼운 섬유류를 개발하는 중입니다. 건설부터 의학, 안전 분야까지 엄청난 기회를 얻을 수 있죠. 이 섬유가 완성되면 수천 명의 생명을 구하고 수많은 새로운 일자리를 창출할 것으로 기대하고 있습니다.

어느 날 국방부의 한 대령으로부터 전화 한 통을 받았습니다. 그는 다음과 같이 이야기를 시작했어요. "아시다시피 이곳에는 듀폰을 싫어하는 사람이 많습니다." 제가 그들에게 무슨 불만이 있는지 묻자 이렇게 대답하더군요. "우리는 10년 동안 그들에게 나일론의 녹는점을 단 100도만 올려달라고 요청했어요. IED^{Improvised Explosive Device}(급조 폭발물 — 옮긴이)가 폭발하면 병사들이 부상을 입고 거기에서 나오는 불덩이가 나일론을 녹이는 바람에 화상까지 당하니까요. 듀폰에는 뉴턴이라는 겁쟁이 이사가 있는데 그는 회의에 참석하지도 않으면서 그런 일은 불가능하다고 주장합니다!"

전 처음에는 그가 기발한 농담을 한다고 생각했지만 사실 농담이 아니었습니다. 그래서 전 그에게 뉴턴의 열역학 법칙에 따르면 불가능한 일이라고 설명했어요. 그는 뉴턴이 중역 이름이 아니라는 사실도 몰랐던 거죠. 전 그의 질문이 잘못되었다고 지적했습니다.

나일론과 비슷하지만 같은 온도에서 녹지 않는 섬유가 필요했군요.

맞습니다. 전 주말 동안 그런 섬유를 만들었습니다. 그것은 깨달음의 순간이었죠. 그 일이 있은 후 우리는 프랙처드 포어헤드^{Fractured Forehead}(금이 간 이마라는 의미 — 옮긴이)라는 신생 기업을 세웠죠. 그런 이야기를 들을 때 제 머리를 치면서 "왜 내가 그걸 생각하지 못했지?"라고 말하니까요. 그 회사는 수많은 새로운 모험을 위한 우산이라고 할 수 있죠.

베이퍼리티^{Vaporiety}와 '스멜 더 커피^{Smell the Coffee}' 기술 같은 거 말입니까?

물론입니다! 베이퍼리티가 탄생한 경위는 이렇습니다. 제 아내가 커피를 무척 좋아해요. 아내는 링거액 스탠드를 끌고 다니며 커피를 링거처럼 정맥에다 떨어뜨릴 수 있다면 아마 그렇게 할 겁니다.

아내와 우리 딸들은 종잇잔에 담긴 커피를 마시면 맛이 그리 좋지 않다면서 항상 불평을 했죠. 생각해보니 당연히 그렇겠더군요……커피가 쏟아지지 않도록 막는 뚜껑이 커피향이 코로 들어가지 못하도록 막고 있는데 향기는 맛에 매우 중요한 영향을 미치는 요소이니까요. 이런 이야기를 자주 하는 것은 이야기를 통해 혁신하려면 500만 달러 또는 박사가 필요하다거나 하는 믿음이 잘못되었다는 사실을 깨달을 수 있기 때문입니다.

> **혁신은 창의적인 아이디어를 현실로 바꾸는 일이다. 창의적인 것은 혁신과 다르다. 혁신은 아이디어를 수익, 부, 바라건대 일자리를 창출하는 효과적인 '것'으로 완성시키는 일이다.**
>
> 존 E. 반스^{John E. Barnes},
> 시로^{CSIRO}의 티타늄 테크놀로지스 심^{Titanium Technologies Theme}의 리더

🔅 Image Training

어린아이, 멘토, 동기부여, 놀이, 질문

빈트 서프Vint Cerf

사진 제공: 구글/웨인버그 클라크
Weinberg-Clark

빈트 서프는 인터넷과 그것의 아키텍처, 핵심 TCP/IP 프로토콜의 공동 창시자이다. 구글의 부사장, 수석 인터넷 전도사Chief Internet Evangelist, 컴퓨팅 머시너리 협회Association for Computing Machinery 대표, 전 ICANN 이사회 회장, 그리고 제트 추진 연구소JPL; Jet Propulsion Laboratory의 우수 객원 과학자Distinguished Visiting Scientist로 이 연구소에서 학문 간 인트라넷의 설계와 시행을 위해 연구하고 있다. 국제적인 상을 여러 차례 수상했는데 그 가운데 몇 가지를 꼽으면 미국 국립 기술 훈장US National Medal of Technology, ACM 앨런 M 튜링 상ACM Allen M Turing Award(일명 컴퓨터 과학계의 노벨상), 그리고 미국 국민에게 수여하는 최고 시민상인 미국 대통령 훈장Presidential Medal of Freedom이 있다. 빈트는 발명가 명예의 전당Inventors Hall of Fame에 헌액되었으며 국회 도서관 200년 기념 살아 있는 전설Library of Congress Bicentennial Living Legend 훈장을 받았다.

당신은 우리에게 인터넷을 선사했고 이제 제트 추진 연구소의 연구를 통해 '인터스텔라-네트interstella-net'를 선사하기 위해 연구하는 것처럼 보이네요.

저는 JPL에서 시작되었지만 지금은 우주 탐험을 위한 네트워크 커뮤니케이션 아키텍처의 설계와 시행을 연구하고 있는 NASA의 모든 연구소와 다른 연구 단체가 참여한 어떤 팀의 일원이 되었습니다. 이 팀은 특히 더욱 복잡한 연구를 수행해야 하는 심우주 커뮤니케이션에 초점을 맞추고 있죠. 이를테면 현재 화성 주변에는 인공위성 4대와 작업 로버 2대가 있습니다. 이 로버들은 각각 2004년 1월과 2012년 8월 5일에 착륙했죠.

화성과 다른 곳으로 향하는 미래의 탐험에는 분산 센서망, 전술 비행선, 로버, 그리고 마지막으로 우주비행사가 포함될 겁니다. 이른바 행성간 '번들 프로토콜Bundle Protocol'이 국제 우주 정거장International Space Station과 두 혜성과 랑데부한 EPOXI 우주선, 그리고 원형 형태로 지구 관측 위성 EO-1; Earth Observation satellite뿐만 아니라 세 로버와 두 인공위성에서 시험을 받았죠. 우리는 번들 프로토콜의 특성 때문에 그것이 군대의 전술, 민간 이동 및 공공 안전 커뮤니케이션 시스템의 적대적인 환경에서 커뮤니케이션을 지지하기에 적합하다는 사실을 발견했습니다. 뿐만 아니라 간헐적으로 연결될 수 있는 센서망을 지지하기에도 매우 유용하죠. 앞으로 민간 모바일 어플리케이션에 이용될 것으로 예측하고 있습니다.

저는 또한 100년 후에 근처에 있는 항성으로 여행할 수 있는 우주선을 설계하기 위해 미국 방위 고등연구 계획국DARPA; Defense Advanced Research Projects Agency이 후원하는 프로젝트에 참여하고 있어요. 지구와 가장 가까운 항성인 프록시마 센타우리Proxima Centauri는 알파 센타우리Alpha Centauri계 근처에 있으며 4.3광년 떨어져 있습니다. 지구와 마찬가지로 암석으로 된 이 행성은 알파 센타우리 B 주변을 궤도를 그리며 돌고 있는 것으로 밝혀졌죠. 추진, 네비게이션, 커뮤니케이션 등 여러 가지 도전이 존재합니다. 만일 우리 설계가 실행 가능성이 있다면 최초의 항성 간 탐험 우주선을 개발하고 발사할 수 있을 겁니다.

> 나는 현재 일종의 추첨을 통해 더 많은 사람들이 우주여행을 접하도록 만드는 일을 목표로 '아이 드림 오브 스페이스I Dream of Space'라는 신생 기업을 운영한다. 사람들이 10달러짜리 포스터를 살 때마다 우주에 갈 수 있는 확률이 2만 5천 분의 1만큼 커진다. 표면적으로 이는 단가를 가처분 소득 한계를 넘지 않도록 유지해 대중이 접할 수 있게 만드는 단순한 매커니즘이다…… 하지만 이면적으로는 마음과 정신 운동이다. 우리가 창조하고 있는 것은 접근 가능한 시장과 수요이며 이는 우주 산업이 미래에 대한 진지한 투자가들을 유치하려면 절실하게 필요한 요소이다.
>
> 루벤 매트컬프Reuben Metcalfe, 아이 드림 오브 스페이스 닷컴IDreamofSpace.com의 창립자

사용자들이 지구로 다시 돌아와서 자신의 데이터를 자유롭게 활용하기 위해서 IT 분야에 어떤 변혁적인 변화가 필요하다고 생각하십니까?

인터넷(그리고 인터넷 밖)에서 발견되는 방대하고 점점 확대되는 정보 보관실의 접근성과 발견 가능성을 확보하려면 정보의 의미를 암호화하는 효과적인 방식을 개발해야 합니다.

데이터의 지속적인 유용성을 보장하려면 '정보의 로제타 석'이 필요하다고 자주 언급하셨죠.

이런 로제타 석을 개발하지 않으면 과거의 업적을 잃을 수밖에 없습니다. 그러면 암흑 시대보다 상황이 더 나빠질 겁니다.

앞에서 나눈 대화에서 우리는 네트의 중립성에 대해 많은 이야기를 했습니다. 이제 인터넷의 자유에 대해 묻고 싶군요. 구체적으로 말해 당신은 혁신이 번성하려면 '인터넷 자유'가 불가피하다고 생각하십니까?

말하고 들을 자유가 없다면 민주주의 사회는 살아남지 못하죠. 우리는 이처럼 점점 네트워크화한 세계에서 피해로부터의 자유를 성취하기 위해 열심히 노력해야 합니다. 모든 인류에게 유익하도록 광범위하고 네트워크화한 컴퓨팅 환경을 이용하려면 할 일이 많습니다.

그러면 혁신이 개인과 사회 전체에게 얼마나 중요하다고 생각하십니까?

구성원들이 혁신할 기회를 주지 못하는 사회는 진보할 수 없어요. 농업 발명으로 혁신의 기회가 크게 증가했습니다. 아울러 불만을 해소하고 삶을 향상시키는 혁신을 발견할 개별적인 토대에 대한 만족도도 역시 크게 증가하고 있죠.

> **농부들은 최초의 혁신자이다.** 우리가 농작물을 재배하고 농사를 지은 이후 1만 년 동안 농부들은 원시적인 종자 저장과 가장 많은 수확량과 풍미를 제공하는 종자를 확인하기 위한 실험부터 시작해서 혁신해왔다.

물론 오늘날에도 농업은 계속해서 인간, 환경, 경제의 건강에 중대한 역할을 담당한다. 이런 이유로 농부들은 줄곧 훌륭한 혁신자 역할을 담당했다. 미국 농부들처럼 영리를 위한 작업이든 저개발 국가의 최저 생활을 위한 작업이든 상관없이 농부들은 언제나 혁신을 추구한다. 그들은 질병 저항력과 환경적인 스트레스에 대한 내성과 같은 바람직한 특성을 제공할 새로운 유전적 결합을 통해 새로운 종자를 찾고 있다. 환경과 농민들의 건강을 안전하게 지킬 새로운 농법을 실험하고 있다.

우리 연구소에서는 세계 사람들의 가장 중요한 주식인 쌀을 연구하며 스트레스 내성과 질병 저항력을 제공할 유전자를 확인한다. 우리는 국제 쌀 연구소 International Rice Research Institute의 동료들과 함께 2주간의 관수 내성(씨앗이 일정 기간 물에 잠겨 있어도 죽지 않는 특성 — 옮긴이)을 제공하는 쌀 유전자를 확인했다. 2012년 인도와 방글라데시의 농부 약 200만 명이 이 새로운 품종을 재배해서 홍수 피해를 당했음에도 전통적인 품종보다 다섯 배나 많은 수확을 얻었다. 유기농 농부인 내 남편은 해로운 영향을 최소화하는 한편, 생산성을 극대화하는 새로운 품종의 종자와 농법을 실험한다.

파멜라 로널드Pamela Ronald, 수상 경력이 있는 식물 유전학자 겸
『내일의 식탁Tomorrow's Table』의 공저자

 Image Training

혜택, 탐구, 자유, 미래, 인류

피오렌조 오메네토Fiorenzo Omenetto

피오렌조 오메네토는 생의학 공학Biomedical Engineering 교수이고 터프츠 대학교Tufts University의 울트라패스트 비선형 광학과 생명 광학 연구소Ultrafast Nonlinear Optics and and Biophotonics의 책임자이며 물리학과의 교직원으로도 재직 중이다. 그의 연구 분야는 광학, 나노 구조 재료, 나노 제조와 생체 고분자 기반 광학이다. (데이비드 캐플란David Kaplan과 함께) 광학과 광전자 공학, 그리고 첨단 기술 어플리케이션을 위한 플랫폼으로 실크를 사용하는 방식을 개척한다. 이 주제에 대한 70건이 넘는 명세의 공동 발명가인 피오렌조는 이 기술에 토대를 둔 (세상을 바꿀) 10대 신어플리케이션을 적극적으로 조사하고 있다. 《포춘》지의 기술 분야 50대 인물로 선정된 그는 로스알라모스의 전 J. 로버트 오펜하이머 특별 회원J. Robert Oppenheimer Fellow, 2011 구겐하임 특별 회원Guggenheim Fellow, 그리고 미국 광학 학회 특별 회원Fellow of the Optical Society of America이다.

당신의 연구는 학제적 주제와 지식의 교차 수정에 초점을 맞추고 있습니다. 원활하게 진행되고 있나요?

학제적 계획은 제게 큰 의미가 없습니다. 모든 사람이 그것에 대해 이야기하지만 저는 두려움 없이 기꺼이 참여하는 특정한 부류의 과학자, 화가, 건축가, 잘은 몰라도 농부들이 있다고 생각합니다. 두려움이 없어야 하죠. 저는 항상 이런 비유를 듭니다. 외국어를 배울 때 실수를 전혀 두려워하지 않고 자신을 바보로 만들 준비가 되어 있다면 성공할 겁니다. 그렇지 않으면 이런 사람들만큼 성공하지 못하겠죠.

이런 인터뷰의 공통적인 주제는 두려움에 맞서는(두려움을 인정하지만 젖히고 지나가는) 의지입니다. 스스로에게 실패할 수 있도록 허용하는 일도 포함되죠.

저 역시 어느 정도 자신을 낮추는 태도를 가져야 한다고 생각합니다. 훌륭한 방어 기제가 되기도 하죠. 하지만 자신을 지나치게 심각하게 생각하는 것과 진지함은 다릅니다.

과학을 위한 혁신이나 생존을 위한 혁신은 상당히 심각한 문제가 될 수 있죠.

그렇습니다. 저는 놀랄 만큼 많은 특권을 누리며 살았고 덕분에 '큰' 것에 대해 생각할 여유가 있었죠. 매일 살아남는 일을 걱정해야 했다면 어쩌면 제 혁신은 좀 더 현실적일 겁니다. 이를테면 사냥에 더욱 적합한 창을 만드는 일을 했겠죠.

대신 실크를 연구하고 계시지요. 제가 이해한 바로는 실크는 기적의 소재입니다. 지속 가능하고, 생분해성이고, 먹을 수 있고, 삽입할 수 있고 기술적이죠. 솔직히 실크가 탭 댄스까지 추지 않는 게 놀랍네요. 당신의 원대하고, 거침없고, 대담한 목표는 무엇인가요?

두 가지 원대하고, 거침없고, 대담한 목표가 있습니다. 한 가지는 백신과 안정화와 관계가 있죠. 실온에 생물 제제(예방, 진단, 치료에 쓰이는 백신이나 혈청 등을 일컫는 말 — 옮긴이)를 보관할 수 있다면 대단한 일이 될 겁니다. 예를 들어 로타 바이러스 백신을 실온에 저장할 수 있으면 이질에 걸려 죽는 수많은 아이들을 도울 수 있죠(이 기술은 매년 생산되는 백신 가운데 현재 온도 문제 때문에 파괴되는 백신의 절반을 구할 수 있을 겁니다).

기술적인 측면에서 원대한 목표는 실크를 플라스틱의 대용물로 생각하는 겁니다. 아직 비용이 많이 들기 때문에 매우 야심찬 목표랍니다. 맥도널드에서 실크 컵을 사용하는 것은 경제적으로 실행 가능성이 없어요. 하지만 언젠가 복잡한 기술적 소재(광학과 전자학)를, 환경을 해치지 않으면서 분해되고 재결합할 수 있는 실크 기반 소재로 대체할 수 있을지 모릅니다. 그러면 휴대폰과 전자 부품처럼 쓰레기 매립지에 묻히는 많은 물건들이 환경 속에서 분해되어 재결합할 수 있을 겁니다. 아이폰이 완전히 분해된다면 얼마나 놀라울까요? 그렇지 않습니까?

2005년 이후 우리는 전 세계 대학과 조직과 협력해 미래형 기업과 미래 지향적인 혁신, 속성 학습을 결합한 지속 가능한 지식 집약적인 기업을 연구했다. 이 차세대 기업은 내부 변화 속도를 시장의 외부 변화와 동일한 속도나 더 빠른 속도로 유지하는 일에 초점을 맞춘다.

지금 직면하거나 앞으로 몇 년 후에 직면할 문제와 기회는 지극히 복잡하고 속도가 빠르다. 오늘날 세계에서 경쟁하는 사람들에게 희소식이 있다면 아무도 혁신을 독점할 수 없다는 사실이다. 자사의 지적 자본을 완벽하게 보완해 빠른 혁신과 학습의 지속적인 주기를 견뎌내는 기업은 성공할 것이다. 그렇지

못한 기업은 부적절한 기업으로 치부될 것이다.

아트 머리Art Murray, 응용 지식 과학사Applied Knowledge Sciences Inc.의
CEO 미래의 엔터프라이즈Enterprise of the Future의 치프 아키텍트Chief Architect

다른 소재와 비교할 때 실크로 연구할 경우 비용이 얼마나 많이 드나요?

폴리스티렌, PVC, 플라스틱은 일반적으로 무척 오래전에 개발되었기 때문에 현재 기준 가격은 매우 낮습니다. 실크 섬유를 가용화하는 데 필요한 화학 과정은 파스타를 만드는 일과 매우 비슷하죠. 소금을 넣고 끓이다가 실크 섬유가 녹으면 소금을 제거합니다. 소금을 투석하면 물과 실크만 남아요. 말하자면 액상 실크인 셈입니다. 끓인 물과 원칙적으로 소금을 회수할 수 있으니 매우 환경 친화적인 화학 과정이죠.

　결국 모든 것이 가격 문제로 귀결될 겁니다. 프로세싱을 간소화하고 사람들로 하여금 혁신 확대를 생각하게 만드는 수요란 존재하지 않아요.

제 생각에는 이치보다는 돈을 따지든 아니든 상관없이 비용 계산 문제로 귀결될 것 같군요.

그게 요점이라고 생각합니다. 사실 이 프로세스의 탄소 발자국(어떤 주체가 일상생활을 하는 과정이나 또는 영업을 하는 과정에서 얼마나 많은 이산화탄소를 만들어내는지를 양으로 표시한 것 — 옮긴이)은 믿을 수 없을 만큼 낮습니다.

일반 독자들이 당신의 이니셔티브를 지지할 수 있는 방법이 있습니까?

지금 당장은 없어요. 하지만 언젠가 생기기를 바랍니다. '실크 연구소' 혹

은 실험실을 세워서 소재를 제공하고, 백신의 안정화든 분해되는 아이폰이든 간에 어플리케이션을 지원하는 혁신에 계속 불을 지피는 것이 저의 한 가지 꿈입니다.

그런 가능성이 수십억까지는 아니더라도 수백만 명의 삶을 바꾸어 놓을 수 있겠죠.
실크가 '탭 댄스'를 출 수 있는 이유는 믹스하고 매치할 수 있는 특성이 많기 때문입니다. 집 주변에 있는 아무 플라스틱 조각을 보며 '만일 ~한다면 어떨까?'를 생각해보세요. '만일 내가 저것을 먹을 수 있다면 어떨까?' '만일 이것에 비타민이 들어 있다면 어떨까?' '만일 저것이 내 휴대폰에 말을 한다면 어떨까?' 갑자기 흥분되기 시작할 겁니다…… 그리고 이렇게 생각하죠? '만일 내가 그것을 내 몸에 넣을 수 있다면 어떨까?'

창의적인 사고라…… 말이 나왔으니 말인데요, 당신은 음악가라고 알고 있습니다. 어떤 악기를 연주하십니까?
기타를 칩니다…… 다른 악기들은 흔들 수 있죠.

제가 이야기를 나눠본 많은 혁신자들이 악기를 연주하더군요. 그들은 악기에서 큰 위안과 말하자면 '재즈' 사고의 잠재력을 얻는 것 같습니다.
균형을 유지하는 것이 매우 중요하다고 생각합니다. 특히 과학에서는 좌뇌·우뇌의 균형이 중요하죠. 그래서 음악, 사진, 그리고 제가 상호작용하는 모든 예술 공동체 등 모든 것이 그들의 다양한 견해와 언어로써 제게 엄청난 도움을 줍니다. 제 생각에 그들은 또 다른 퍼즐 조각이에요. 좌뇌가 지배적인 사람들에게는 우뇌와 많이 접촉하는 데 도움이 되고 우뇌가 지배적인 사람들이 의사소통하기 위해서 기꺼이 노력한다면 그들에게도 결과적으로 도움이 되죠.

그리고 우뇌에는 언제나 질서가 있습니다. 저는 학생들에게 음악 같은 것은 쉽게 얻을 수 없다는 뜻을 전하려고 노력하죠. 무척 정열적인 음악을 들을 때 언뜻 보면 자연스럽다고 느낄 수 있지만 그 자연스러움 뒤에는 끊임없는 반복과 기교가 숨어 있습니다.

델로니어스 몽크Thelonious Monk와 존 콜트레인John Coltrane이 그냥 앉아 있으면서 '그것'이 그들에게 오도록 만들지는 않았죠.

그렇지 않았죠. 그들은 그런 간격을 연주하는 방법을 확실히 알았습니다. 자신의 감정과 깊이 접촉하고 기꺼이 드러냈지요…… 그리고 자신의 기분과 영혼에 손가락의 역학을 연결할 수 있었습니다. 그들은 그런 간격이 노래하게 만드는 방법을 알았던 거죠.

Image Training
균형, 참여, 바보, 기적, 실수

마이클 레인Michael Laine

작가이자 나사 고등 개념 위원회NASA Institute for Advanced Concepts 연구 팀 프로젝트의 일원이었던 마이클 레인은 우주 엘리베이터를 완성하기 위해 연구하는 리프트포트 그룹 LiftPort Group의 대표 겸 최고 전략 책임자이다.

사진: 하이젠버그 미디어Heisenburg Media/리프트포트Lift Port

당신처럼 우주에 엘리베이터를 건설한다는 목표를 세우는 것은 대단히 대담한 일입니다. 상당한 열의가 필요한 일이기도 하고요. 제 생각에 당신은 실패나 실수를 두려워하지 않는 사람 같습니다. 당신이 기른 특성인가요? 아니면 타고난 건가요?

'마더 잉글랜드Mother England'와 다시 관계를 맺고 있는 미국인이 많습니다. 당신은 어쩌면 난생 처음 우리 어머니에게서 어떤 식으로든 용을 죽인 사나이와 우리가 관계가 있다는 말을 들을지도 몰라요.

성 조지St George(영국의 수호성인 — 옮긴이) 말씀인가요?

조지, 맞습니다. 우리는 제가 실제로 관심을 가지고 있는 두 남자와도 관계가 있죠……루이스와 클라크 원정대the Lewis and Clarke Expedition의 다니엘 분 Daniel Boone과 메리웨더 루이스Meriweather Lewis 말입니다.

저는 그런 사람들에게 끌립니다. 미국 사람들은 왕실과 고대 혈통에 끌리는데 저는 회색곰과 씨름하고 미국의 길을 튼 사나이를 알고 싶어요. 그래서 전 타고난 특성이라고 여기지만 그런 한편 기를 수 있는 특성이라는 생각도 합니다. 그러려면 가장 먼저 텔레비전을 꺼야 합니다. 다른 누군가의 창의력에 빌붙어서는 창의력을 기를 수 없겠죠.

전 우선 기본적인 비전과 사명, 가치관을 정립했습니다. 그것이 핵심이죠. '당신은 누구인가?' '당신은 무엇을 성취하려고 노력하는가?' '어디로 가려고 노력하는가?' '어떻게 그곳에 갈 것인가?' '누구와 함께 갈 것인가?' 그것이 모든 것의 토대를 이룹니다.

만일 당신의 토대(비전, 사명, 가치관)가 '나는 혁신적인 사람이 될 것이다'라면 당신은 그렇게 될 겁니다. 대신 당신이 선택해야 하죠. '나는 혁신적인 사람이 될 것이다' '나는 창의적인 사람이 될 것이다' '나는 한계를 초월할 것이다.'

당신의 선택은 당신에게 어떤 대가를 요구했나요?

재정적인 대가였죠. 250만 달러가 넘을 겁니다. 하지만 그건 어림짐작한 액수입니다. 십중팔구 그것보다 많을 거예요. 얻지 못한 잠재적 수입이 있으니까요. 그렇게 따지면 아마 800만~1천만 달러에 가까울 겁니다. 하지만 그건 훨씬 더 주관적인 액수이니까, 그냥 간단하게 250만 달러라고 합시다.

재정적인 대가 이외에도 개인과 가족, 사회와 관련된 대가도 있었습니다. 이런 이야기는 하고 싶지 않지만 인정은 해야 하죠.

그렇습니다. 창의력을 선택하듯이 가치관을 선택할 수 있죠. 저는 건물과 프로젝트 가운데 하나를 선택할 수 있다고 결심하던 날을 생생하게 기억합니다. 담보 대출금을 갚거나 팀원들에게 돈을 지불할 수 있었죠. 당시 프로젝트란 부의 창출…… 욕심에 관한 것이었습니다. 전 재정적으로 안정된 상태였으나 부자는 아니었어요. 그래서 이렇게 생각했죠. '이봐, 나는 부자가 될 수 있어…… 그렇게 하는 게 좋겠군.'

하지만 담보 대출금을 갚기보다는 팀원들에게 돈을 지불하기로 의식적인 결정을 내릴 때…… 그 순간 그것은 단순히 부가 아니라 더 큰 무언가에 관한 일이 됩니다. 당시 저는 그것을 정의할 만큼 성숙하지 못했지만 올바른 결정이었어요.

그리고 맞아요, 대가를 치러야 했으나 수치로 계산할 수 없는 가치…… 결과가 있었죠. 진부한 이야기처럼 들리겠지만 그리고 제 스타일은 아니지만 저는 그 일을 겪고 지금 더 훌륭한 사람, 더 훌륭한 인간이 되었습니다.

혁신은 연금술이다. 그것은 전인미답의 땅에서 이용하는 비법과 감정이입, 비전의 소중한 혼합물이다. 믿음을 가지고 미래에 대한 두려움을 버리며 흔히 혁신의 최대 장벽이 자신이며 스스로 짊어진 제약이라는 사실을 이해해야 한다.

장 세바스티앙 로빅케Jean-Sébastien Robicquet ,
EWG, 스피리츠와 와인즈EWG, Spirits and Wines의 창립자, 대표, 전무이사,
마스터 디스틸러Master Distiller

저는 항상 모 아니면 도 유형의 사내였죠. 지금 마흔네 살이니 아내와 아이들이 생길 것 같지는 않군요. 이 길에서 그런 생활이 어울릴지 모르겠습니다.

저는 담보 대출금을 모험에 걸 사람입니다. 아이들과 미니밴을 원하고, 분별력이 있고 이성적인 여성 가운데 담보 대출금을 거는 남자를 재고할 사람이 몇이나 있겠어요? 의외의 사람들이 없다는 의미는 아닙니다. 하지만 그런 사람은 무척 드물 겁니다.

그래서 맞아요. 큰 대가를 치러야 했습니다. 저는 아이들을 원했고, 결혼을 원했어요. 이제 마흔네 살에 이 새로운 길을 떠났으니 그런 건 꿈도 꿀 수 없습니다. 아내와 아이에게 그들이 받아야 마땅할 관심을 기울이면서 달에다 엘리베이터를 건설할 수 있겠습니까? 이미 배를 띄웠다고 할 수 있죠. 그리고 전 괜찮습니다.

저는 공을 인정받아 진급했죠……그런데 정확히 똑같은 특성 때문에 계급장을 잃을 뻔했습니다. 맞습니다. 해병대가 항상 제 관점을 인정하지는 않았습니다.

전 확실히 말썽꾸러기였지만 언제나 주목을 받는 오락반장은 아니었어요. 마약중독자나 멋진 자동차를 몰고 가죽 재킷을 입은 킹카도 아니었습니다. 그런 부류와는 거리가 멀었죠.

학교에는 별 관심이 없었습니다. 그들의 환경보다는 내 환경에서 더 많이 배우고 있다는 사실을 알았으니까요. 3년 동안 결석한 날이 130일이 넘는 바람에 당연히 열일곱 과목에서 낙제를 하고 정학을 받았습니다. 웃기는 일이라고 생각했죠. 처음부터 학교에 가고 싶지 않았는데 학교에서 6주 동안 저를 학교에서 내쫓다니! 제 생각에 그건 대승리였죠. 하지만 자신의 길을 닦으려면 치러야 할 대가가 있습니다.

전 학교를 1년 더 다닐 수 없다고 확신했는데 중퇴할 생각도 없었어요. 그래서 고등학교 재학 시절 2시에 학교를 나서서 자동차로 시내 반대편에 있는 커뮤니티 칼리지에 가서는 밤 7시부터 9시까지 수업을 받았습니다. 고등학교 수업은 항상 빼먹었지만 장담컨대 대학교 수업은 빠지지 않았죠. 자신의 길을 닦으려면 그 결과를 인식하고 준비해야 합니다.

당신은 개척자일 뿐만 아니라 자신의 프로젝트를 진행하기 위해 필요한 기술과 경험의 교차 수정을 몸소 구현한 사람이죠. 타고난 커뮤니케이터이고, 집중력과 꿈을 마음속에 그리는 상상력과 그것을 발전시킬 프로세스를 가지고 있습니다. 이 모든 것이 리프트포트에게 완벽해 보이는 군요.

저는 운이 좋았습니다. 로버트 하인라인Robert Heinlein의 명언을 생각해보세요. "인간은 모름지기 기저귀를 갈고, 침입을 계획하고, 돼지를 잡고, 배를 조종하고, 건물을 설계하고, 소네트(14행 1연으로 구성된 정형시 — 옮긴이)를 쓰고, 결산을 하고, 벽을 세우고, 뼈를 맞추고, 죽어가는 사람을 위로하고, 명령을 받고, 명령을 내리고, 협력하고, 홀로 움직이고, 방정식을 풀고, 새로운 문제를 분석하고, 거름을 주고, 컴퓨터를 프로그램하고, 맛있는 음식을 만들고, 효율적으로 싸우고, 용감하게 죽을 수 있어야 한다. 전문화는 곤충들에게나 어울리는 일이다."

이 목록을 살펴봅시다. 저는 기저귀를 갈 수 있습니다. 대규모는 아니지만 소규모 침입을 계획할 수 있습니다. 돼지는 잡지 못합니다. 어쩔 수 없다면 잡겠지만 정말이지 내키지 않습니다. 배를 조종했습니다. 작은 건물은 설계할 수 있지만 큰 건물은 못합니다. 하이쿠(일본의 전통 단시 — 옮긴이)는 쓰지만 소네트는 못 씁니다. 수표책을 결산하는 일을 싫어해서 다른 사람에게 맡기지만 할 수는 있죠. 벽을 세우는 일은 망쳤습니다. 벽을 거의 넘어뜨릴 뻔했던 바람에 가장 친한 친구가 30년 동안 썼던 사냥칼을 콘크리트 속에 영원히 묻어버렸죠. 뼈를 스무 개 넘게 부러트렸던 적이 있는 터라 접골하는 방법은 확실히 알고 있습니다.

제 새어머니께서 일주일 전 아침에 돌아가셨어요. 새해 전날 심각한 심장마비가 와서 며칠 동안 천천히 고통스러운 악화가 계속되었죠. 저는 마지막 숨을 내쉬던 순간 어머니의 손을 잡았습니다. 그러니 죽어가는 사람을 위로할 수 있죠. 하지만 더 중요한 사실은 50가지가 넘는 매장 절차가 끝나고 가족들을 도운 다음에 저는 남겨진 사람들을 위로하는 데 더 뛰어난 사람이 되었다는 점입니다.

저는 명령을 받을 수 있고, 명령을 내릴 수 있고, 협력할 수 있습니다. 간단한 방정식을 풀 수 있지만…… 고등 수학은 정말 못합니다. 새로운 문제를 분석하는 것을 좋아합니다. 제가 가장 좋아하는 일이죠.

전 거름을 준 적이 있습니다. 양 배설물을 옮기고 학교 댄스파티에 갈 경비를 마련했죠. 하지만 헬리콥터를 타고 댄스파티에 갔어요. 그러기 위해 거름을 많이 옮겼습니다. 울타리 기둥을 박고, 헛간 지붕을 때우고, 양 배설물을 많이 옮겼죠. 하지만 제 파트너를 헬리콥터에 태우고 댄스파티에 갔습니다.

와, 그 소녀는 그 일을 잊지 못하겠군요.

그리고 20년 넘도록 그녀의 남편이었던 사람도 그 일을 결코 잊지 못할 겁니다…… 우리는 고등학교 시절부터 서로 알던 사이였죠. 그 이후 그녀가 진지하게 사귄 남자친구는 두 명뿐입니다. 우리가 졸업하고 사반세기가 넘게 흘렀는데도…… 그녀의 남편은 여전히 저를 좋아하지 않아요. 하지만 그녀는 옳은 선택을 했고……저는 그녀가 그렇게 선택한 것이 두 사람 모두에게 좋은 일이어서 기쁩니다.

지금은 컴퓨터를 프로그램하지 못하지만 예전에는 할 수 있었죠. 요리를 특별히 잘 하지는 못합니다. 효율적으로 싸울 수 있어요. 용감하게 죽은 경험은 없지만 약속하건대 허무하게 죽지는 않겠습니다.

전 우주 엘리베이터를 설계할 기술을 제시하지는 못했습니다. 어떻게 하면 그럴 수 있을까요? (로버트) 하인라인과 (아서 C.) 클라크의 글을 매우 어린 나이에 읽었지만 지금의 내 모습을 계획하지는 못했죠. 안 될 일이죠. 절대로. 이런 일을 계획하기는 불가능합니다. 저는 행운아예요.

당신은 운이라고 말하시지만 사실 당신은 기회가 왔을 때 뛰어들어서 놓지 않았습니다.

맞습니다. 저는 고집스럽게 올바른 시간에 올바른 장소에 있었습니다. 패턴을 인식하는 데 능하기 때문에 올바른 시간에 올바른 장소에 있기로 계획을 세울 수 있었죠. 그건 정말 멋진 일인데다 제가 어렵게 개발한 기술입니다.

전 인내와 끈기를 좋아합니다. 저의 이성적인 면은 이렇게 말하죠. '좋았어. 언제 그만둘지 결정해.' 그러면 제 안의 자존심이 이렇게 말합니다. '집어 쳐! 좋아지든 나빠지든 난 계속할 거야.'

우주 엘리베이터를 건설한다는 그런 '원대한 프로젝트'에서는 밀고 나가야 하죠…… 물러날 여지를 둘 수는 없습니다. 나중이란 존재하지 않습니다. 오직 지금만 있을 뿐이죠. '지금'은 계속해서 흐르는 강물이므로 그 물결을 타야 합니다. 둑 위에 서 있다면 그 물결을 놓칠지도 모릅니다. 어쩌면 그것이 최고의 물결이었을지도 모르는 데 말이죠.

지당한 말입니다! 제가 선택한 것은 흥미로운 길이고 몹시 피곤한 날이 있더라도 전 그 선택에 만족합니다.

흥미로운 길이라는 말이 나왔으니 말인데 당신이 본질적으로 인간을 별에 데려갈 길을 만드는 것이 좋은 아이디어라고 생각하십니까? 그건 지구를 관리하는 대단한 일과는 다르죠.

확실히 다르죠. 사람들이 그 질문에 답해야 하지만 나는 좀 다른 식으로 표현해서 이렇게 말하고 있습니다. "우리는 지구를 관리하는 대단한 일을 끝냈다"라고 말입니다.

우리는 이 태양계가 지구를 관리할 수 있는 최고의 방식으로 그 일을 성취했습니다. 우리가 '지구'이니까…… 유일한 선택이죠. 만일 생명체가 이 지구를 벗어난다면 그 일을 할 수 있는 정상의 육식동물은 오직 하나뿐입니다. 따라서 '태양계 최고의 육식동물이 나머지 생명체를 경계선 너머로 옮길 수 있을까'라고 묻는다면 그 일을 할 수 있는 유일한 동물은 바로 우리죠. 우리가 아니라면 공룡입니다. 그런데 그들은 이미 자신들의 시도를 끝냈지요.

우리는 우리의 바다, 나무, 산을 해쳤습니다. 우리는 무수한 동식물을 해쳤으며 그 가운데 일부는 존재했는지조차 알지 못할 겁니다. 우리가 잉크를 얻어서 그것에 대해 글을 남기기도 전에 멸종했으니까요. 하지만 전반적으로 우리가 알고 있는 150만 종 가운데 일부가 이 지구에서 벗어날 수 있다면, 영원히 존재할 수 있다면, 우리가 그 일을 해낼 수 있는 유일한 동물입니다. 만일 생명체가 지구에서 벗어날 가치가 있다고 진심으로 생각한다면 한 가지 선택만 존재할 뿐이며 그것은 우리입니다.

목소리를 줄 인류가 없다면 화성에 시가 존재할 수 없죠. 움직임을 줄 인류가 없다면 달에 춤이 존재할 수 없습니다. 소와 양, 삼나무를 가져올 인류가 없다면 그런 생물들은 지구에만 갇혀 있을 겁니다. 지구는 폐쇄된 생물권입니다. 시간은 좀 걸리겠지만 폐쇄된 생물권은 언제나 종말을 맞이합니다. 따라서 저는 만일 당신이 생명을 숭배한다면 유일한 선택은 우주로 향하고 우리와 함께 만물을 데려가는 겁니다.

당신은 '지구보다 더 원대한' 규모로 어떤 일을 도모하고 있군요. 그렇다면 우주 엘리베이터를 여러 국가의 공동 재산으로 보십니까? 아니면 매우 부유한 국가만이 참여할 수 있는 것이라고 보십니까?

당연히 여러 국가의 공동 재산이지만 국가의 연합체가 대가를 지불해야합니다. 미국 철도를 건설한 강도 귀족들이 '누가, 어디로, 얼마나 자주, 어떤 가격으로'를 결정했죠. 지금 우리가 건설하고 있는 것이 바로 그겁니다……우주 철도 말입니다.

　우리는 그런 힘을 얻을 겁니다. 그 강도 귀족들의 이야기로 돌아가자면 철도를 최대한 많은 사람들이 이용하게 만드는 일이 그들의 장기적인 최고 관심사였죠. 당시 뉴욕에서 샌프란시스코의 운임은 55달러였습니다. 55달러는 큰돈이었지만 짐마차와 여행 물품과 수행원들을 구하는 데 드는 수천 달러에 비하면 상당히 헐값이었죠. 그래서 우리가 그 일을 하려는 겁니다. 가격을 낮추고 최대한 적절한 가격으로 만들 겁니다.

　달 엘리베이터의 원리를 설명해드리죠. 이렇게 상상해보십시오. 보기 드물게 길고 강한 실, 가느다란 리본 크기의 치실이 있습니다. 우리가 '스파이크Spike'라고 부르는 로봇을 이용해 이것을 달 표면에 붙입니다. 균형추가 지구의 중력의 비교적 깊은 곳에 머물도록 하며 이 리본을 라그랑주점(궤도를 돌고 있는 천체들 사이에서 중력이 균형을 이루어 힘이 '0'이 되는 지점을 일컫는 용어 ─ 옮긴이)을 통과해 다시 지구로 당깁니다. 지구의 중력이 리본을 (적당히) 팽팽하게 당겨지도록 유지합니다.

그것이 건설 단계죠. 일단 이 단계가 끝나면 엘리베이터를 실제로 이용합니다. 정지 궤도 로켓(14개국에 30여 개가 있죠)을 타고 지구를 출발하죠. 라그랑주 점 우주 정거장에 올라가서 엘리베이터를 이용해 천천히 화물과 사람들을 달 표면에 내립니다.

일본이 달에 간다면 무슨 일이 일어날까요? 일본은 그렇게 할 수 있는 로켓을 보유하고 있어요. 그들이 8년 후에 달에 갈 수 있을까요? 물론입니다. 중국은 확실히 갈 겁니다. 인도는 어떨까요? 파키스탄은 할 수 있을까요? 이스라엘과 이란이 달에 간다면 무슨 일이 일어날까요? 세상을 바꾸는 상황이 벌어집니다. 이것은 확실히 국가 공동체이지만 국제연합이 운영하지는 않을 겁니다. 그러니 어쩔 수 없이 좀 더 잘 지낼 방법을 강구해야 하겠죠.

잠시 남극의 상황은 어떤지 살펴봅시다. 남극에는 정부가 있지만 주권은 없습니다. 협정과 규칙, 그리고 존재 방식이 있죠. 그것은 수많은 나라의 혼합체이며 남극을 우리가 (달에서) 활동하는 방식을 위한 지도로 삼을 수 있을 겁니다. 그러기를 바랍니다. 훌륭한 지도이니까요.

혁신의 장벽은 새로운 것을 두려워하는 사람들이다. 그들은 위험하다는 이유로 새로운 것을 두려워한다. 천만의 말씀이다. 위험한 것은 그런 사람들이다! 새로운 것을 가지고 있으면서 오랫동안 존재했던 것 이외에는 아무것도 성취하지 않는 것이 훨씬 더 위험하다. 따라서 모험이 허용되고 효과가 없더라도 다시 일어나 심기일전해서 다시 시도할 수 있을 만큼 자신감을 가질 수 있는 환경이 필요하다.

네이선 미어볼드Nathan Myhrvold 박사

혁신자, 발명가, 인텔렉추얼 벤처Intellectual Ventures, 전 마이크로소프트 CTO, 수석 전략가,
『모더니스트 쿠진Modernist Cuisine』과 『모더니스트 쿠진 앳 홈Modernist Cuisine at Home』의 개발자/공저자

 Image Training

협력, 꿈, 상상, 여행, 끈기

혁신은 재미있다!

머리말에서 나는 정답이나 오답은 없다고 지적했다. 이는 내가 변함 없이 지지하는 자명한 진리이다. 하지만 혁신은 관전하는 스포츠가 아니다. 그것은 활동적인 것이다. 여러분이 직접 실행해야 한다. 그러므로 다음과 같이 자문하라. '혁신은 당신이기 때문에 혹은 비록 당신이지만 일어나는 어떤 것인가?' 자신이 제시한 답변이 마음에 들지 않는다면 조치를 취하라. 무언가 실행하라.

그렇다. '혁신'이란 사람들 입에 오르내리고 있는 유행어라는 사실을 인정한다. 혹자는 이따금 지나칠 정도라고 말하지만 혁신 피로증과 자기만족을 경계해야 한다. 모든 사람들이 태어날 때부터 똑같이 혁신적이지는 않으나 누구든지 혁신을 찬양하고 지지하며 보상해야 한다.

새로운 지식 기반 GDE의 ABC는 민첩성Agile, 경계 초월Borderless, 협력Cooperation이다. 이는 유연한 과정과 민첩한 구조를 갖춘 조직으로 이들은 앞으로 등장할 혁신의 기회를 가장 훌륭하게 이용할 수 있을 것이다. 우리의 세계적인 관계가 점점 증가하면서 (국가 사이, 조직 사이, 혹은 기간 사이의) 경계가 한층 임의적이고 무의미해지며 자율적인 최종 사용자들이 어디에 살든 상관없이 콘텐츠와 정보에 접근하고, 정의하고, 개선할 것이다.

물론 데이터의 기밀성과 안전이 침해받지 않아야 하지만 공동으로 작업하고 협력할 능력이 반드시 필요하다. 단순하고 안전하며 다학문적인 (그리고 수평화된 세계이므로 다언어적인) 공동 작업과 협력, 개념과 지식의 교차 수정을 가능하게 하는 도구와 기술이 등장하고 있다. 혁신과 혁신적인 해결책으로 이어지는 영감은 어디서나 누구에게나 (흔히 가장 가능성이 없을 것 같은 원천에서) 떠오를 수 있다. 조직은 다양한 형태로 등장하는 혁신을 전략적 비전과 사명, 그리고 계획에 포함시켜야 한다. 그렇지 않으면 지식 기반 GDE에서 '선수를 빼앗기고' 말 것이다.

그러므로 혁신과 혁신 과정이 무척 재미있을 수 있다는 사실을 잊지 말자. 이 사실의 가장 좋은 본보기는 난생 처음 세상을 탐구하는 과정에 타고난 혁신자가 되는 아이들이다. 끊임없이 호기심을 가지는 아이들은 경이로움으로 가득하다. 그들은 상상하고 '왜?'와 '~라면 어떻게 되나?'라고 묻는다. 만지고, 시도하고, 달리고, 넘어지기를 두려워하지 않는 그들은 다시 일어나 다시 시도한다. 그들은 논다. 그리고 혼자 노는 것보다 함께 노는 것이 훨씬 더 재미있다는 사실을 안다.

잡았다, 이제 여러분이 술래다!

인터뷰 대상자

전 금융가 겸 재정 분석가, 사업 개발 관리자인 누어 아프탑^{Noor Aftab}(파키스
탄)은 작가, 연사, 사업 고문, 파괴적인 혁신자이다. 그녀의 가장 최근 이
니셔티브는 불우한 사람들의 삶을 변화시키기 위해 노력하는 샤이나 아
프탑 재단^{Shaina Aftab Foundation}을 공동으로 창립한 일이다. 아시아 태평양 HRM
콩그레스^{Asia Pacific HRM Congress}는 그녀의 공로를 인정해 2012 여성/ 최고 성취자
상^{Women/Super Achiever Award}을 수여했다.

에스라아 알 샤페이^{Esra'a Al Shafei}(바레인)는 TED 선임연구원, 미드이스트 유스
Mideast Youth와 crowdvoice.org의 창립자 겸 국장이며 디지털 기술과 디지털
미디어를 인권 운동에 이용하는 혁신자이다.

작가 데브라 M. 아미던^{Debra M. Amidon}(미국)은 67개국으로 구성된 세계적인 혁신 연구와 자문 네트워크 엔토베이션^{ENTOVATION}의 설립자 겸 CEO이다. 지식 경제의 독창적인 창조자로 인정받는 그녀는 《포춘》지 선정 50대 기업, 대학, 사회조직(세계은행, OECD, 국제연합, IADB 등)의 컨설턴트로 일했다. 혁신과 기업가 정신 정상 회담^{WSIE; World Summits on Innovation and Entrepreneurship}의 후원자로 지식 혁신에 대한 그녀의 개념은 여러 나라의 경제 발전에 초석이 되고 있다. 경제적인 지속 가능성, 이해관계자 혁신, 그리고 세계 평화를 위한 혁신 토대를 제공하는 공동 이점^{collaborative advantage}의 세계적인 전문가이다.

메릴랜드 고등학교 학생으로 십 대 혁신자인 잭 앤드라카^{Jack Andraka}(미국)는 15세 때 췌장암, 난소암, 폐암의 신속한 조기 발견을 위해 민감한 계량봉처럼 생긴 저렴한 센서를 발명했다. 솔 골드먼 리서치 인스티튜트^{Sol Goldman Research Institute}의 존스 홉킨스 의과 대학^{Johns Hopkins University School Medicine} 병리학 교수인 아니르반 마이트라^{Anirban Maitra} 박사의 연구실에서 연구를 진행했다. 2012년 국제 과학 박람회의 우승자인 잭은 젊은 미래 지향적인 혁신자의 표상이다. 세계 성장 파트너십 기업인 GIL 글로벌^{GIL Global}, 성장, 혁신, 리더십 글로벌 커뮤니티를 위한 프로스트 앤드 설리반의 글로벌 자문위원회^{Frost & Sullivan's Global Board of Advisors}의 최연소 자문이다.

스콧 앤서니^{Scott Anthony}(미국)는 이노사이트^{Innosight}의 관리 파트너, 아이디어

스 벤처스 투자 위원회IDEAS Ventures investment committee 회장, 그리고 국제적으로 유명한 성장 및 혁신 전문 컨설턴트이다. 혁신이라는 주제에 대해 작가, 공동작가, 칼럼니스트로서 많은 글을 발표하는 스콧은 파괴적 혁신, 미디어, 텔레커뮤니케이션, 소비재 상품의 전문가이다.

롭 앳킨슨Rob Atkinson(미국) 박사는 워싱턴 DC에 위치한 정보 기술과 혁신 재단의 대표이다. 지식과 혁신 경제뿐만 아니라 공공 정책, 경제 개발 분야의 유명 작가이자 선구적인 사상가이기도 하다.

존 E. 반스John E. Barnes(미국/오스트레일리아)는 시로 티타늄 테크놀로지스CSIRO's Titanium Technologies의 리더로 이 조직은 티타늄 금속 생산과 적층 가공의 전문가인 과학자와 엔지니어 70여 명으로 구성되어 있다. 항공, 방위, 우주 항공 산업의 포괄적인 경험을 갖추고 있으며 다양한 특허를 보유하거나 출원 중이다.

RO-BO.ru와 Emociy.ru의 공동 창립자인 야로슬라프 바로노프Yaroslav Baronov(영국/ 러시아)는 소셜 마케팅, 전자 상거래, 사업 개발이 전문인 기업가이자 혁신자이다. 엔지니어링과 비즈니스 리더십의 탄탄한 배경을 갖춘 야로슬라프는 러시아 기업의 환경에 대한 책임 문제를 개선하는 한편, 현재 급성장하는 개인용 로봇 시장에서 큰 기회를 발견하기 위해 노력하고 있다. 파괴적인 제품, 기술, 신기술 사업을 위한 상업적으로 가능성이 있는 해결책을 발견하고 제공하는 것이 그의 관심사이다. 2012년 전략적 사업 예측 분야의 탁월한 연구를 인정받아 로스웰 상Rothwell Prize을 받았다.

매트 배리Matt Barrie(오스트레일리아)는 수많은 상을 받은 기업가, 기술 전문가, 연사이다. 그는 세계 최대 아웃소싱 및 크라우드소싱 시장 프리랜서 닷컴의 창립자 겸 CEO이다.

기업가, 기술 혁신자, 발명가인 요비 벤자민Yobie Benjamin(미국/ 필리핀)은 시티그룹의 최고 기술 책임자이자 시티그룹의 GTS 개발 혁신과 학습 센터의 회장이다. 20/20와 디스커버리 채널로부터 세계 정상급 보안 전문가의 한 사람으로 선정되었다.

데이비드 벤 케이David Ben-Kay(미국/ 중국)는 기업가, 기술 전문가, 예술가, 디자이너들의 집합소로 베이징에 위치한 유안펜−플로 컨설팅 스튜디오의 창립자 겸 회장이다. 과거 마이크로소프트의 법무 자문위원과 중국의 '저작권 침해 차르Piracy Czar'로 활약했던 변호사였다.

작가 겸 국제적으로 유명한 혁신 컨설턴트인 린다 베르나르디Linda Bernardi(미국)는 유능한 기업가, 혁신자, 투자가, 이사회 임원이다. 스트라테라 파트너스StraTerra Partners의 창립자이며『프로 보크: 세계적인 파괴의 문화가 혁신을 위한 우리의 유일한 희망인 이유Pro Voke: Why the global culture of disruption is our only hope for innovation』의 작가로, 20년이 넘도록 도발적인 혁신과 전략적 사업 개발 분야의 선구적인 사상가였다. 세계적인 대기업과 협력해 파괴와 대규모 혁신을 도모하기 위해 노력한다. 파괴를 위해서는 먼저 파괴 저항의 다섯 단계를 통과해 공동 혁신을 향한 길을 닦아야 한다고 믿는다. 그녀는 이 과정에 파괴의 문화와 혁신 성장의 문화에 참여하는 사람들을 보고 감격해한다. 그녀의 열정은 전 세계 대기업에서 혁신적인 재능을 발휘하고 불가능을 가능으로 바꾸며 자기만족을 열정과 창의력으로 대체하는 수십만에 이르는 인재들에게 역량과 영감을 부여하는 일이다.

애비 블룸Abby Bloom(미국/오스트레일리아)은 노련한 기업 경영자, 대중 연설가, 건강관리와 의료 장비 혁신의 선구적인 이론가로 이머징 국가, 공공-민간 파트너십 인프라스트럭처 개발, 보건 시스템 및 재정, 생의학 공학의 전문가이다. 아울러 변혁적인 의료 기술을 전문으로 하는 혁신적인 의료 장비 기업 아큐 레이트Acu Rate의 공동 창립자 겸 CEO이다.

커런트 TV 대표인 데이비드 보먼David Bohrman(미국)은 30년 넘도록 다양한 경력을 쌓았다. 텔레비전과 다른 신 미디어 분야의 경영자로서 네트워크, 유선 방송, 신 미디어와 온라인 미디어에 종사하면서 에미 상, 피바디 상, 프레스클럽 상 등 수많은 상을 받았다. 세계적으로 존경받는 선구적인 사상가인 그는 뉴스 프로그래밍과 특별 행사 뉴스 보도의 가장 혁신적이고 영향력 있는 변화를 주도했다.

리처드 볼리Richard Boly(미국)는 미국 국무부 산하 e-외교국의 국장이다. 그는 마인드 더 브리지 같은 초국가적 기업 생태계의 리더이며 국제 사회의 혁신과 혁신자들의 지지자로서 크게 존경받고 있다.

캐서린 봄캠프Katherine Bomkamp(미국)는 뉴욕 주 플래츠버그Plattsburgh 출신으로 베스Beth와 제프 봄캠프Jeff Bomkamp 사이에서 태어났다. 열여섯 살에 이라크와 아프가니스탄에서 귀국하는 부상병들을 만난 후 사지 절단 환자들의 환상통증을 없애기 위해 인공 장비를 발명했다. 인텔 국제 과학 경진 대회의 2회 우승자, 《글래머Glamour》지 선정 '경이로운 젊은 여성Amazing Young Woman', 2013년 톱 텐 칼리지 우먼Top Ten College Woman, 《파퓰러 메카닉스Popular Mechanics》지의 브레이크스루 어워드Breakthrough Award 수상자, 그리고 캐서린 봄캠프 인터내셔널의 CEO이다. 현재 웨스트버지니아 대학교West Virginia University 3학년에 재학하며 전공과 부전공으로 각각 정치학과 기업가 정신을 공부하고 있다.

이선 벗슨Ethan Butson(오스트레일리아)는 16세로 그래머 스쿨 학생이며 레디오크로믹 필름radiochromic film과 자외선 복사 보호에 대한 연구로 2012년 인텔 국제 과학 경진 대회에서 물질 및 생물 공학 부분 2등상, 2010년 오스트레일리아 국내 과학(BHP 빌리톤BHP Billiton) 1등상을 받았다.

에단 벗슨의 여동생인 열한 살 소녀 매킨리 벗슨Macinley Butson(오스트레일리아)

은 역시 수상 경력자이며 태양 전지판에 반사되는 햇빛을 증가시켜 전기 출력 잠재력을 상승시키는 리프렉타콘 3000Reflectacon 3000 프로젝트로 BHP 빌리톤 과학상 초등학교 부문상을 받았다(일라와라 그래머 스쿨 TIGS에 재학 중인 이선과 매킨리 벗슨은 오스트레일리아에서 가장 유명한 과학 경진 대회에서 나란히 1등상을 받은 최초의 남매이다).

후한 카노 아리비Juan Cano-Arribí(스페인)는 적절한 가격의 혁신 및 혁신 관리 도구와 아이디어 전문 회사인 플랜텔의 창립자 겸 CEO이다. 몇몇 기업에서 최고 혁신 책임자로 근무했고 현재 발렌시아 대학교University of Valencia에서 혁신과 전략, 혁신 목표와 문화 강의를 맡고 있다. 맥그로 힐McGraw-Hill을 통해 이들 주제에 대한 책과 전자책을 발표했다.

빈센트 카본Vincent Carbone(미국)은 브라이트아이디어Brightidea의 창립자 겸 COO이다. 지난 10년 동안 전략 혁신 프로그램 전문가로 활약했으며 현재 세계 혁신 조직을 구축하기 위해 노력하고 있다.

타마라 칼턴Tamara Carleton(미국)은 급진적인 혁신의 토대가 되는 도구와 프로세스 설계의 세계적인 선두 주자인 혁신 리더십 보드 LLC의 창립자 겸 CEO이다. 현재 칼턴 박사는 미국 상공회의소 재단US Chamber of Commerce Foundation의 한 포럼에서 일하고 있으며 엔터프라이즈 개발 재단Foundation for Enterprise Development과 베이에리어 과학 혁신 컨소시엄Bay Area Science and

Innovation Consortium 재단의 평의원을 지낸 바 있다. 스탠퍼드 대학교 공학 대학 실무 교육 프로그램에서 조직 혁신과 예측 전략을 가르친다. 최신작으로는 『전략적 예측과 혁신 플레이북Playbook for Strategic Foresight and Innovation』 (2013)이 있다.

빈트 서프Vint Cerf(미국)는 인터넷과 인터넷 아키텍처, 핵심 TCP/IP 프로토콜의 공동 창시자이다. 구글의 부사장, 수석 인터넷 전도사, 컴퓨팅 머시너리 협회대표, 전 ICANN 이사회 회장, 그리고 제트 추진 연구소의 우수 객원 과학자이며 이 연구소에서 학문 간 인트라넷의 설계와 시행을 위해 연구하고 있다. 국제적인 상을 여러 차례 수상했는데 그 가운데 몇 가지를 꼽으면 미국 국립 기술 훈장, ACM 앨런 M 튜링 상(일명 컴퓨터 과학계의 노벨상), 그리고 미국 국민에게 수여하는 최고 시민상인 미국 대통령 훈장이 있다. 빈트는 발명가 명예의 전당에 헌액되었으며 국회 도서관 200년 기념 살아 있는 전설훈장을 받았다.

고팔 K. 초프라 박사Dr Gopal K. Chopra(미국/오스트레일리아/인도)는 핑엠디pingmd Inc 사의 공동 창립자이고 대표이며 CEO이다. 핑엠디사는 뉴욕 시에 본사를 두고 있는 건강관리 해결책 전문 기업으로 환자와 의사 사이의 관계를 조정하고 회복하는 일을 목표로 삼는다. 회사를 설립하기 직전에 초프라 박사는 라자드 프레레스Lazard Frères 건강관리 재단의 선임 투자 은행가로 일했다. 오스트레일리아, 인도, 캐나다, 미국에서 신경 외과의로 활약하며 스탠퍼드 대학교와 멜버른 대학교의 교직원으로 임명되었다. 후쿠아 경영 대학원의 부교수로 MBA 건강 부문 관리 프로그램을 가르친다. 초프라 박사는 듀크 대학교의 소비자와 무선 건강관리 회의의 창설자이자 진행자이다.

피터 코크런Peter Cochrane(영국)은 정부와 기업의 고문과 컨설턴트이다. 그는 회로, 시스템 네트워크 디자인, 소프트웨어, 휴먼 인터페이스 프로그래밍, 조정 시스템, AI와 AL, 기업 변혁과 관리 등 다양한 분야에서 활약했다. BT의 CTO로 재직했던 피터는 브리스톨의 과학 및 기술의 공공 이해의 회장, CNET, 사우샘프턴, 노팅엄 트렌트, 로버트 고든스, 켄트, 에식스, 유니버시티 칼리지 런던의 객원 교수이다. C&G 필립 공 훈장, IEEE 밀레니엄 훈장, OBE, 혁신 여왕상, 마틀셤 훈장을 포함해 수많은 상을 받았다.

조나단 커즌스Jonathan Cousins(미국)는 커즌스 앤드 시어스 크리에이티브 테크놀로지스츠Cousins & Sears Creative Technologists의 공동 창립자이다. 그는 데이터 시각화, 대규모 전산 예술, 창의적 디지털 작업 흐름과 일반 소프트웨어 어플리케이션 전문의 설계자, 프로그래머, 기업가이다. 선댄스 영화제와 같은 다양한 회의와 축제에서 그의 혁신적인 작품이 소개되었다.

필리페 드 리더Philippe De Ridder(벨기에)는 이노베이션 보드의 창립자이다. 사업 개발과 국제 사업 모형, 혁신적인 차세대 제품 및 서비스 개발의 전문가이다.

클레어 디아스-오르티스Claire Diaz-Ortiz(미국)는 작가 겸 연사, 트위터사의 사회 혁신 책임자이다. 《패스트 컴퍼니Fast Company》에서 가장 창의적인 기업가 100인으로 선정된 그녀는 최근 자신의 두 번째 작품 『영원한 트위터: 세상을 바꾸어라, 한 번에 한 트윗씩Twitter for Good, Change the world, one tweet at a time』을 썼다. 국제적인 무대에서 비즈니스와 사회 혁신에 대해 자주 강연하며 TWEET 모형(조직과 개인이 트윗을 잘 할 수 있도록 돕는 프레임워크)을 개발 중인 것으로 알려져 있다. 옥스퍼드 대학교(스콜 재단 사회 기업가 정신 장학생Skoll Foundation Scholar for Social Entrepreneurship이었다)에서 경영학 석사 학위, 스탠퍼드 대학교 학사와 석사 학위를 받았다. 케냐의 에이즈 고아원을 운영하는 비영리 단체 호프 런스Hope Runs의 공동 설립자이며 인터웹스 출판Interwebs Publishing을 소유하고 있다. @claire on Twitter, 혹은 www.ClaireDiazOrtiz.com을 통해 그녀에 관한 정보를 얻을 수 있다.

기계학, 자동화, 로봇학, 자동 제조 기계의 전문가인 엔리코 디니Enrico Dini(이탈리아/영국)는 입체 3D 프린팅 건축 기술을 개발해 건축과 건설 산업을 혁신하는 일에 전념하고 있다.

데이비드 페루치 박사Dr David Ferrucci(미국)는 IBM 특별 회원 DeepQA(제퍼디!Jeopardy!)에서 우승한 왓슨 프로젝트의 주요 조사관이자 부사장이다. 1995년부터 IBM의 T. J. 왓슨 센터T. J. Watson's Center에 근무하며 시멘틱 분석과 통합 부서를 이끌고 있다. 25개 특허를 보유하고 수많은 논문을 발표했으며 이름난 행사에서 50여 차례 기조연설을 한 페루치 박사는 왓슨에서 실시한 연구와 자신이 배운 내용을 토대로 AI 시스템의 급속한 혁신을 주도하기 위한 노력을 인정받아 많은 상을 받았다.

매트 플래너리Matt Flannery(미국)는 키바Kiva의 공동 창립자 겸 CEO이다. 키바는 기술과 소액 금융을 이용해 가난을 구제하기 위해 노력한다.《이코노미스트》에서 선정하는 한계 없는 혁신 상을 수상했다.

소셜 미디어 그룹의 CEO 겸 최고 마케팅 책임자 매기 폭스Maggie Fox(캐나다)는 소셜 미디어와 디지털 마케팅 분야에서 이름난 선구적인 이론가이며 리더십과 전략적 기업 혁신을 전문으로 하는 캐나다 최고 혁신자Canada's Top Innovator로 선정되었다.

카렌 프라이트Karen Freidt(미국)는 버지니아 주, 햄프턴에 위치한 NASA 랭글리 연구 센터의 창조력, 협력, 혁신 내비게이션 센터책임자이다. 그래픽 디자인의 미술학사를 보유하고 있으며 광고계에서 경험을 쌓은 카렌은 NASA의 열정적인 사람들로 구성된 소규모 팀을 이끄는 임무에 창의적인 관점을 발휘한다. 이 혁신적인 조직은 정부 내부에서 NASA의 비전을 지지하며 협력하는 새로운 방식을 실험하는 한편, 인재와 아이디어를 발전시키는 업무를 맡고 있다.

마이클 존슨 어소시에이츠Michael Johnson Associates의 관리 파트너인 크리스 게일Kris Gale(오스트레일리아)은 25여 년 동안 혁신을 지지하는 오스트레일리아 연방 정부의 여러 프로그램에 조언을 제공했으며 오스트레일리아 연방 정부의 R&D 세금 인센티브 전국 준거 집단R&D Tax Incentive National Reference Group의 창립 회원이다.

제임스 가디너James Gardiner(오스트레일리아)는 랭 오록Laing O'Rourke의 엔지니어링 엑설런스 그룹Engineering Excellence Group의 디자인 혁신 부분 책임자이다. 건설 입체 프린팅(건설 분야의 적층 가공)을 포함해 혁신적인 건설 기술 분야에서 세계적으로 유명한 선구적인 사상가이다.

애덤 글릭Adam Glick(미국)은 잭 파커 코퍼레이션의 대표이자 헤지펀드 테수지 파트너스Tesuji Partners의 전무이사이다. 작가이자 극작가인 글릭은 플로팅 유니버시티Floating University의 공동 설립자로 현재 총장을 맡고 있다.

세스 고딘Seth Godin(미국)은 14권의 베스트셀러를 발표했으며 이들은 30여 개의 언어로 번역되었다. '미국에서 가장 위대한 마케터'로 인정받는 그는 인터넷에서 큰 인기를 얻고 있는 블로그의 작가이다. 그의 최신작『이카루스 이야기』를 위한 킥스타터의 홍보 활동은 목표를 성취한 속도와 규모 면에서 신기록을 세웠다. 세스는 수십 개 회사를 설립했으나 대부분 실패했다. 하지만 그가 처음으로 설립한 인터넷 기업으로 1988년 야후!가 인수한 요요다인Yoyodyne은 온라인 마케팅의 선구자였다. 그의 최신 기업 스퀴두 닷컴Squidoo.com은 자선기금을 모으고 100만 명이 넘는 회원들에게 로열티를 지불한다.

리즈베스 굿먼Lizbeth Goodman(영국/미국)은 유니버시티 칼리지 더블린의 인클루시브 디자인 교수이자 창의적 기술 혁신 학과장, 혁신 아카데미 이사회 임원이다. 스마트랩의 창립자 겸 소장, 퓨처랩의 연구소장인 리즈베스는 블랙베리 여성 기술 인재와 마이크로소프트 교육 혁신 상을 포함해 국제적인 상을 여러 차례 수상했다. 예술·미디어 프로그래밍, 재활을 위한 보디랭귀지 엔지니어링 인터페이스를 포함해 다양한 분야에서 인기 있는 연구원, 작가, 연사, 예능인, 선구적인 사상가로 활약하고 있다.

니콜라스 그루언Nicholas Gruen(오스트레일리아)은 오스트레일리아 사회 혁신 센터의 회장이다. 작가 겸 연사인 그는 정보와 혁신 Gov 2.0의 선구적인 사상가이다.

도미니크 귀나드Dominique Guinard(스위스)는 컴퓨터 과학자이며 에브리싱과 세계의 모든 물체가 웹의 실시간 존재를 통해 연결되는 인터넷을 구상하는

WebofThings.org의 공동 창립자 겸 최고 기술 책임자이다.

스콧 하이퍼맨Scott Heiferman(미국)은 미텁Meetup의 공동 창립자 겸 CEO이다. 미텁은 100여 개 국가에서 수백 명이 사용하며 매주 5만 건이 넘는 미텁이 이루어진다. 미텁의 대중 동원의 새로운 플랫폼인 '미텁 에브리웨어Meetup Everywhere'는 '오프라Oprah', 《허핑턴 포스트Huffington Post》, 매셔블Mashable(미국의 IT 전문 매체 ―옮긴이), 엣시Etsy(핸드메이드 용품 쇼핑몰 ―옮긴이) 등에서 이용된다. 스콧은 사진 공유 네트워크 포토로그Fotolog를 공동으로 창립했는데, 이 네트워크에서 주로 남미에서 3천만 명이 넘는 사람들이 거의 10억 개의 사진을 업로드했다. 그는 또한 1990년대 정상급 온라인 광고 대행사인 i-traffic을 창립했다. 적극적인 벤처 투자가인 스콧은 전국 시민 회의National Conference on Citizenship로부터 제인 애덤스Jane Addams 상을 받았으며 《MIT 테크놀로지 리뷰MIT Technology Review》로부터 '올해의 혁신자'로 선정되었다.

국경 없는 사회World With No Borders의 창립자 겸 회장 에브라힘 헤마트니아 Ebrahim Hemmatnia(네덜란드)는 지역 사회뿐만 아니라 개인을 연결하고 영감을 불어넣으며 역량을 부여함으로써 혁신을 전달하고 지속적으로 국제 사회를 발전시키는 데 전념하는 윌파워드WillPowered 재단의 창립자이다. 2013년에 그는 세계 최초의 페달로 움직이는 수륙 양용 보트 한 대를 타고 적도를 따라 전 세계를 순방하고 있다[수로로 3만 5000마일(약 5만 6300킬로미터), 육로로 1만 5000마일(2만 4100킬로미터)].

스물네 살인 토니 셰이^{Tony Hsieh}(미국)는 공동으로 창립한 링크익스체인지 LinkExchange를 마이크로소프트사에 2억 6500만 달러에 매각했다. 그런 다음 온라인 신발 의류 상점 자포스^{Zappos}에 합류해 결국 CEO가 되었고 거의 매출이 없던 이 기업의 연간 매출액을 10억 달러 이상으로 성장시켰다. 아마존은 2009년 12억 달러에 자포스를 매입했다. 베스트셀러『행복 전달하기^{Delivering Happiness}』(그의 기업 활동을 탐구한 작품으로, 첫 선을 보이자마자《뉴욕타임스》선정 베스트셀러 1위에 올랐다)의 작가인 토니는 혁신의 헌신적인 선동자이며 라스베이거스 다운타운 프로젝트의 창시자이다.

연사이자 작가, 상을 수상한 기업가이자 인플루엔서인 타라 헌트^{Tara Hunt}(캐나다)는 혁신적인 온라인 소매 사이트 바이오스피어^{Buyosphere}의 창설자 겸 CEO이다.

유명 연사이자 전략가, 기업가인 살림 이스마일^{Salim Ismail}(캐나다)은 싱귤래리티 유니버시티의 공동 창립자, 전무이사 겸 글로벌 앰배서더, 콘파브 회장이다. 야후의 부사장을 지낸 살림은 실시간 웹을 위한 기본 기술 몇 가지를 이용하는 초기 단계 기업 일곱 군데를 설립하거나 운영했다. 수많은 상을 수상한 그는 인터넷, 디지털 미디어, 기업가 정신과 사모펀드의 미래에 대한 선구적인 사상가이다.

로버트 제이콥슨Robert Jacobson(미국)은 샌프란시스코와 스웨덴 말뫼에 본사를 둔 아틀리에 투모로Atelier Tomorrow의 CEO, 공동 창립자, 회장, 전략가이다. 평생 인간의 경험을 연구하는 로버트는 혁신 관리 문제, 특히 지속적인 사회 및 기술 혁신을 생산하는 지역 혁신 플랫폼 개발의 전문가이다.

무브 인디아 재단 창립자 스리다르 자가나단Dr Sridhar Jagannathan(미국/ 인도)은 세계적인 소프트웨어 엔지니어링 기업 퍼시스턴트 시스템스의 최고 혁신 책임자이다. 해양 엔지니어, 기업가, 벤처 캐피털리스트, 기술 전문가, 혁신자 등으로 다양한 경력을 쌓았다. 기술 혁신, 사업 전략, 기업가 정신의 전문가이다.

도미니크 자우롤라Dominique Jaurola(오스트레일리아/핀란드)는 비즈니스 디자이너, 제품 창조자, 미래학자, 사내 기업가, 그리고 기업가이다. 지난 20여 년 동안 인간 중심, 모바일(소비자와 기업), 그리고 연결된 사회에 변화를 일으켰다. 1990년대 중반 노키아가 세계적인 제품으로 발돋움하는 과정에 초창기 디지털 및 대량 판매 시장 모바일 세계를 형성했다. 그녀가 두 번째 창업한 휴놈은 게놈과 유사한 웹 어플리케이션이지만 DNA 지도를 만드는 대신 인간 중심 기술에 더 쉽게 접근할 수 있는 마인드맵에 관한 공통적인 관점을 연결하고 개념화한다.

린다 젠킨슨Linda Jenkinson(미국)은 레스콘시어지스사LesConsierges Inc.의 공동 창립자 겸 회장이다. 그녀는 유명한 기조 연설가, 연속적으로 성공을 거두는 기업가, 세계적인 전략가, 전문적이고 혁신적인 사회적 변화 대리인, 그리고 서부 아프리카의 여성이 이끄는 SME를 구축하는 데 초점을 맞추는 WOW 인베스트먼츠WOW Investments 등의 이니셔티브를 통해 여성의 역량을 증진시키는 일을 열렬히 지지한다.

메리 루 옌센Mary Lou Jepsen(미국)은 픽셀 퀴Pixel Qi의 창립자 겸 CEO이다. MIT 미디어 연구소에서 학생과 교직원 한 명당 랩톱 한 대One Laptop per Child and Faculty Member의 CTO를 지냈던 그녀는 혁신 기술 관리가 전문인 유명한 기술 리더이다. 《타임 매거진》이 선정한 세계에서 가장 영향력 있는 인물, 역대 50대 여성 컴퓨터 과학자, 모바일 컴퓨팅 분야에서 가장 영향력 있는 인물, 하드웨어 혁신 분야의 세계 기술 상World Technology Award 수상자이다.

인포메이션아키텍트 닷컴InformationArchitected.com 대표 겸 레벨 50 소프트웨어의 공동 창립자인 댄 켈드슨Dan Keldsen(미국)은 기업, 웹과 마케팅 2.0, 정보 관리, 아키텍처와 혁신, 공동 작업, 그리고 인간 행동과 디지털 도구의 교차 분야의 선구적인 사상가이다.

국내외적으로 유명한 톰 케리지Tom Kerridge는 열여덟 살에 요리를 시작했다. 런던으로 이주해 오데츠Odettes, 로즈 인 더 스퀘어Rohdes in the Square, 스티븐

불Stephen Bull, 더 캐피털The Capital 같은 유명 레스토랑에서 경험을 쌓았다. 노리치Norwich 아들라즈Adlards에서 거둔 성과로 2005년 생애 첫 번째 미슐랭 스타를 받고 같은 해 아내 베스와 함께 말로Marlow의 핸드 앤 플라워Hand & Flowers를 개점한 톰은 '개스트로 펍gastro-pub' 개념을 혁신해 탁월한 수준으로 올려놓았다. 열두 달이 채 지나지 않아 미슐랭 스타 하나와 AA 로제트AA Rosettes 세 개, 이건 로네이 스타Egon Ronay Star를 받았다. 핸드 앤 플라워는 2012년 세계 최초로 미슐랭 스타 두 개를 받는 펍이 되었다.

롭 반 크라넨부르크Rob van Kranenburg(벨기에)는 환경 기술, RFID의 예리한 네트워크, 네트워크 노트북스 02Network Notebooks 02, 네트워크 문화 연구소Institute of Network Cultures의 비평인 '사물의 인터넷The Internet of Things'을 썼다. 브리코랩스bricolabs의 공동 창립자, 카운슬Council의 창립자이다. 크리스천 놀드Christian Nold와 함께『시추에이티드 테크놀로지스 팜플렛 8: 포스트 오일 세계를 위한 사람들의 인터넷Situated Technologies Pamphlets 8 : The internet of people for a post-oil world』을 발표했다.

작가이자 나사 고등 개념 위원회 연구 팀 프로젝트의 일원이었던 마이클 레인Michael Laine(미국)은 우주 엘리베이터를 완성하기 위해 연구하는 리프트 포트 그룹LiftPort Group의 대표 겸 최고 전략 책임자이다.

J. D. 라시카J. D. Lasica(미국)는 미국에 본사를 둔 컨설팅 기업 소셜 미디어 닷

비즈Socialmedia.biz와 소셜브라이트Socialbrite의 창립자이다. 소셜 미디어 전략가, 선구적인 사상가, 기업가, 기술 혁신자, 변화 주도자, 작가, 인기 기조 연설가이다. 실리콘 밸리의 인플루엔서 40인, 소셜 미디어 분야의 인플루엔서 100인, CNET의 미디어 블로거 100인의 한 사람으로 선정되었다.

제프 라이트너Jeff Leitner(미국)는 인사이트 랩스Insight Labs의 설립자 겸 대표이다. 이 재단은 선구적인 사상가들을 모아 까다로운 국제 문제를 해결함으로써 공익에 이바지한다. 공공 문제, 저널리즘, 사회사업 분야에서 연사, 작가, 자문 위원으로 활약한 경력이 있다.

게르드 레온하드Gerd Leonhard(스위스)는 유명한 미래학자, 작가, 도발적인 기조 연설가, 싱크탱크 리더, 자문, 그리고 디지털 비즈니스 모델, 소셜 미디어, 소비자 동향, 기업가 정신, 브랜딩, 저작권 광고, IP 보호 분야 등 다양한 분야에서 활약하는 국제적인 선구적 사상가이다.

국제적으로 이름난 기업가, 자선사업가, 외교관, 연사, 작가인 빌 리아오Bill Liao(오스트레일리아/스위스)는 SOS벤처의 벤처 파트너, 소셜 네트워크 서비스 징XING의 공동 설립자, 비영리 조직 위포레스트 닷컴WeForest.com의 설립자 그리고 코더도조CoderDojo의 공동 설립자이다.

전 류Zern Liew(오스트레일리아)는 디자인, 분석, 대인관계 기술을 적극적으로 결합해 복잡성을 해체하고, 깨달음의 순간을 일으키고, 혼란 속에서 길을 찾고, 아이디어를 진정으로 유용한(그리고 아름다운) 것으로 바꾼다. 비즈니스 프로세스, 소프트웨어 어플리케이션, 커뮤니케이션 분야의 다양한 국제적인 프로젝트를 맡았다.

핀란드의 통신부 장관(2007~2011년), 문화부 장관(1999~2002년), 하원의원(1995~2011년)을 지낸 수비 린덴Suvi Linden(핀란드)은 국제 연합 디지털 개발을 위한 브로드밴드 위원회의 위원장 겸 위원회의 ITU 특사이다. 그녀는 2011년 정보화 사회 포럼으로부터 '올해의 선지자'로 선정되었으며 현재 펄콘사Pearlcon의 창립자 겸 CEO이다.

크리스 롱샹트 Jean Christophe Chris Lonchampt(프랑스/오스트레일리아)는 디자인고브 DesignGov의 이사회 임원이며 공공 분야 설계를 최고 수준으로 올리기 위한 연방 정부 활동의 핵심 인물로 창립 팀원과 정부 장관들과 협력하며 애스크 세르파Ask Sherpa를 설립했다. 세계적으로 전략적 사업 개발과 혁신 문화에 대해 리더들에게 자문할 뿐만 아니라 혁신적인 기술과 인터넷 프로젝트를 후원하고 지도한다. 아내와 세 자녀와 함께 생활하면서 세계를 무대로 활동했다. 공인 스키 강사이며 펜실베이니아 대학교 와튼 경영 대학원 The Wharton School, University of Pennsylvania, 이탈리아의 보코니 경영 대학원Bocconi School of Management, 프랑스의 폴리테크올리앙PolytechOrleans을 졸업했다.

줄리안 키스 로렌Julian Keith Loren(미국)은 수상 경력이 있는 혁신자로 20년 넘도록 건물 설계와 혁신 팀의 일원으로 활약하며 다면적인 대규모 설계 과제를 맡았다. 게임플레이의 위력을 이용해 다양한 분야들을 연결하고 커뮤니케이션 장벽을 무너뜨리면서 게임퍼런스Gameferences를 설계하고 발전시킨다. 이 잊을 수 없는 일대일 게임은 대탐험과 탈주 설계로 진행된다. 그는 매니지먼트 인스티튜트의 공동 창립자로 제너럴 일렉트릭, 존슨 앤 존슨, 이베이, 인스티튜트 포 퓨처의 핵심적인 혁신 이니셔티브의 진행을 도왔다. 또한 스탠퍼드 대학교와 버클리 캘리포니아 대학교에서 강의와 협력 디자인 게임을 운영했고 이따금 기술과 혁신을 주제로 글을 썼다.

래리 맥도널드Larry MacDonald(미국)는 에디슨 이노베이션스사의 창립자 겸 CEO이다. 새로운 시장을 위한 해결책을 확인하고 개발하는 일을 전문으로 하는 혁신 선지자로 알려져 있다. 현재는 KidsTeachingKids.org을 통해 아동 교육을 변화시키고 에디슨 이노베이션스사를 통해 신상품의 선택과 개발을 변화시키는 일에 초점을 맞추고 있다.

키믹KimmiC의 공동 창립자이자 CTO인 마이클 맥도널드Michael McDonald(오스트레일리아)는 기술 및 조직 혁신 분야에 경험이 풍부하며 혁신, 커뮤니케이션, 조직을 통한 조직 성장과 조직성과의 전문가이다. 이를 테면 시멘틱 웹, 자바 엔터프라이즈Java Enterprise, html5/Ajax, REST 기반 아키텍처 등 사용자 인터페이스를 이용한 미들웨어를 통한 영속성 등 기술을 결합해 욕구를 충족시키는 분야의 세계적인 리더이다. 교차 문화 팀을 구성한 경험과 더불어 다국적 기업과 협력한 경험을 통해 시스템스를 설계하고, 구축하고, 시행하고, 지원하는 등 다양한 능력을 발휘한다. 지식 공유 관리, 즉 인터렉티브 및 인텔리전트 데이터, 그리고 개인을 겨냥한 정보를 위한 혁신적이고 협력적인 크로스셀링 플랫폼인 플랫월드를 창시했다.

크리스토퍼 매크리Christopher Macrae(영국)는 지속 가능한 투자와 경제학, 네트워킹 사회, 지식 공유, 브랜딩 분야에서 여러 차례 상을 수상한 세계적인 사상의 선구자 겸 작가이다. 1972년부터 《이코노미스트》의 연구 기업 혁신 프로젝트에서 아버지 노먼 매크리Norman Macrae를 도왔다. 이때 두 사람은 초창기 디지털 네트워크를 통해 지식을 공유하는 500명의 젊은이들을 지켜보며 인생의 대전환기를 맞았다. 현재 그의 열정을 불러일으키는 대상은 MOOC이다. 크리스토퍼의 가족은 대대손손 인터내셔널 스카티시International Scottish와 함께 청소년 경제학을 찾았다. 인터내셔널 스카티시는 네트워크로 연결된 세대들이 오웰Orwell '빅 브라더 엔드게임Big Brother Endgame' 대신 99퍼센트의 사람들에게 가장 필요한 것을 중심으로 미래를 설계할지 여부를 설명할 수 있는 세계적인 교과과정이다.

아이디어팜스Ideafarms의 창조적인 문화의 창립자 겸 대표 수닐 말호트리Sunil Malhotra(인도)는 혁신적인 아웃소싱, 디자인 전략, 디지털 영역의 '경험 미학experiential aesthetics'의 선구적인 사상가이다. 파괴적인 사고가 세계화된 세계의 비즈니스에서 핵심적인 차별화 요소라고 믿고 국경을 초월한 협력에 내재된 능력으로 인간을 풍요롭게 하는 패러다임을 위해 노력한다. 동양철학(단순함, 포함, 지역 관련성)을 이용해 사회 문화적 변화를 위한 혁신이라는 독특한 브랜드를 창조했다.

에이미 조 마틴Amy Jo Martin(미국)은 디지털 로열티의 창립자이자 CEO이다. 《뉴욕 타임스》선정 베스트셀러『변절자가 규칙을 정한다Renegades Write the Rules』의 작가이자 성 주드 디지털 이사회St Jude Digital Board of Directors의 임원인 에이미 조는 소셜 미디어 혁신, 개인 브랜딩, 수익성 소셜 플랫폼 분야의 국제적으로 유명한 기조 연설가이다. 디지털 로열티는 전략적 훈련과 전술적 훈련을 혼합한 포괄적인 교과과정을 제시하는 디지털 로열티 유니버시티를 통해 맞춤형 소셜 미디어 교육 프로그램을 제공한다. 《하버드 비즈니스 리뷰》,《허핑턴 포스트》,《스포츠 비즈니스 저널》에 정기적으로 글을 기고한다. Twitter@AmyJoMartin에서 그녀를 팔로하라.

댄 매티슨Dan Mathieson(캐나다)은 2003년부터 온타리오 주 스트랫퍼드의 시장으로 재직했다. 그의 지휘 아래 이 도시는 스마트 도시 운동의 선두 주자가 되었고 2012년 인텔리전트 커뮤니티 포럼Intelligent Community Forum의 두 번째 7대 인텔리전트 커뮤니티의 한 곳으로 선정되었다.

사업 개발과 전략적 파트너십의 전문가로 혁신의 입지전적 인물인 루벤 매트컬프Reuben Metcalfe(미국/뉴질랜드)는 자신의 조직, 아이 드림 오브 스페이스 닷컴을 통해 우주여행을 민영화하는 도전을 위해 노력하고 있다.

아트 머리Art Murray(미국)는 응용 지식 과학사의 CEO이자 미래의 엔터프라이즈의 치프 아키텍트이다. 정보 경제, 지식 공유, 수평화된 세계 경제의 전문가이며 선구적인 사상가이다. 아울러 조지 워싱턴 대학교 지식과 혁신 연구소Geroge Washington University Institute의 수석 연구원, 미래 프로그램 엔터프라이즈Enterprise of the Future Program의 공동 책임자, 방콕 대학교의 지식과 혁신 관리의 국제적인 전문가이다. 유명 기조 연설가이며 일부 과학 간행물의 편집위원이자 검토위원이다.

수상 경력이 화려한 작가, 혁신자, 발명가이며 수백 건의 특허를 보유하거나 출원 중인 네이선 미어볼드 박사Dr Nathan Myhrvold(미국)는 마이크로소프트 코퍼레이션의 CTO 겸 수석 전략가로 은퇴한 후 인텔렉추얼 벤처Intellectual Ventures를 설립했다. 캠브리지 대학교의 응용 수학과 이론 물리학 학과의 박사 후 과정 특별 회원인 네이선은 스티븐 호킹 박사와 협력하고 프린스턴 대학교에서 이론 물리학과 수학 물리학의 박사 학위, 지구 물리학과 우주 물리학 석사 학위, 그리고 UCLA의 수학 석사 학위를 받았다. 제임스 비어드 상James Beard Award의 수상자이며 요리책『모더니스트 쿠진』과『모더니스트 쿠진 앳 홈』의 개발자이자 공저자이다. 두 책은 모두 혁신적인 도구와 테크닉을 요리법에 응용할 방법을 탐구한다.

스타일리아노스 미스타키디스Stylianos Mystakidis(그리스)는 국제적인 상을 수상한 e-러닝과 가상 몰입 환경의 선구적인 사상가, 설계자, 개발자, 그리고 촉진자이다. 그는 교육 기술과 혁신, 혼합 학습을 지지한다.

니텐 나이르Nitten Nair(아랍에미리트)는 디지털 및 소셜 미디어 전략가로, 인도 신화까지 거슬러 올라갈 수 있는 영감과 혁신을 결합하는 일에 초점을 맞추고 있다.

빌 오코너Bill O'Connor(미국)는 이노베이션 게놈 프로젝트의 창립자이다. 게놈 프로젝트는 오늘날 적용할 수 있는 패턴과 지혜를 이끌어낼 목적으로 세계 역사상 가장 훌륭한 1000대 혁신을 연구하는 오토데스크의 이니셔티브이다. 그는 오토데스크의 기업 전략 팀에서 재직하며 이 회사의 CEO와 CTO의 수석 연설 작가로 활약한다.

오서 솔루션스Author Soutions의 상무이사이자 마케팅 국장, 그리고 북탱고 Booktango의 출시를 담당하는 이사인 키스 오고렉Keith Ogorek(미국)은 작가, 유명 연사, 그리고 인디 출판 산업의 선구적인 사상가이다.

피오렌조 오메네토Fiorenzo Omenetto(미국/이탈리아)는 생의학 공학 교수이고 터프츠 대학교의 울트라패스트 비선형 광학과 생명 광학 연구소의 책임자이며 물리학과의 교직원으로도 재직 중이다. 그의 연구 분야는 광학, 나노 구조 재료, 나노 제조와 생체 고분자 기반 광학이다. (데이비드 캐플란과 함께) 광학과 광전자 공학, 그리고 첨단 기술 어플리케이션을 위한 플랫폼으로 실크를 사용하는 방식을 개척한다. 이 주제에 대한 70건이 넘는 명세의 공동 발명가인 피오렌조는 이 기술에 토대를 둔 (세상을 바꿀) 10대 신어플리케이션을 적극적으로 조사하고 있다. 《포춘》지의 '기술 분야 50대 인물'로 선정된 그는 로스알라모스의 전 J. 로버트 오펜하이머 특별 회원, 2011 구겐하임 특별 회원, 그리고 미국 광학 학회 특별 회원이다.

티아고 페이소토Tiago Peixoto(브라질)는 온라인 참여 예산과 위키 입법을 전문으로 하는 디지털 민주주의 분야에서 세계적으로 이름난 전문가이다. 세계은행 연구소의 오픈 거버넌스 집단의 ICT4Gov 프로그램에서 개방 정부 전문가로 활약한 티아고는 OECD, UN, 브라질 정부와 영국 정부 같은 조직의 정책 고문으로 일했고 아프리카, 아시아, 유럽, 라틴아메리카, 카리브 해의 선구적인 e-Gov 이니셔티브에 참여했다. 『2010 국제연합 e-정부 조사: 재정 및 경제 위기에서 e-정부 활용하기2010 United Nations e-government survey: Leveraging e-Government at a Time of Financial and Economic Crisis 』의 공동 집필자이다. 취리히의 일렉트로닉 데모크라시Electronic Democracy 센터의 연구 코디네이터이다.

데이비드 펜삭 박사Dr David Pensak(미국)는 세계적으로 이름난 혁신자이자 기업가이다. 그는 듀퐁에서 30년 동안 근무한 후 2004년 최고 컴퓨터 과학자로 은퇴했다. 세계 최초의 방화벽으로 AXENT 테크놀로지스가 매입한 렙터Raptor 시스템을 개발했다. 데이비드는 펜삭 이노베이션Pensak Innovation Institute에 근무하고, 『낙오자를 위한 혁신』을 발표했으며, 학문 간 혁신 센터에서 연구하면서 혁신적인 기업가 정신과 리더십을 지속적으로 발휘하고 있다. 현재 조지 워싱턴 대학교 로스쿨, 델라웨어 경영 대학원, 드렉셀 의과 대학의 마취학과 교수로 재직하고 있다.

제프 파워Jeff Power는 다수 세계의 혁신자, 기업가, 개인에게 능력과 역량을 부여하기 위해 노력하는 전략적 혁신자이다. 이 과정에 비영리 재단 글로벌 호프 네트워크Global Hope Network에서 자신이 진행하는 연구와 2011년 제프가 설립한 단체로, 사회에 적극적으로 참여하는 영리 기관 판제오 커피Pangeo Coffee를 이용한다.

구스타프 프레켈트Gustav Praekelt(남아프리카 공화국)는 프레켈트 그룹의 창립자 겸 CEO이다. 모바일 플랫폼, 기술, 그리고 아프리카 15개국의 5천만 명에게 전달되는 다수 세계 이니셔티브를 위한 서비스와 해결책 분야의 선구적인 이론가이다.

스파크드 닷컴Sparked.com의 CEO 벤 릭비Ben Rigby(미국)는 웹과 모바일 제품 개발, 민첩 방법론agile methodologies, 크라우드소싱 분야에서 유명하다.

에밀리 라일리Emily Riley(미국)는 제너럴 밀스 월드와이드 이노베이션 네트워크의 커넥티드 이노베이션 캐털리스트이다. 개방 및 협력 혁신, 혁신 프로세스, 화학 식품과 음료, 섬유와 재생 가능 자원, 국가 안보, 방위와 교육 등 핵심 능력을 갖춘 혁신 기회 전략에 초점을 맞춘다.

EWG, 스피리츠와 와인즈(CIROC 보드카CIROC Vodka, G바인 진G'vine Gin, 그리고 여러 가지 코냑 브랜드의 생산자)의 창립자, 대표, 전무이사, 매스터 디스틸러 장 세바스티앙 로빅케Jean-Sébastien Robicquet(프랑스)는 최고급 제품의 생산에 전념하고 있다. 대대손손 내려온 포도주 양조 지식과 자기 분야의 전통에 대한 깊은 존경심을 가진 장 세바스티앙은 '보르도 와인을 보호하고 찬미한' 공을 인정받아 보르도의 사령관Commander of Bordeaux이라는 칭호를 얻었다. 혁신에 대한 열정에 더해진 장의 탁월한 지식은 자신이 경영하는 EWG의 정신을 그대로 구현한다. EWG는 세계에서 가장 혁신적인 포도주와 주류 기업으로 자리 매김하기 위해 노력한다.

파멜라 로널드 교수Professor Pamela Ronald(미국)는 수상 경력이 있는 식물 유전학자이다. 그녀의 연구소에서는 질병에 대한 저항력과 홍수에 내성이 있는 쌀을 개발한다. 로널드는 《패스트 컴퍼니》에서 '재계의 가장 창조적인 인물 100인'으로 선정되었고 2012년 인류에게 이로운 방식으로 기술을 혁신적으로 이용한 공로를 인정받아 루이스 말라시스 국제 과학상의 농업, 식량 기술 부문상Louis Malassis International Scientific Prize for Agriculture and Food and Tech

Award을 받았다. 『내일의 식탁』의 공저자이다. 이는 가장 강력하고 영향력이 있는 책 25권 중 하나로 선정되었으며 빌 게이츠는 이 책을 '환상적인 작품'이라고 불렀다.

윌리엄 사이토William Saito(일본)는 인터커Intercur, KK의 창립자 겸 CEO, 베스트셀러 작가, 유명한 기술 전문가, 기업가이다. 일본에서 가장 영향력 있는 인물 100인으로 선정된 그는 혁신 기술의 전문가이며 각국 정부, 공공/민영 기관, 비영리 단체에 포괄적으로 컨설팅을 제공한다. 유명 연사이며 세계 경제 포럼의 재단 이사회 임원이다.

엔지니어, 디자이너, 발명가, MAS 디자인 프로덕츠사 전무이사인 마크 샌더스Mark Sanders(영국)는 임페리얼 칼리지 런던Imperial College London과 롤스로이스Rolls-Royce에서 기계 공학자로 훈련을 받았다. 몇 년 동안 엔지니어링 산업에서 근무한 후 런던의 왕립 예술 학교Royal College of Art에서 디자이너 훈련을 받았다. 이 과학과 예술의 결합 덕분에 그는 대개 제품과 관련해 모든 사용자에게 매력적이고 단순한(예술) 동시에 효과적이고 세련된 해결책(엔지니어링)을 제시한다. 마크는 25년 동안 엔지니어, 발명가, 그리고 디자인 컨설턴트로서 이들 분야를 통합했다. 상을 받은 그의 제품들은 세계적으로 수천만 개씩 판매되었다. RCA와 임페리얼 칼리지를 포함해 영국과 해외의 여러 학교와 대학에서 초빙 교수로 재직한다.

작가, 모험가, 국제적으로 유명한 기조 연설가, 그리고 환경 운동가인 로즈 새비지^{Roz Savage}(영국)는 단독 항해로 대서양, 태평양, 인도양을 횡단한 최초의 여성이라는 기록을 포함해 해양 조정 부문에서 네 가지 세계 기록을 보유하고 있다. 국제 연합 기후 영웅^{UN Climate Hero}, 왕립 지리학회^{Royal Geographical Society} 특별 회원, 뉴욕 탐험가 클럽^{Explorers Club of New York} 특별 회원, 영국 20대 모험가, 2010년 내셔널 지오그래픽 학회^{National Geographic Society Adventurer} 올해의 모험가, 예일 월드^{Yale World} 특별 회원이다.

데이비드 샤프란^{David Schafran}(미국)은 아이네트라 닷컴의 공동 창립자 겸 CEO이며 창의적인 기업가이다. 그는 혁신적인 이니셔티브로 전 세계 수십 억 인구의 건강과 복지에 긍정적인 영향을 미치기 위해 노력한다.

데이비드 모이니나 셍게^{David Moinina Sengeh}(시에라리온/미국)은 대학원생, MIT의 생체공학 박사과정 지원자이다. 시에라리온에서 태어난 데이비드는 2004년 노르웨이의 적십자 노르딕 유나이티드 월드 칼리지^{Red Cross Nordic United World College}에서 2년 동안 수학할 장학금을 받았다. 국제 학력 평가 시험^{International Baccalaureate} 디플로마^{diploma}를 끝낸 후 하버드 대학교에 입학해 의공학 학위를 받았다. 글로벌 미니멈^{Global Minimum}과 레본^{Lebone}(하버드 대학 출신으로 구성된 이 팀은 미생물 연료 전지 기술을 이용해 '아프리카에 불을 밝히기' 위해 세계 은행으로부터 20만 달러의 보조금을 받았다) 등 다양한 조직적, 사회적 이니셔티브의 공동 설립자이다.

쿠날 샤^{Kunal Shah}(인도)는 온라인 재충전 산업을 개혁한 독특하고 혁신적인 사업 모형 프리차지사^{Free Charge. in}(아셀리스트 솔루션스사^{Accelyst Solutions Pvt Ltd}의 한 브랜드)의 창립자 겸 CEO이다. 이 기업 사업 모형의 토대는 맥도널드, 카페 커피 데이^{Cafe Coffee Day}, 도미노스^{Dominos}, 빅 시네마스^{Big Cinemas} 등과 같은 일부 일류 브랜드에서 발행하는 등가의 쿠폰을 무료로 제공함으로써 휴대폰/DTH/데이터카드^{DataCard}를 재충전하는 고객에게 100퍼센트 가치를 돌려주는 일이다. 그의 예리한 고객 통찰력을 토대로 한 사업 모형은 전 세계적으로 유일하며 재충전을 하면서 수익을 얻을 수 있다.

사이먼 셰이크^{Simon Sheikh}(오스트레일리아)는 2008부터 2012년까지 오스트레일리아의 선두적인 온라인 정치적 옹호 조직인 겟업^{GetUP}의 국장으로 재직했다. 현재 2013년 연방 선거에서 그린스 당 대표이며 오스트레일리아 상원에 입후보했다.

티파니 슈레인^{Tiffany Shlain}(미국)은 여러 차례 상을 받은 영화 제작자, 웨비 어워드^{Webby Award} 창립자, 국제 디지털 아트 및 과학 아카데미의 공동 창립자이다. 그녀가 《뉴스위크》로부터 '21세기를 이끌 여성'의 한 명으로 선정된 것은 그리 놀랍지 않다. 영화 스튜디오와 연구소 목시 인스티튜트^{Moxie Institute}의 창립자인 티파니는 트리베카 영화제^{The Tribeca Film Festival}에서 2012년 파괴적인 혁신 상^{Disruptive Innovation Award}을 받았다. 최근에 착수한 혁신 이니셔티브는 그녀가 '클라우드 영화 제작'이라고 명명한 영화 제작 공동 작업이다. 티파니의 발언과 영화가 100만 차례 이상 방영되기 때문에 수많은 자문 위원회의 임원이자 예술가, 운동가인 그녀의 국제적인 영향력은 어마어마하게 크다.

세실리 소머스^{Cecily Sommers}(미국)는 『미래학자처럼 생각하라^{Think Like a Futurist}』 작가이며 이후 5~50년 동안 중요한 세계적 추세와 그것이 기업, 정부, 비영리 분야에 미치는 영향을 추적하는 비영리 싱크탱크 푸시 인스티튜트^{The Push Institute}의 창립자이다. 《포춘》지 선정 100대 기업과 공공 조직이 전략과 혁신에 대한 세실리의 단순하고 실용적인 접근 방식을 원한다. 그녀는 전문 미래학자 협회^{Association of Professional Futurists}의 회원이며 《비즈니스 저널》에서 '주시해야 할 여성' 25인과 《패스트 컴퍼니》의 '패스트 선정 독자들이 가장 좋아하는 작가'로 선정되었다.

항공 우주 공학자 윌리엄(빌) 스토리지^{William (Bill) Storage}(미국)는 소프트웨어 아키텍처, 시스템스 엔지니어링, 디자인 전략 분야의 선구적인 사상가이자 혁신자이다. 그는 큰 인기를 누리는 성공적인 CTO, 기업가, 연사, 교사, 역사학자, 동굴 탐험가이다. 열성적인 사진작가일 뿐만 아니라 사진 조명과 장비 분야의 혁신자로 고고학 유적지와 세계에서 가장 깊은 동굴에서 작업할 때 그의 혁신이 빛을 발한다. 현재 버클리 캘리포니아 대학교의 과학, 기술, 의학, 사회 센터의 객원 교수로 재직 중이다.

브리아나 실버^{Brianna Sylver}(미국)는 소비자 인사이트의 전문가이자 혁신 전략, 디자인 계획, 민족지학상 연구의 선구적인 사상가이다. 실버 컨설팅의 창립자 겸 대표이며 디자인 인스티튜트 IIT의 조교수이다.

크레이그 톰러^{Craig Thomler}(오스트레일리아)는 델립 오스트레일리아 전무이사이며 Gov 2.0의 선두적인 사상가이다. 크레이그는 폴리틱스온라인 PoliticsOnline과 월드 e.Gov 포럼^{World e.Gov Forum}으로부터 '정치와 인터넷의 국면을 바꾸고 있는 인물 10인'으로 선정되었다.

카얌 와킬^{Khayyam Wakil}(미국)은 계획, 어플리케이션, 광고, 전략, 제품, 획기적인 게임, 플랫폼, 신제품, 신생 기업, 캠페인, 파트너십을 창조하는 일과 레고 쌓기를 좋아한다. 가장 적극적이고 효과적이며 매력적으로 독창적인 방식으로 불가능해 보이는 도전을 극복하기를 좋아한다. 약자와 신생 기업 영화 〈루디^{Rudy}〉를 좋아하는 카얌은 원하는 결과를 전달하는 아이디어를 제공함으로써 수많은 사람들과 기업을 만족시켰다. 디자이너, 달변가, 창의적인 경영인, 디지털 전략가, 기업가, 마케터, 사업 개발자, 무엇보다 실패의 학생 등 다양한 역할을 맡고 있으며, 현재 기꺼이 실수를 저지르고 매순간을 사랑하며 미지의 땅을 모험하고 있다.

오스트레일리아 로리에이트 특별 회원, 전기재료 과학 ARC 최고 기관 연구 책임자, 울릉공 대학교 산하 인텔리전트 고분자 연구소 소장인 고든 월리스 교수^{Professor Gordon Wallace}(오스트레일리아/아일랜드)는 전기재료와 인텔리전트 고분자 분야에서 여러 차례 상을 받은 선구적인 사상가이다. 유기 도체, 나노소재, 적층 조형 제도, 전기화학 분석 조사 방식과 이를 인텔리전트 고분자 시스템의 발전에 이용하는 일이 그의 전문 분야이다. 그는 이런 도구와 소재를 바이오커뮤니케이션에 적용해서 의학적 생체 공학을 통해 인간의 성과를 향상시키는 일에 주력한다.

세계 식품 프로그램의 부회장 겸 CEO 피에르 길룸 빌레진스키^{Pierre Guillaume Wielezynski}(프랑스/미국)는 인기 있는 대중 연설가이며 디지털 전략, 마케팅, 소셜 미디어, 그리고 제품 개발의 선구적인 사상가이다.

디지털 혁신의 선구적인 사상가 피터 윌리엄스^{Peter Williams}(오스트레일리아)는 1993년 인터넷 기술을 활용하기 시작해 1996년 딜로이트 오스트레일리아^{Deloitte Australia} 내에 e-비즈니스 컨설팅 그룹을 설립했다. 이후 피터는 이클립스 그룹^{Eclipse Group}의 CEO를 맡았고 딜로이트 디지털^{Deloitte Digital}를 설립해 온라인 전문 서비스 분야를 개척했다. 2004년부터 딜로이트의 혁신 위원회^{Innovation Council}의 회장을 맡은 그는 국내외에서 연사와 전문 해설가로서 인기를 얻었다. 존 헤겔 III^{John Hagel III}와 존 실리 브라운^{John Seely Brown}이 회장을 맡았으며 새로운 기회를 확인하고 탐구하는 신생 조직 엣지 챕터 오스트레일리아 센터^{Australian Centre for the Edge Chapter}를 이끌고 있다. 오스트레일리아 최고의 디지털 인플루엔서로 선정된 피터는 RMIT의 조교수,

서커스 오즈^{Circus Oz}의 이사회 임원이기도 하다.

파리스 야콥^{Faris Yakob}(미국)은 수상 경력이 있는 전략가, 크리에이티브 디렉터, 작가, 대중 연설가 그리고 기인이다. 가장 최근 맡은 직위는 MDC 파트너스의 최고 혁신 책임자였으며 이곳에 그는 창의적인 기술 부티크(독립형 자문사—옮긴이)를 설립했다. 그 이전에는 맥켄 에릭슨 뉴욕^{McCann Erickson NY}의 최고 디지털 책임자, 네이키드 커뮤니케이션^{Naked Communications}의 글로벌 디지털 전략과 크리에이티브 디렉터로 재직했다. 전략과 창조 분야에서 수많은 상을 받고 심사했고 콘텐트&콘택트^{Content&Contact}의 회장, 클리오^{Clio}의 통합 심사위원을 맡았다. 런던 인터내셔널 어워즈에 NEW 부문을 창설했으며 현재 마이애미 광고 학교^{Miami Ad School}에서 가르치고 있다. 파리스는 클리오로부터 세계에서 가장 창의적인 사람 50인, 《패스트 컴퍼니》로부터 현대의 매드맨^{Madmen} 10인으로 선정되었고 파리스의 블로그는 매셔블로부터 팔로해야 할 10대 블로그로 선정되었다. 기술, 미디어, 브랜드, 창의력에 관해 글을 쓰고 전 세계를 무대로 강연하며 〈더 그레이티스트 에버 솔드^{The Greatest Ever Sold}〉에 특별 출연했다. 그에게 강연이나 글을 부탁하거나 여러분 대신 어떤 일에 대해 생각하거나 아이디어를 제시하기를 원한다면 @faris와 farisyakob.com에서 한가로운 시간을 보내는 그를 발견할 수 있을 것이다.

아추푸미 요코이^{Atsufumi Yokoi}(일본)는 아키라 재단의 공동 창립자 겸 대표이다.

지구의 지속 가능성이라는 시급한 문제에 대처하는 젊은 리더들을 위한 기업가 정신과 사회 혁신에 대한 교육 프로그램과 장학제도를 개발하기 위해 노력한다. 아추푸미는 케이프타운 대학교University of Cape Town 산하 아프리카 도시 센터의 초빙 국제 연구원이다. 이 센터에서 그는 주로 도시 빈민층을 위해 빈민가를 개선하는 일에 초점을 맞춘다. 캠브리지 대학교의 지속 가능성 리더십 프로그램Programme for Sustainability Leadership을 이수했으며 현재 델프트 공과 대학Delft University of Technology의 이학 석사 학위를 보유하고 있다. 아키라 재단은 혁신과 기업가 정신 정상 회담의 전략 파트너이다.

히로푸미 요코이Hirofumi Yokoi(일본) (쌍둥이 형제 아추푸미와 함께)는 아키라 재단의 공동 창립자 겸 대표이다. 사업 관행, 교육 프로그램, 사회 혁신, 기업가 정신을 개발하는 일의 전문가이다. 아키라 재단을 설립하기 전에 히로푸미는 베이루트Beirut의 압둘 라티프 자밀 재단Abdul Latif Jameel Foundation에서 근무하며 그라민−자밀Grameen-Jameel 소액 금융 합작 투자와 MIT 엔터프라이스 포럼 아랍 비즈니스 플랜 컴피티션MIT Enterprise Forum Arab Plan Competition 등과 같은 사회사업 프로그램을 위한 시장 조사와 분석을 담당했다. 인기 있는 기업 분석가이며 몇몇 국제 사회 사업의 자문으로 일한다.